北京市休闲农业与乡村旅游发展报告(2013)

北京市农村工作委员会
北京市农村经济研究中心
北京观光休闲农业行业协会

中国农业科学技术出版社

图书在版编目（CIP）数据

北京市休闲农业与乡村旅游发展报告：2013 / 北京市农村工作委员会，北京市农村经济研究中心，北京观光休闲农业行业协会编 .—北京：中国农业科学技术出版社，2013.11

ISBN 978-7-5116-1354-7

Ⅰ.①北… Ⅱ.①北… ②北… ③北… Ⅲ.①观光农业 – 经济发展 – 研究报告 – 北京市 – 2013 ②乡村 – 旅游业发展 – 研究报告 – 北京市 – 2013 Ⅳ.①F327.1 ②F592.71

中国版本图书馆 CIP 数据核字（2013）第 250233 号

责任编辑　李　雪　胡　博　穆玉红
责任校对　贾晓红

出　　版　中国农业科学技术出版社
　　　　　北京市中关村南大街 12 号　　邮编：100081
电　　话　（010）82106626　82109707（编辑室）（010）82109702（发行部）
　　　　　（010）82109709（读者服务部）
传　　真　（010）82100631
网　　址　http://www.castp.cn
经　　销　全国各地新华书店
印　　刷　北京富泰印刷有限责任公司
开　　本　787mm×1092mm　1/16
印　　张　19
字　　数　382 千字
版　　次　2013 年 11 月第 1 版　2013 年 11 月第 1 次印刷
定　　价　92.00 元

编辑委员会

编写人员

主　　编　范子文

副主编　陈奕捷

成　　员　（按姓氏笔画排序）

王忠义　王忠会　兰连顺　乔　通　刘　征

杜姗姗　李　杰　李　曼　杨玉山　邳学红

张　军　张　颖　张宗满　张舜尧　陈　杨

范晓光　郎德峰　赵　菲　赵　晨　贺志鸿

郭吉明　郭荣鹏　曾　凯

前言

休闲农业与乡村旅游是贯穿农村一、二、三产业，融合生产、生活和生态功能，紧密连结农业、农产品加工业、农村服务业的新型农村产业形态和新型消费业态。发展休闲农业与乡村旅游，对于转变农业增长方式，创新都市型现代农业实现形式，培育农村经济新的增长点；对于带动农民就地就业，增加农民收入；对于改善郊区农村生活与乡村旅游环境，提升城市居民的幸福指数，促进城乡融合发展等具有重要的意义。近年来，在政策引导、需求拉动、供给推动的合力作用下，北京休闲农业与乡村旅游取得了长足发展，已经成为北京都市型现代农业的重要组成部分，旅游业发展的战略空间，美丽乡村建设的重要产业基础，农民就业增收的重要载体，统筹城乡发展的重要抓手。

为记录2012年北京市休闲农业与乡村旅游产业发展的脚步，展示成果，总结经验，我们组织力量编写了这本年度发展报告。全书共分6个部分：第一部分是总报告，对2012年全市休闲农业与乡村旅游发展情况进行了梳理，对发展阶段与特征进行了总结，对2013年发展形势进行了展望；第二部分是分报告，以区县为单位，对北京市13个郊区区县的休闲农业与乡村旅游发展状况进行了整理、汇集；第三部分是专题研究，内容包括北京市农村工作委员会、北京市农村经济研究中心、北京观光休闲农业行业协会围绕2012年度重点工作开展调研形成的调研报告，以及部分关注北京休闲农业与乡村旅游的专家，从不同的视角研究所形成的学术论文；第四部分是典型案例，收录了2012年度郊区休闲农业与乡村旅游实践中涌现出来的，对北京市休闲农业产业发展具有示范性、代表性、趋势性、创新性的典型案例与发展模式，包括创意农业、景观农业、乡村旅游商品开发、优秀观光休闲农业园区、民俗旅游村、乡村旅游带、重点乡镇等；第五部分是媒体报道，摘录了2012年度报刊、杂志对京郊休闲农业与乡村旅游典型事件的一些报道；第六部分是文件汇编，收录了2012年度北京市农委、北京观光休闲农业行业协会颁发并实施的部分休闲农业与乡村旅游文件。

北京市农村工作委员会协调联络处、北京市农村经济研究中心资源区划处、北京观光休闲农业行业协会、郊区各区县农委承担了本报告的具体编撰任务。书中的全市总量数据来自于北京市统计局，典型数据则来自于区县有关部门和项目单位。在本书的编写过程中，有关各方付出了艰苦的努力和辛勤的劳动。北京市农委、北京市农村经济研究中心、观光休闲农业行业协会的领导对本书的编写出版给予了大力支持，北京市城乡经济信息中心、北京市农业技术推广站以及有关专家学者提供了自己的研究成果，北京市统计局提供了最新的统计数据，北京市旅游发展委员会行业监督管理处提供了有关资料。北京联合大学应用文理学院杜姗姗博士参与了大量的文字编辑工作，中国科学院地理资源所任国柱副研究员、北京林业大学徐姗博士做了一些前期工作。书中的图片由北京市有关部门、郊区区县农委、项目单位、媒体和有关个人提供，由于来源广、数量多，没有一一注明作者。值此付梓之际，一并致谢。

美丽乡村是美丽中国、美丽北京建设不可或缺的组成部分。美丽乡村不单是农民的生活家园，也是都市人的心灵家园。休闲农业与乡村旅游的大发展，促进了城乡交流，让城里人与乡下人成了一家人。水泥丛林里的大人、小孩，在美丽乡村里，重新获得了触摸乡土、感觉乡土、享受乡土的田园乐趣；长期生活在乡下的农民，在为游客服务，在与市民交流中，重新找到了自尊与快乐！全社会的幸福指数与健康指数由此得到了提升。

“莫笑农家腊酒浑，丰年留客足鸡豚”。让我们齐聚在美丽乡村，共同构筑心灵深处的田园梦、美丽梦、中国梦！

编　者

2013年7月

目录

第五部分　媒体报道

第六部分　文件汇编

第一部分 总报告

北京市休闲农业与乡村旅游发展报告

2011 年年底，北京市召开了京郊旅游发展大会，休闲农业与乡村旅游迎来了新的历史发展机遇。2012 年，在市委、市政府的领导下，在农业部、国家旅游局等中央部门的指导和支持下，按照“提档升级、规范提高”的发展思路和“部门联动、政策集成”的工作机制，北京休闲农业与乡村旅游品质升级深入推进，增长态势继续保持，休闲农业与乡村旅游已经成为市场需求大、农民增收见效快的重要产业，对于拓展农业多功能、促进农民就业增收、推进美丽乡村建设、满足城乡居民日益增长的休闲消费需求，起到了积极的作用。

一、发展概况

2012 年，通过落实京郊旅游发展大会精神，坚持部门联动，政策集成，资源整合，资金聚焦，积极推进休闲农业与乡村旅游的集聚化、规模化发展，大力发展创意农业，强化管理，规范服务，休闲农业与乡村旅游的整体素质有了提高，效益显著增长。

（一）观光休闲农业园区

截至 2012 年年底，全市有观光休闲农业园区 1 283 个，其中，市级示范园 83 个（表 1-1）。

表 1-1　北京市休闲农业与乡村旅游发展状况

项　目	区　县													
	朝阳	丰台	海淀	门头沟	房山	通州	顺义	昌平	大兴	怀柔	平谷	密云	延庆	合计
市级观光农业示范园（个）	2	3	8	6	3	7	10	8	9	7	6	7	7	83
市级乡村民俗旅游村（个）	1	2	1	21	30	3	4	25	14	29	27	23	27	207
市级乡村民俗旅游户（户）	30	–	64	506	1 387	100	40	1 563	793	1 385	1 404	1 339	1 359	9 970

数据来源：北京市农委、北京市旅游委、北京观光休闲农业行业协会

2012 年，观光休闲农业园区接待游客 1 939.9 万人次，总收入 26.9 亿元，其中采摘收入 8.0 亿元（表 1-2），同比分别增长 5.3%、24.0% 和 56.9%，收入增长的速度远高于游客数量增长的速度，说明观光休闲农业园区的效益有了提高。从人均消费看，2012

年观光休闲农业园区人均消费额为 138.67 元 / 人次，比上年的 117.75 元 / 人次，增长 17.8%；其中人均采摘消费额为 41.24 元 / 人次，比上年的 27.67 元 / 人次，增长 49.0%，增加幅度较大。

表 1-2　北京市观光休闲农业园区经营情况

项　目	2010 年	2011 年	2012 年
观光休闲农业园个数（个）	1 303	1 300	1 283
生产高峰期从业人员（人）	42 561	46 038	48 906
接待人次（万人次）	1 774.9	1 842.9	1 939.9
总收入（亿元）	17.8	21.7	26.9
其中：采摘收入（亿元）	3.9	5.1	8.0

数据来源：北京市统计局

（二）乡村民俗旅游

截至 2012 年年底，全市共有市级民俗旅游村 207 个，市级民俗旅游户 9 970 户，其中正常经营的民俗旅游户 8 367 户，从业人员 18 705 人（表 1-3）。2012 年，乡村民俗旅游户共接待游客 1 695.8 万人次，实现乡村民俗旅游总收入 9.1 亿元，同比分别增长 1.6% 和 5.8%，增幅都不大，说明以户为主体的乡村民俗旅游已经不能满足市民的现实需要，面临着提档升级和发展新业态的内在要求。从人均消费看，2012 年乡村民俗旅游人均消费额为 53.66 元 / 人次，比上年的 51.53 元 / 人次增长 4.1%，扣除物价上升因素，与上年基本持平。

表 1-3　北京市乡村民俗旅游经营情况

项　目	2010 年	2011 年	2012 年
实际经营民俗旅游户（户）	7 979	8 396	8 367
从业人员（人）	16 856	18 232	18 705
接待人次（万人次）	1 553.6	1 668.9	1 695.8
民俗旅游总收入（亿元）	7.3	8.6	9.1

数据来源：北京市统计局

（三）乡村旅游商品

乡村旅游商品一直被认为是郊区休闲农业与乡村旅游的一个“短板”。为解决这一问题，2012 年，举办了休闲农业创意精品大赛，展示推介了具有浓重乡土气息的乡村旅游商品，并把优秀的乡村旅游商品列入“北京礼物”范围之内。

2012 年 8 月 17 ～ 19 日，华北东北地区休闲农业创意精品推介活动在北京市朝阳区

蟹岛度假村国际会展中心成功举办。来自北京的 406 类、2 436 件乡村旅游商品进行了现场展示推介，受到了游客的欢迎。3 天中，共有约 2.5 万人参加了休闲农业创意精品成果展和相应的推介活动，供需双方签署合作协议或达成交易意向 1.8 亿元。

2011 年 12 月，为落实京郊旅游发展大会精神，加快乡村旅游商品市场化步伐，北京市旅游发展委员会（以下简称北京市旅游委）、北京市农委组织部分五星级饭店、饭店管理公司和饭店协会负责人赴房山区张坊镇琦彩鸿农业有限公司调研，促成了张坊镇与高档饭店的合作，解决了“冰柿”进高档饭店的问题。2012 年，已有北京饭店、长富宫饭店等 10 多家高档饭店推出了“冰柿”产品，既满足了消费者的需要，也解决了“冰柿”的销路问题。北京市旅游部门表示，要与北京市农委等有关部门合作，把“北京礼物”开发机制进行推广，引入到乡村旅游商品开发中，把乡村旅游商品这条“短板”变长。

二、主要措施

（一）认真贯彻落实京郊旅游大会精神，建立部门联动和资源整合机制

2011 年 12 月 8 日，北京市五个部门包括北京市旅游委、市农委、市水务局、市园林绿化局、市农业局联合召开了“京郊旅游大会”，并通过了《关于加快推进京郊旅游发展的指导意见》（京旅发 [2011]93 号）（以下简称《意见》）。这是在北京市休闲农业与乡村旅游产业发展史上划时代的大事，标志着休闲农业与乡村旅游转型升级为京郊旅游，将在新的起点上，通过资源整合与机制创新，进入发展的快车道。

《意见》提出了“三年行动计划”，即按照“一年见成效、三年大变样”的工作要求和“突破高端、发展中端、提升低端”的工作思路，从 2012 年开始，经过 3 年的发展，使京郊旅游实现“三个提升、两个促进、一个突破”：京郊旅游从满足人民群众的一般观光游需求向满足休闲度假游需求提升，从旅游产业分散开发向整合资源、统筹开发提升，从简单追求旅游人次向大力提高人均消费能力提升；京郊旅游成为促进农村第一、

第二、第三产业融合发展的龙头产业，成为促进农民就业增收和满足居民休闲需求的民生产业；京郊旅游成为突破资源整合障碍，在首都功能分区和区县功能定位框架内实现融合发展的、生态友好型的绿色产业。3 年间，京郊旅游总收入、人均消费额、从业人员数量等 3 项指标年均增长 10% 以上。京郊旅游对农民增收的贡献率逐年提高，成为发展新型消费业态和扩大内需的重要支柱产业。

2012 年以来，为贯彻落实京郊旅游大会精神和《意见》，北京市有关部门通力合作，建立了京郊旅游联席会议制度，形成了“部门联动、政策集成、资源整合、资金聚焦”的工作机制。一是加大工作统筹力度。不定期召开市有关部门参加的联席会议，分析研判休闲农业与乡村旅游发展形势，研究解决存在的主要问题。二是建立工作联动机制。按照各部门职能与分工，研究制订了《2012 年京郊旅游重点任务分解方案》（京旅发 [2012]75 号），把“京郊旅游发展三年行动计划”具体化，列出具体项目及完成的时间表。三是建立政策集成机制。由各部门协商确立每年的休闲农业与乡村旅游重点地区、重点项目，努力把各部门的支持政策向重点地区、重点项目集聚、倾斜。

（二）开展休闲农业与乡村旅游示范乡镇的创建活动，推进休闲农业与乡村旅游的集聚化、规模化发展

为落实京郊旅游发展大会精神，促进休闲农业与乡村旅游的规模化、集聚化发展，推进休闲农业与乡村旅游集聚区建设，带动农民就业增收，北京市农委、北京市旅游委、北京市水务局、北京市园林绿化局、北京市农业局决定开展北京市休闲农业与乡村旅游示范乡镇创建工作，并印发了《关于创建北京市休闲农业与乡村旅游示范乡镇的通知》（京政农函 [2012]23 号）（以下简称“示范乡镇创建通知”）。

“示范乡镇创建通知”提出了北京市休闲农业与乡村旅游示范创建工作的目标任务，即从 2012 年开始，用 3 年时间，培育 20 个左右的休闲农业与乡村旅游示范乡镇，使之成为探索资源整合机制、创新开发模式、集中展示郊区休闲农业与乡村旅游发展水平、发挥辐射引领作用的样板和基地。“示范乡镇创建通知”还规定了示范乡镇创建的基本条件和创建标准，其中“基本条件”包括主导产业突出、基础条件具备、行业管理规范、市场认知度高；“创建标准”包括发展环境、创建工作、产业规模、发展成效等 4 个方面、15 项硬性指标。

经基层申报、专家评审、网上公示、市有关部门认定，延庆县千家店镇、怀柔区渤海镇、平谷区黄松峪乡、密云县巨各庄镇、房山区韩村河镇等 5 个乡镇被认定为 2012 年北京市休闲农业与乡村旅游示范乡镇。通过开展示范乡镇创建工作，调动了乡镇一级发展休闲农业与乡村旅游的积极性，在郊区涌现了一批休闲农业与乡村旅游集聚区和重点乡村旅游目的地。

（三）举办了全国休闲农业创意精品大赛，创意农业开发向前迈出了一步

休闲农业源于农业，建在农村，惠及农民，融通城乡，是亿万农民创造的新型产业形态和新型消费业态。为总结近几年来休闲农业、创意农业发展的成果，提升休闲农业的文化软实力和持续吸引力，农业部以“创意提升农业、休闲改变生活”为主题，组织开展了全国休闲农业创意精品推介活动。活动分预赛和决赛两个阶段。北京市承办了华北东北地区7省（区、市）的预赛（华北东北地区休闲农业创意精品大赛），并组团参加了在南京举行的决赛。

1. 承办了华北东北地区休闲农业创意精品大赛（预赛）

2012年8月17～19日，华北东北地区休闲农业创意精品大赛在朝阳区蟹岛度假村国际会展中心成功举办。3天中，共有约2.5万人参加了休闲农业创意精品与乡村旅游商品成果展和相应的推介活动；经过网上投票、专家评审和现场展示3个环节，共评选出产品创意、包装创意、文化创意、设计创意和园区创意5大类金奖42项、银奖75项、优秀奖111项，其中北京市共获金奖13项、银奖23项、优秀奖36项，合计72项，占总数的31.6%，是其他省（区、市）奖项平均数的两倍；供需双方签署合作协议或达成交易意向1.8亿元，达到了搭建平台、扩大宣传、衔接供需、促进发展的目标。

2. 组团参加了全国休闲农业创意精品推介活动暨南京农业嘉年华（决赛）

2012年10月13～14日，由农业部主办，江苏省农委、南京市人民政府承办，各省（区、市）休闲农业主管部门协办的“首届全国休闲农业创意精品推介活动暨第八届南京农业嘉年华”，在南京成功举办。北京市由市农委主管领导带队，组团参加了推介活动。在北京展区，5大类（产品创意、包装创意、文化创意、园区创意和设计创意）67件（套、种）具有北京特色的休闲农业创意精品进行了现场展示推介。经过网上公示、现场推介、专家评选、组委会认定等环节，北京市有24件作品获奖，其中金奖5项、银奖8项、优秀奖11项，位于各省（区、市）前列。此外，北京市还获得“全国休闲农业创意精品推介活动组织奖”。通过参加推介活动，宣传了近几年来北京市休闲农业、创意农业的成果，鼓舞了北京市休闲农业企业（园区）的士气，促进了与兄弟省（区、市）的交流，扩大了社会影响。

这次休闲农业创意精品活动由政府部门组织实施，采取“政府搭台、企业唱戏”的

方式，为休闲农业市场主体展示成果、销售产品、宣传理念等搭建了一个很好的平台。本次推介活动参赛作品种类多，数量大，不仅创意理念新、思路广，而且在创意过程中十分注重市场营销、产业发展，实现了辐射带动农民增收致富与满足市民多样化消费需求的有机结合，具有很强的市场针对性、鲜明的时代特征和地域文化特色，对于推动北京市创意农业发展将发挥里程碑作用。

（四）召开了乡村旅游合作社现场会，对发展休闲农业与乡村旅游合作组织进行了动员

郊区休闲农业与乡村旅游的发展要走联合的道路。民俗旅游户在自愿的基础上，建立休闲农业与乡村旅游合作社是出路之一。2012 年 8 月 24 日，北京市农委会同北京市农村经济研究中心，在密云县召开了“农民专业合作社推动休闲农业与乡村旅游发展现场会”，推广密云县石城镇民俗旅游“五统一”的做法，即统一床上用品洗涤配送、统一采购主要外购食材、统一订立服务标准和规范、统一主要菜品和住宿价格、统一指路牌和门头牌匾。其核心经验就是通过合作联社将民俗户组织起来，抱起团来闯市场，通过统一标准规范，使吃饭、住宿、游玩样样有指标，接待、宣传、服务处处搞合作。昔日单打独斗、散漫杂乱发展的民俗旅游，正向标准化、规范化、组织化、网络化迈进，使“一个民俗村就是一个乡村酒店，每一个民俗接待户就是一个房间”的理念和目标成为可能。

会议指出，在发展都市型现代农业进程中，合作社正在成为促进农村第一、第二、第三产业相互融合的重要载体。到 2012 年，全市融合 3 次产业的合作社达到 826 家，占全市合作社总数的 17.3%。通过产业融合，延长了产业链条，提高了经济效益。从休闲农业与乡村旅游来说，在市场竞争日益激烈、利益主体日趋多元化的新形势下，亟须构建农民利益群体与休闲农业市场良性互动机制，将农民的利益诉求通过组织化行为加以实现。

会议号召，促进休闲农业与乡村旅游合作组织的健康发展，要做到“五个抓好”：① 抓好休闲农业与乡村旅游合作社的规范建设，严格按照《中华人民共和国农民专业合作社法》的要求，建立完善合作社内部管理制度与外部服务机制；② 抓好品牌创建，认真做好休闲农业与民俗旅游示范县、示范点、中国最有魅力休闲乡村，以及农民专业合作社示范社的培育创建工作；③ 抓好指导服务，千方百计地帮助合作社及其休闲农业与乡村旅游产业发展争取项目资金，帮助他们解决发展中遇到的各种困难；④ 抓好宣传培训，提升整个行业的市场营销能力；⑤抓好政策研究，为休闲农业与乡村旅游的发展、合作社的建设，提供强有力的政策支撑。

（五）研究修订北京市休闲农业与乡村旅游有关标准，推进休闲农业与乡村旅游的标准化建设

结合郊区实际，建立休闲农业与乡村旅游产业标准，科学设计评价指标体系，提高市场准入门槛，推进休闲农业与乡村旅游的标准化建设与可持续发展。

1. 研究制订《北京市休闲农业园区（企业）星级评定标准》

休闲农业园区点多面广，经营内容千差万别，服务水平参差不齐。为促进休闲农业园区（企业）的提档升级，转变发展方式，使农民“学有目标”，企业“赶有方向”，市民“游有参考”，北京观光休闲农业行业协会参照中国旅游协会休闲农业与乡村旅游分会关于全国休闲农业星级园区（企业）的评定标准，结合北京市的实际情况，组织专家研究制订了《北京市休闲农业园区（企业）星级评定标准》，并下发了《关于开展北京市休闲农业星级园区（企业）评定工作的通知》（京观农协 [2012]1 号）（以下简称“星级评定通知”）。

“星级评定通知”规定，北京市休闲农业星级园区（企业）划分为 5 个等级，分别为一星、二星、三星、四星、五星。结合北京市休闲农业星级园区（企业）评分表，评定标准分别为：① 一星级：200 ～ 399 分，且每一大项得分不低于该项总分的 30%；② 二星级：400 ～ 599 分，且每一大项得分不低于该项总分的 50%；③ 三星级：600 ～ 799 分以上，且每一大项得分不低于该项总分的 60%；④ 四星级：800 ～ 899 分，且每一大

项得分不低于该项总分的 70%；⑤ 五星级：900 分以上，且每一大项得分不低于该项总分的 80%。从星级评定的组织看，一星与二星级休闲农业园区（企业）由区县农委（或者区县休闲农业行业协会）直接评定，报市里备案；三星级园区（企业）由区县农委（或者区县休闲农业行业协会）负责评定，由市里抽查；四星、五星级园区（企业）由市里统一组织，开展评定。星级评定工作每两年开展一次。

2012 年已收到 210 多家休闲农业园区（企业）的申报材料。按照工作计划，2013 年将组织专家开展星级评定，并公布评定结果。通过开展休闲农业星级园区（企业）的评定工作，推出一批具有示范引领作用的休闲农业园区（企业），促进休闲农业园区的提档升级。

2. 研究修订北京市乡村民俗旅游村（户）评定标准

北京市旅游委会同北京市农委等，研究修订市级乡村民俗旅游村（户）的评定标准，并将乡村民俗旅游村（户）提档升级为京郊民俗旅游村（户），实行等级管理。2012 年已形成初稿。计划在 2013 年经反复修改讨论后，送市技术监督部门审议，争取早日列入地方标准。

（六）积极培育乡村旅游新业态，优化产业结构

为解决休闲农业与乡村旅游“小散低”的问题，在对传统业态进行改造升级的同时，

积极发展乡村旅游新业态。2008年，北京市旅游系统在调研、总结、提炼的基础上，提出了8种乡村旅游特色业态，即国际驿站、采摘篱园、乡村酒店、养生山吧、休闲农庄、生态渔家、山水人家、民族风苑。2009年正式推出了《乡村旅游特色业态标准及评定》8个标准。截至2012年年底，经自主申报，特色业态评定委员会评定，乡村旅游特色业态已经发展到378家，包括国际驿站6家、采摘篱园122家、乡村酒店90家、养生山吧24家、休闲农庄50家、生态渔家31家、山水人家49家、民族风苑6家。这些特色业态对提升郊区乡村旅游的档次，更好地满足市民的需要，优化休闲农业与乡村旅游产业、产品结构等，发挥了积极作用。

支持创建A级景区。在发展特色业态的同时，支持鼓励符合条件的特色业态提档升级为A级旅游景区。在旅游部门的支持下，截至2012年年底，郊区一批乡村旅游新业态进入了A级旅游景区的行列，包括AAAA级旅游景区3家（蟹岛绿色生态农庄、小汤山现代农业示范园区、北京张裕爱斐堡国际酒庄），AAA级旅游景区9家（黄芩仙谷景区、北京鹅和鸭农庄风景区、留民营生态农场、采育葡萄大世界观光采摘园、北京顺义国际鲜花港、北京龙徽葡萄酒博物馆、北京蓝调庄园、韩村河景区、北京顺鑫绿色度假村），AA级旅游景区6家（富恒农业观光园、大岭沟猕猴桃谷风景区、御林古桑园、古北口文化文物旅游区、紫海香堤香草艺术庄园、绿富隆观光园），A级旅游景区3家（岔道古城民俗旅游度假区、柳沟民俗旅游度假区、里炮红苹果度假区）。

（七）加强宣传推介，加快休闲农业与乡村旅游的市场化进程

通过运用政府公关、社区营销的模式，指导、策划并组织实施了丰富多彩的乡村旅游营销活动。将城乡社区、目的地社区、舞台社区、虚拟社区、客源社区等确定为休闲农业与乡村旅游目标市场，开展系列营销活动，实现了快速发展的乡村旅游市场需求和乡村旅游产品有效供给之间的对接。

1. 深入社区，互动营销

北京观光休闲农业行业协会与北京农商银行合作，已连续6年开展“凤凰乡村游，体验新农村”活动。2011年，双方合作建设了凤凰乡村游网上商城，2012年合作开展乡村旅游刷卡有奖促销、春季踏青节、夏季纳凉节、赏秋采摘节等特色活动，深受市民欢迎。截至2012年12月，已在京郊布放4 726台POS机，刷卡400万笔，刷卡交易额达到25亿元，引领约78.54亿元城市资金到农村地区。特别是推出的20条精品乡村旅游线路和一系列优惠活动，满足了不同消费者的需求，使广大市民有了更多的选择。“凤凰乡村游”活动有力地支持了社会主义新农村建设，促进了休闲农业与乡村旅游产业的发展，增加了农民收入。

2012年，北京观光休闲农业行业协会会刊《大美田园》全年6期面向全社会征集图片、文字稿件，编辑文字超过18万字，集中宣传了休闲农业特色区域7个、休闲采摘园120家、民俗旅游村15个、京郊特色农产品50余种，宣传报道草莓节、樱桃季、西瓜节等主题活动6次，凤凰乡村游、体验新农村活动9次，刊登了社会各界对休闲农业的体会、评价与期望，充分展现了京郊休闲农业的风采。在深入社区，开展各项促销活动期间，免费向市民发放《大美田园》，实现了为消费者、经营者服务的目标。

2. 虚拟社区，网络营销

从2011年开始，至2012年年底，共举办了9期“凤凰乡村游、大美体验客”活动。该项活动的网友是北京观光休闲农业协会从国内10多家大型论坛上招募的。这些网友在到郊区旅游观光、品尝京郊美食、体验农事活动时，通过网络新媒体实时发布图文信息和游记，让潜在的旅游者获得了直观、即时、有用的信息。“凤凰乡村游，大美体验客”活动的直接与间接辐射人群达到千万余人次，为久居城市的市民传递了一种健康、快乐的休闲方式。

北京市农业技术推广站2012年推出了“农田观光使者”招募、农田观光使者采风、农田观光博客大赛等活动。招募了120名农田观光使者，组织了8次采风活动；博客大

赛吸引了新浪、搜狐、网易等门户网站的 60 名博主参加，共发表农田观光主题博文 85 篇，博文点击数达到 220 784 次，评论和转发 4 936 次；北京农田观光攻略在 5 大门户网站发布，在 30 个论坛同步进行推广，截至 2012 年 12 月 31 日，网络访问总量达 2 593 万次。

3. 整合资源，节庆营销

2012 年，北京市农委整合郊区特色农产品资源，推出了“农产品流通季”系列活动，包括北京草莓季、樱桃季、花季、瓜季、鲜桃季、柿子季等。这些活动贯穿全年，以京郊特色、优质农产品为旅游吸引物，带动市民到郊区采摘、休闲。市农业技术推广站在“以农造景、以景带旅、以旅促农、农旅结合、协同发展”理念的指引下，以农作物为主线，围绕油菜、向日葵、薰衣草、水稻、五谷杂粮、观赏菊、小麦 7 种作物，建立了 54 个农田观光示范点，把京郊的农田变成了靓丽的风景区。观赏时间从 4 月下旬起，一直延续到了 10 月中旬。通过设置参与性强、互动性好的游乐项目，大大提高了休闲农业与乡村旅游的参与性、趣味性。据统计，2012 年度北京农田观光季活动推出的 54 个观光点，共接待了游客 410.5 万人次，实现旅游收入 10 021.9 万元。

除此之外，郊区各区（县）也结合各自特点，举办了农耕节、美食节、采摘节、登山节、赏花节、滑雪节等，这些活动累计约有 150 多项，分布在全年不同的季节。比如北京平谷区在 2012 年第十四届国际桃花音乐节期间，通过北京电视台对桃花音乐节开幕式及各项精彩活动进行了首次现场直播，成功地创新了营销平谷的方式。期间共接待游客 216.9 万人次，较上年增长 44.6%；实现旅游收入 1.43 亿元，较上年增长 113.8%。通过举办这些农业节庆活动，促进了供需衔接，拉近了消费者与农民的距离，促进了郊区休闲农业与乡村旅游的发展。

（八）开展培训，提升从业者素质

有意识、有计划地开展培训，切实提高休闲农业与乡村旅游从业人员的素质，是改善服务质量、规范服务行为的前提和保证。北京市农委会同北京观光休闲农业行业协会，举办了“北京市休闲农业园区培训班暨监测点部署会”等，开展了对郊区休闲农业园区和民俗旅游村的培训，受到了基层的欢迎。

北京市旅游委组织编写京郊旅游带头人和从业人员培训系列教材。本套教材包括 9

本，分别为《乡村旅游发展基本原理》《北京京郊旅游发展实践》《北京京郊旅游专题研究》《京郊旅游——行业标准汇编》《京郊旅游——市级民俗村精品汇》《京郊旅游——新业态精品汇》《京郊旅游——郊区景区精品汇》《京郊旅游——郊区度假区精品汇》《京郊旅游——旅游节庆精品汇》。2013 年将利用这些教材，开展“百千万”培训，即培训百名乡镇长、千名村官、万名京郊旅游及新业态带头人。旨在通过培训活动，使基层管理人员和从业人员在组织协调能力、多元化经营能力、公共服务意识、可持续发展等方面有所提高，在特色产品开发、规模化经营、信息化管理等方面有所创新。

（九）加强对休闲农业运行状况的监测，为政府决策提供依据

政府对产业发展的宏观决策、经营者对园区发展的经营决策，都离不开对休闲农业与乡村旅游产业运行状况的准确把握和判断。因此，开展动态监测，意义重大。自 2010 年 5 月开始，北京市农村经济研究中心在海淀区及 10 个远郊区县设置了 34 个（2011 年扩展为 102 个）休闲农业与乡村旅游动态监测点，在每季度末和“五一”、“十一”、“春节”等节假日，开展动态监测，并形成分析报告。动态监测分析报告一般刊发在“新农村简报”、“北京城乡经济信息”、“城乡经济通讯”和“北京观光休闲农业行业协会简报”上，送市农委等主管部门和主管市领导参阅。牛有成常委评价“这个监测报告很有意义，是研究京郊发展和产业结构调整的重要依据”。

为使休闲农业与乡村旅游动态监测工作更加规范，2012 年，在总结前几年经验教训的基础上，研究制订了《北京市休闲农业与乡村旅游监测点认定书》《北京市休闲农业与乡村旅游监测点管理办法（暂行）》等，并印发实施。下一步，除常规监测手段外，还将探索利用信息技术、网络技术、电子技术等智慧型手段进行监测分析，使行业监测更加规范、及时、全面、准确，以便能够更好地为政府决策服务，为经营者服务。

（十）积极参加农业部等牵头组织的全国休闲农业与乡村旅游产业荣誉称号的认定，培育品牌，争创名牌

休闲农业与乡村旅游的发展，要走品牌化之路。北京市积极组织郊区区县，参加农业部、国家旅游局、中国旅游学会休闲农业与乡村旅游分会等组织的全国休闲农业与乡村旅游产业荣誉称号的评选、创建、认定工作，建设了一批国字号的休闲农业与乡村旅游基地，对于培育品牌，争创名牌，吸引更多的消费者来参与，具有重要的意义。

1. 全国休闲农业与乡村旅游示范县和示范点创建

为加快休闲农业与乡村旅游发展，推进农业功能拓展、农村经济结构调整，农业部与国家旅游局决定，从 2010 年开始，开展“全国休闲农业与乡村旅游示范县和示范点”创建活动。3 年来，通过自愿申报、主管部门审核、专家评审、网上公示、农业部与国家旅游局认定等程序，北京市已有 2 个区县（怀柔、密云）被认定为全国休闲农业与乡村旅游示范县，11 个休闲农业园区和民俗旅游村被认定为全国休闲农业与乡村旅游示范点（2010 年 4 个：北京张裕爱斐堡国际酒庄、北京交道富恒休闲农庄、北京御林汤泉农庄、北京华坤庄园；2011 年 4 个：北京金福艺农番茄联合国、延庆县柳沟村、北京鹅和鸭农庄、密云县蔡家洼休闲农业集聚区；2012 年 3 个：朝阳区蟹岛绿色生态农庄、房山区霞云岭乡四马台村、怀柔区杨宋镇“北京鹿世界主题园”）。

2. “中国最有魅力休闲乡村”评选

休闲乡村的建设是休闲农业与乡村旅游发展的基石。农业部决定，从 2010 年开始，在全国开展“中国最有魅力休闲乡村”评选活动。要求参评的村庄是，以农业为基础、农民为主体、乡村为单元，围绕农业生产过程、农民劳动生活和农村风情风貌，因地制宜发展休闲农业，功能特色突出，文化内涵丰富，品牌知名度高，具有很强的示范辐射和带动作用。经基层初选推荐、大众投票评选、专家评审、网上公示、农业部认定，北京市密云县古北口镇古北口村、平谷区大华山镇挂甲峪村、怀柔区渤海镇北沟村等 3 个村庄被评为“中国最有魅力休闲乡村”。

3. 全国休闲农业与乡村旅游园区（企业）星级创建

在 2012 年中国旅游协会休闲农业与乡村旅游分会组织的“全国休闲农业与乡村旅游园区（企业）星级创建”活动中，北京市有 10 家园区被评为星级园区，包括五星级园区 2 家（金福艺农番茄联合国、聚陇山庄），四星级园区 5 家（康顺达农业观光园、航天之光观光农业园、双河果园、万科艺园农业种植体验园、挂甲峪山庄），三星级园区 3 家

（绿茵溪谷庄园、福劳尔花卉示范园、樱桃幽谷）。

4.“中国重要农业文化遗产”的发掘、整理、申报

为加强我国重要农业文化遗产的挖掘、保护、传承和利用，农业部决定开展中国重要农业文化遗产发掘工作，并下发了《农业部关于开展中国重要农业文化遗产发掘工作的通知》(农企发 [2012]4 号)。《通知》指出，中国重要农业文化遗产是指人类与其所处环境长期协同发展中，创造并传承至今的独特的农业生产系统，这些系统具有丰富的农业生物多样性、传统知识与技术体系和独特的生态与文化景观等，对我国农业文化传承、农业可持续发展和农业功能拓展具有重要的科学价值和实践意义。具体体现 6 个特点，包括：活态性、适应性、复合性、战略性、多功能性、濒危性。北京市根据农业部的要求，按时组织具备条件的区县，开展了农业文化遗产的发掘、整理、申报工作。

三、发展特征

在需求拉动、供给推动、政策引导的合力作用下，郊区休闲农业与乡村旅游得到了较快发展，呈现出以下几个特征。

（一）产业形态日趋多样

从最初简单的“吃农家饭、住农家院、摘农家果”，向休闲农庄、乡村酒店、休闲农

业产业区、乡村旅游带等多形态发展。从功能上看，从最初的观光、采摘，向休闲、体验、养生、健身，乃至商务、度假等功能多样化、产业融合化、服务综合化方向发展。到2012年年底，全市共有观光采摘园1 283家，市级乡村民俗旅游村207个，市级民俗旅游户9 970户，八种乡村旅游特色业态378家，以及大量的乡村旅游景区、旅游度假区和乡村节庆等业态。

（二）项目质量逐步提高

沟域经济的开发，使一批大项目在山区落户，发挥了龙头带动作用。比如，密云县古北水镇项目，规划总占地面积9平方千米，总建筑面积约45万平方米，计划投资约35亿元人民币，预计于2014年正式运营。古北水镇项目建成并成熟运营后，将成为客房总量超过1 500间，年接待游客总数超过400万人次，年综合收入达10亿元以上，实现净利润2亿～5亿元，上缴税收2亿～4亿元，提供超过2 000个直接就业岗位，牵引带动周边旅游产业发展、三次产业融合及综合效益大幅提升的大型国际休闲旅游综合度假区。此外，蓝调庄园、紫海香堤等一批农业创意项目，由于文化元素的引入，也很吸引人们的眼球。

（三）资源利用趋于集约

在土地硬约束不能突破的情况下，休闲农业园区开始向资源集约化利用要效益，朝精致化方向发展。2012 年，在申报参评北京市星级休闲农业园区的 172 个园区中，68% 的园区规模小于 500 亩（1 亩约等于 666.7 平方米，全书同），17% 的园区规模在 500 ～ 1 000 亩（含），15% 的园区规模大于 1 000 亩，且园区效益与园区面积不成正比，甚至相关度都很低。比如，大兴区魏善庄草莓生态园面积为 353 亩，2012 年通过采用新技术和观光采摘，亩收益达到 20 多万元。这说明在用地成本高，不可能大规模铺摊子的情况下，休闲农业园区走精致化、特色化道路，也可以取得良好的经济社会效益。鉴于此，在制订《北京市休闲农业园区（企业）评定标准》时，没有过分强调园区规模，而是设定了亩收益的指标，意在引导休闲农业园区向管理要效益、向科技要效益、向创意要效益，做专做精，而不是一味地贪大求全。

（四）集群发展成为共识

休闲农业与乡村旅游靠一家一户单打独斗，没有出路，最终必然走向区域分工、资源整合、产业合作。人们逐步认识到，要想让市民来得了、留得下，就要为他们提供尽可能丰富的休闲项目，但这些项目并不一定全靠自己来开发，可以通过与周边园区、相邻民俗村、旅游景区（点）的合作来实现。在这种思想指导下，近几年来，郊区一些地方，环绕主要干道和沟域，通过资源整合和整体包装，将民俗旅游村、观光休闲农业园与景区（景点）等串联起来，形成特色明显、资源互补、利益联结紧密、满足游客多元化需求的集群式乡村旅游目的地，取得了一些成效。从经营规模上看，开始从一家、一户、一园的分散状态，向一沟一谷、一片一带、一个乡镇甚至几个乡镇的规模化、集群化方向发展。

（五）开发模式不断创新

从开发主体上看，从以农户经营为主，向农民专业合作社、社会资本参与、专业酒店托管等投资主体多元化、股份社会化、经营专业化方向发展。以乡村旅游专业合作社为例，2012 年涌现出密云县石城镇民俗旅游合作联社、延庆县井庄镇柳沟乡村旅游专业合作社、顺义区天天康乐果品合作社、顺义区甜利农果品产销专业合作社、通州区西集镇泊浒种植专业合作社、密云县古北口镇河东村民俗旅游专业合作社、怀柔区渤海镇麒岭核桃种植专业合作社等一批从事休闲农业与乡村旅游经营的优秀合作社。2012 年，全市融合农村三次产业的合作社达到 826 家，占全市合作社总数的 17.3%。通过发展乡村旅游合作社，实现了民俗旅游户之间的合作，提高了民俗户在资源开发、市场开拓、食材采购等领域的谈判能力。

（六）空间布局日益广泛

最初的乡村旅游，主要是依附于某些著名的景区，如十三陵周边的采摘园、十渡景区周边的农家院等。随着乡土文化、农业文化本身魅力的挖掘，在那些“既无和尚庙、又无皇上坟”的地区，也出现了大量的乡村旅游、休闲农业项目。经过20多年的发展，休闲农业与乡村旅游项目从最初的分散在旅游景区、景点周围，向近郊、平原、山区全方位发展；从最初的星星点点，向点、线、面相结合发展；从点状插花式分布，向圈带状集群式分布发展。

从产业分布看，休闲农业与乡村旅游呈圈带状分布在北京周边。近郊平原区自然山水资源贫乏，以农业产业自身为载体，以特色农产品为主导，以观赏游览、体验农作为主要方向，高科技农业观光园、农业主题公园、垂钓场、温泉度假村、生态餐厅以及市民租赁农园等项目得到了较快发展。远郊平原和丘陵地带农业资源非常丰富，民风古朴，以观光采摘园、休闲农庄、健身疗养、农村文化体验等为主。远郊山区则结合丰富的自然风光、长城遗迹等旅游资源，特色采摘、民俗旅游、森林度假等项目得到了发展。

从项目分布看，乡村民俗旅游村、户主要分布在远郊山区和半山区，以周边的自然风景区为主要旅游吸引物，主要经营项目为住宿接待、餐饮和农家生活体验；观光休闲农业园则分布于近郊平原地区和山前地带，以接待当日往返的旅游者为主，主要经营项目为农园观光、果品采摘、餐饮、娱乐休闲等。

四、基本经验

休闲农业与乡村旅游的成绩来之不易。一年来的实践证明，郊区休闲农业与乡村旅游的发展，必须做到“五个坚持”。

（一）坚持以市民需求为导向

休闲农业与乡村旅游的出现是农业走向市场的产物，休闲农业与乡村旅游的发展也必须以满足市民的休闲需求为出发点。但市民的需求是动态的、变化的，求新、求异、求变是休闲旅游

的基本特征，这就要求郊区休闲农业与乡村旅游的经营内容、经营方式、营销手段等，必须与时俱进，必须贴近市民的需要。发展休闲农业与乡村旅游的出发点，从富裕农民转为服务市民，是郊区休闲农业与乡村旅游发展指导思想上的一大转变。

（二）坚持以产业发展为基础

休闲农业与乡村旅游的发展必须立足于“三农”。要以农业为基础，以农村为单元，以乡土文化为主线，按照生产、生活、生态相统一的要求，把农业、农产品加工业、农村服务业等联结起来，经过艺术化加工创造，给城市居民提供特色明显、韵味独特、参与性强的休闲旅游产品。如果离开了农业产业、农村环境、农民生活，占用过多的耕地，大兴土木工程，建设过多的人文景观，休闲农业就成了无源之水、无木之本，最终也会失去它的生命力。

（三）坚持以机制创新为动力

要创新体制机制，统筹城乡资源，促进郊区休闲农业与乡村旅游的发展。要创新融资机制，在坚持农民主体的前提下，积极引导社会资本进入，提升休闲农业与乡村旅游项目的建设水平，促进郊区休闲农业与乡村旅游上规模、上档次；要创新开发模式，整合利用建设用地指标、人才、技术、资金等资源在一个地区集聚，实现休闲农业与乡村旅游项目的集群化发展；要创新管理体制，深化“政府引导、农民主体、市场运作、协会桥梁”的运作模式，处理好政府宏观指导与发挥市场基础性作用之间的关系，切实调动有关各方的积极性。

（四）坚持以培育特色为手段

特色是休闲农业与乡村旅游的生命。一个休闲农业区、乡村旅游带有没有人流，一个观光休闲农业项目能否赢利，在很大程度上取决于它有没有特色。与其他休闲农业与乡村旅游项目相比，主题的不同是特色，经营内容的差别是特色，营销模式的创新也是特色。最近几年，各区县在抓农业主题公园的建设、沟域经济的开发、乡村旅游“一区一色、一村一品”方面进行了有益的探索，取得了积极的进展，应该予以坚持。

（五）坚持以增加农民收入为落脚点

农民是农业生产的主体，也是休闲农业与乡村旅游发展和受益的主体。不管休闲农业与乡村旅游项目如何发展，机制如何创新，农民作为受益主体的地位不能丢。实践证明，凡是农民能够得到实惠的事情，农民就支持，这项事业才能取得长足发展。

五、发展趋势

遵循休闲农业与乡村旅游发展的一般规律，结合北京实际，休闲农业与乡村旅游的未来发展趋势，可用“八化”来概括。

（一）乡村景观化

根据国外发达地区农村发展的经验，结合首都的功能定位，京郊乡村发展的远景目标是乡村景观化，即村庄、田园、乡间道路、农业生产环境、农民生活空间等都要按景观来打造。门头沟区、延庆县等区县已提出了区（县）景合一、全域景区化、农业景观化的发展蓝图。从深层次看，这与乡村景观化是一致的。市农业技术推广站搞的农田景观试验与推广，取得了明显成效，这在某种程度上验证了乡村景观化的可能性，也为区（县）景合一提供了理论依据。乡村景观化对休闲农业与乡村旅游提出了新要求，也为休闲农业与乡村旅游发展提供了空间。

（二）业态多样化

休闲农业与乡村旅游的产品丰富，业态多样。除了目前数量较多的观光采摘园、休闲农庄、乡村民俗旅游村等形式外，还有近几年旅游系统评定的乡村旅游特色业态，以及在实践中已经出现，呈现良好发展前景的租赁农园、市民农园、教育农园、葡萄酒庄等，不一而足。休闲农业与乡村旅游是为满足市民的需要而出现的，而市民的需求是动态的、变动的，这就决定了休闲农业与乡村旅游是发展的、开放的，业态是丰富多样的。

（三）项目创意化

农业因创意而精彩，创意因与农业结合而丰富。把农业与文化创意结合起来，发展创意农业，提升文化内涵，将是休闲农业与乡村旅游的发展方向之一。休闲农业与乡村旅游要想赢得更多的顾客，需要让历史变得时尚，让文化变得轻松，让自然变得可亲，让一切吸引元素变成可以销售的产品。因此，就需要有一些突破，需要创意发展，需要研究休闲农业各种各样的创意方式，需要在休闲农业与乡村旅游项目中加入创意、文化的元素，最终实现项目创意化。

（四）布局集群化

休闲农业与乡村旅游的发展，要走集群化、规模化之路，以便在一个更大的区域内，满足游客旅游“六要素”的要求，解决供需信息不对称、游客逗留时间短、经营季节性强、产业结构“小散低”等问题。沟域经济的开发，为在山区实现休闲农业与乡村旅游集群化发展提供了载体。要创新机制，利用利益纽带，以市场化的手段，实现一个区域的休闲农业园区、乡村旅游企业之间，形成产业链条，合作多赢。

（五）投资多元化

休闲农业与乡村旅游发展势头强劲，对工商资本、民间资本、外商资本形成吸引力，促使投资者采取多种形式、多种渠道参与休闲农业与乡村旅游的开发经营。外来资本的介入，缩短了建设周期，提升了工程质量，带来了新的理念，应该说对休闲农业园区与乡村旅游项目的开发、建设、经营等起了积极的作用。但有的项目也与当地农民形成了利益冲突。如何创新合作模式，形成合理的利益分配机制，避害兴利，是下一步要努力探索解决的问题。

（六）营销信息化

随着互联网技术的迅速发展和新媒体的广泛应用，休闲农业与乡村旅游的市场营销形式也要与时俱进。旧的营销模式主要靠拼价格和坐等回头客，而新的营销模式则针对特定的目标消费群体，利用信息化的手段，把休闲农业与乡村旅游的质量、品牌、故事、活动等信息，快速、准确、有效地传递出去，进行精准化营销。不同的营销模式，针对的对象不同，效果也不同。今后要在坚持亲情营销、坐等回头客的同时，创新营销方式，大幅增加信息化手段和新媒体的运用，切实提高营销效果。

（七）企业品牌化

像其他产品一样，休闲农业与乡村旅游的发展已进入品牌化时代。品牌是对出售的产品规定的商业名称，又称“牌子”，它包含品牌名称、品牌标志、注册商标等。经营者建立自己的商品品牌，可以使自己的产品便于经营管理，有利于建立稳定的顾客群，有助于产品的市场细分和定位。同时，注册商标受法律保护，具有排他性，有助于利用品牌强化产品形象，增加竞争能力，促进销售，增加利润。曾几何时，北京郊区每个区县至少有一个啤酒厂，每个啤酒厂都有自己的注册商标，但现在，甭说北京了，全国就剩下少数几个主要品牌，这就是在产业发展进程中，经过收购兼并、重组转制、资源整合等一系列市场运作的结果。休闲农业与乡村旅游的发展，也会走这条路，只不过时间会比较长。

（八）产业融合化

休闲农业是贯穿农村第一、第二、第三产业，融合生产、生活和生态功能，紧密连结农业、农产品加工业、服务业的新型农业产业形态和新型消费形态。休闲农业与乡村旅游并不是一个独立的产业，而是农业与文化创意、农产品加工、农村服务业、信息业、教育产业等诸多产业相融合的产业。比如，房山区波龙堡酒庄成立于 1999 年，由中法合资兴建。2009 年成为中国第一个取得欧盟有机认证和美国有机认证的有机葡萄酒企业。波龙堡葡萄酒庄借鉴了法国著名酒堡的建筑风格，采用了“四位一体”的经营模式，在原有葡萄种植及葡萄酒酿造的基础上，还开发了葡萄酒主题旅游、专业葡萄酒品鉴、休闲度假 3 大功能，形成了第一、第二、第三产业融合发展的新模式。产业融合化是休闲农业与乡村旅游发展的重要方向。

六、发展展望

纵观北京市休闲农业与乡村旅游发展的宏观环境，既有机遇，也有挑战。但总体上看，机遇大于挑战。

（一）美丽中国、美丽北京的建设，为发展休闲农业与乡村旅游提供了新机遇

2012 年，党的十八大胜利召开。党的十八大报告把生态文明建设放在突出地位，要求把生态文明建设融入经济建设、政治建设、文化建设各方面和全过程，努力建设美丽中国，实现中华民族永续发展。十八大之后，中共北京市委及时提出了建设美丽北京的目标。美丽乡村是美丽北京建设的重要组成部分。美丽中国、美丽北京和美丽乡村建设，对发展休闲农业与乡村旅游提出了新要求，也带来了新机遇。今后休闲农业与乡村旅游的发展，要与美丽乡村建设紧密结合，从量的扩张转到质的提高上来，实现二者和谐统一，共同发展，不能搞“两张皮”。要通过发展休闲农业与乡村旅游，实施农业景观创意、规划设计创意，推广生态高效的循环农业经济模式，利用节地、节水、节材、节能等各种技术，搞好村庄的绿化美化，实现村庄建设、环境建设与产业发展的良性互动，促进人、自然、环境的和谐统一。

（二）《国民旅游休闲纲要》的颁布实施，为发展休闲农业与乡村旅游指明了新方向

《国民旅游休闲纲要》（2013 ～ 2020 年）在充分讨论、广泛征求意见的基础上，将

于 2013 年颁布实施。这将是我国第一个立足于全体国民，改善旅游休闲生活的指导性文件，是一个民生工程、民心工程。《纲要》对于改善我国国民的旅游休闲生活，提升生活质量，对于促进休闲旅游产业包括休闲农业与乡村旅游的发展等，都具有现实意义。具体到休闲农业与乡村旅游来说，《纲要》为其指明了方向。一是从服务对象来说，休闲农业与乡村旅游产业不仅要服务于城区居民，而且要服务于全体市民；不仅要服务于首都居民，而且要服务于外地居民。二是从产业发展方向来说，不仅要着眼于旅游，而且要着眼于休闲。休闲是一个比旅游更为宽泛的概念，比如，2012 年全国的旅游总收入约 25 700 亿元，如果从休闲的角度来说，大体上要翻一番，估计为 5 万亿（魏小安，2012）。在这样一个更大的范围内研究推进休闲农业与乡村旅游的发展，思路肯定不同，内容也会更丰富。三是从产品提供来说，要突破传统的观光休闲农业园区、乡村民俗旅游村等模式，按照休闲行为普遍化、休闲生产常态化、休闲市场全球化、休闲通行便利化、休闲消费个性化、休闲对象精准化的总体要求，创新产品模式，延长产业链条，规范服务行为。

（三）首都市民可支配收入的提高，为发展休闲农业与乡村旅游提出了新要求

从 2009 年开始，北京市人均 GDP 突破 1 万美元大关，进入世界中等富裕城市行列。2012 年，北京市人均 GDP 达到 13 797 美元。北京作为全国最大、最密集的消费市场之

一，具有消费群体规模大、消费层次多、消费需求变化快、消费质量高等特点。市民多元化的消费市场需求，为北京发展休闲农业与乡村旅游提供了广阔的市场空间，也提出了更高的要求。比如，在一些园区，休闲农业从最初级的观光采摘，发展到市民对农业生产活动的全程参与，“乡下有我一分田”、现实版“开心农场”、“社区互助农业（CSA）”模式的市民农园已经成为休闲农业产业发展的生力军。可以看到，随着社会经济的进一步发展，“休闲”更多地从吃喝玩乐的消极休闲，转向参与农作、有机种植、促进城乡互动、农业知识获取、应对食品安全等积极休闲方面上去。休闲农业的产业融合功能、社会发展功能将会越来越突出，尤其是在推动创意农业、推动农产品安全保障、推动农产品流通、推动农村文化保护与开发、推动农业专业合作组织发展、推动农村实用人才培养、推动农村景观建设等方面，起的作用将会越来越大。

（四）北京周边休闲农业与乡村旅游的快速成长，为北京市发展休闲农业与乡村旅游提出了新挑战

从北京休闲农业与乡村旅游发展的外部环境看，面临着更趋激烈的竞争。北京周边的一些地区，如天津市，河北省的承德、唐山、张家口，甚至山东省、内蒙古自治区等，纷纷提出把休闲农业与乡村旅游作为主攻方向，并在政策、资金、基础设施配套上，向休闲农业与乡村旅游倾斜。有的地区提出建设休闲农业与乡村旅游示范县，并把客源目标市场定位在北京市民，这对京郊休闲农业与乡村旅游形成了强有力的同业竞争。特别是随着京承高速等省际间放射性高速公路的开通，使得北京市民到周边省份的交通变得更为快捷方便。如果京郊休闲农业与乡村旅游不主动迎接挑战，不加快提档升级和开发新产品的步伐，不能在新形势下更好地满足首都市民的新需求，将不进则退，以后也很难有所作为。

（五）国家和北京市对休闲农业与乡村旅游的重视支持，为发展休闲农业与乡村旅游提供了新动力

从国家层面看，2010 年中央一号文件明确提出“积极发展休闲农业、乡村旅游”的具体要求；《国务院关于加快发展旅游业的意见》明确提出要开展农业观光和体验性旅游活动，规范发展农家乐、休闲农庄；农业部出台了《全国休闲农业发展“十二五”规划》；农业部与国家旅游局签署了发展休闲农业与乡村旅游合作框架协议，在农业部内

部成立了专门的处室，具体指导休闲农业工作。这为休闲农业与乡村旅游的发展创造了良好的外部环境。

从北京市层面看，市委市政府高度重视休闲农业与乡村旅游的发展，把休闲农业作为“十二五”时期重点推进的都市型现代农业4个新兴业态之一。市有关部门把休闲农业与乡村旅游的发展列入了重要议事日程，“部门联动、政策集成、资源整合、资金聚焦”的机制初步形成，在工作上开始形成合力。从郊区来看，不少区县政府把休闲农业与乡村旅游作为本地区农业主导产业之一，列入“十二五”发展规划，并且在政策上支持，在工作上列入议程，在实施上通盘考虑，积极推进。特别是经过近几年的新农村建设，郊区农村的道路、通迅、水、电等基础设施条件明显改善，休闲农业与乡村旅游的可通达性显著增强。广大经营者和从业农民尝到了甜头，对发展休闲农业与乡村旅游的认识有了提高，劲头更足了。这为休闲农业与乡村旅游的发展提供了强大动力。

综上所述，京郊休闲农业与乡村旅游发展的机遇与挑战并存。我们要抢抓机遇，主动迎接挑战，以改革的精神、创新发展思路，引进增量，盘活存量，提升质量，增加效益，加快京郊休闲农业与乡村旅游提档升级的步伐，在新的历史起点上，实现更快的发展。

（执笔：范子文、陈奕捷）

第二部分
区县分报告

朝阳区休闲农业与乡村旅游发展报告

2012年，朝阳区落实产业发展规划，优化空间布局，提升农村地区产业结构，继续推动传统农业向都市型现代农业的全面转变。经过多年探索，朝阳区培育了一批功能多样、富有特色、享有一定知名度的新型农业园区和乡村旅游企业，初步形成6种都市型现代休闲农业发展模式，带动加工出口、旅游观光、休闲健身、餐饮娱乐等产业发展，成为都市型现代农业发展的领跑者，走出了一条集生产、生活、生态、休闲为一体的特色都市农业之路。

一、发展概况

休闲农业发展良好。2012年全区共有农业观光园14个；接待旅游人数132.6万人次，比上年增长8.3%；观光园总收入4.6亿元，比上年增长11.9%。民俗旅游接待户30户，接待旅游人数5 392人次，比上年增长42.5%；民俗旅游总收入34.1万元，比上年增长22.2%。

二、主要举措

（一）落实农村产业发展规划，推进都市农业建设

2012年，朝阳区认真落实“十二五”农村产业发展规划，优化空间布局，按照全区“五轴三带”的空间构架，打造“两大集聚带”，即绿色休闲文化产业带和都市型现代农业产业带。沿绿色休闲文化产业带，重点推进蟹岛规模设施农业、北京朝来温泉健康休闲中心等项目建设；沿都市型现代农业产业带，重点推进蓝调庄园、绿岛蓝莓园、圣露庄园、郎枣绿色生态园等项目建设。

（二）强化政策支撑，加大扶持力度

加强政策研究，充分发挥朝阳区农村地区产业发展专项资金的作用，对第一、第二、第三产业项目提出明确的扶持范围和扶持方向，提高政策资金的引导示范作用，推进都市型现代农业建设。制定出台政策性农业保险政策，及时完善自然灾害补贴办法。积极争取国家和北京市的有关支持政策，按照《北京市社会主义新农村建设领导小组办公室关于开展2011年度新农村建设创新奖励评选推荐工作的通知》要求，积极推荐休闲农业园区申报，蓝调庄园获得2011年度新农村建设创新奖励项目。

（三）成功协办全国休闲农业创意精品大赛，展示都市型现代农业成果

朝阳区的农业是都市型现代农业，在发展过程中，涌现出一批优秀的休闲农业园区、乡村旅游纪念品和创意农产品。2012年，协助市农委做好“华北东北地区休闲农业创意精品推介活动”，并举办朝阳乡村文化节，展现朝阳区丰富多彩的乡村文化，同时以展览、展销的形式，从循环经济、休闲农业、加工配送、特种养殖、体育健身5个方面，集中展示朝阳区都市农业发展的成果。

（四）科技引领，实施园区蔬菜提质增效“三百”工程

紧紧围绕优质、安全、高效、生态的现代农业发展理念，开展了蔬菜提质增效“三百”工程示范工作。根据朝阳区生产与设施情况，确定蟹岛、朝来农艺园、永顺华3家园区为“三百”工程示范园区。2012年5月和11月，北京市农业局专家组分两次莅临朝阳区，督导检查蔬菜提质增效工作，对朝阳区“三百”工程给予高度评价。2012年9月，在北京市蔬菜提质增效“三百”工程高产高效种植模式百分竞赛上，朝阳区获得春大棚高效模式二等奖。

三、重点领域

（一）探索时尚农业

蓝调庄园位于朝阳区金盏乡，占地1 200多亩，毗邻朝阳区金融服务园区的景观大道，是以薰衣草生产为基础，以田园休闲体验为特色，以农业文化创意为核心竞争力的

新型都市时尚农业。园区分为四季果庄、薰衣草园、蓝梦工厂、薰衣草温泉和蓝调婚礼园等 5 大板块。2012 年，蓝调庄园突破了传统休闲农庄和农家乐的打造手法，以田园景观与浪漫爱情为主题，将文化创意应用其中，将创意与浪漫结合，打造成以农业生产、休闲体验为特色的高端艺术庄园。3 ～ 5 月，举办了“2012 油菜花观赏季”及“小蚂蚁儿童农庄亲子游园活动”，使孩子们在与家长互动玩耍、欣赏油菜花海的同时，体验了农家乐趣，学会了相互协作，学到了书本上没有的知识。8 ～ 9 月，庄园与饭饭团、悠悠团合作拍摄以特色薰衣草园为主题的旅游美食纪录片，每周从饭饭团、悠悠团两大网站平台中选取 10 名幸运会员来蓝调庄园观赏美丽薰衣草园带来的浪漫，享受健康养生的薰衣草温泉，体验手工 DIY，体验真实婚礼场景。已有上万对新人在薰衣草花海中举行了婚礼，留下了无数充满青春浪漫色彩的画面。12 月，举办了蓝调庄园首届冰雪狂欢节，吸引了众多的城市居民前来参与。

（二）开发精品采摘

全美樱桃园现有标准化生产示范基地 330 亩，种植红灯、美早、佳红、萨米脱、拉宾斯等十余个品种的樱桃，同时经营盆栽果树、南方水果的种植、采摘、农业观光休闲体验等。2012 年 5 月，举办了一年一度的观光采摘节，采摘量达 2 万千克，近万名中外游客体验了原生态农业文化的乐趣。

圣露国际酒庄占地 480 亩，种植具有自主知识产权的北玫、北红酿酒葡萄品种，产量20吨，除用于酒庄自酿酒外，还可进行采摘。2012年10月26日，举行了试营业开业庆典，有法国WINERY酒庄、名特商贸有限公司等10余家合伙作伴的代表及国内外酒业同仁200人参与了活动，客人在品鉴本酒庄自酿酒的同时，参与了欧亚葡萄酒文化的交流体验。

（三）挖掘民俗文化旅游

高碑店村依托深厚的历史文化底蕴和声名鹊起的明清古典家具街，打造以特色民俗旅游、产业旅游为主导的经济产业，形成了“五区、三线、一村”的发展格局。以古家具产业为龙头产业，以旅游产业为主导方向，重点发展民俗文化产业，恢复了高碑店高跷老会、小车会、百人合唱队、百人腰鼓队和秧歌队等，2012年举办了古典家具文化节、春节漕运庙会、元宵节灯会、端午文化节、中元河灯节等众多民俗文化活动，营造良好的民俗风情氛围。举办户外宣传2次，发放旅游手册4 000余份。2012年共接待来自美国、加拿大、英国、德国、新加坡、韩国、日本等外国游客及港澳台游客5 000余人，旅游接待总收入40余万元，带动村内相关旅游、参观、购物、用餐等游客16余万人次。在丰富旅游项目、让村民欢度民俗节日的同时，重塑优良的传统风俗、重视中华民族的礼仪孝道文明，既丰富了村民的文化生活，又提高了村民的文明素质。

（四）发展节庆、会展农业

经过10余年的发展，蟹岛已经完成了从传统农业向都市型现代农业的转变，形成较为合理的产业结构，实现了第一产业向第二、第三产业的延伸，具备了发展节庆、会展农业的基础。2012年多次举办、承办各种会展，其中1月承办了全国年货购物节暨年货购物精品展销会，累计接待人数2万人，营业收入达2亿元；8～9月承办了由中国人民对外友好协会主办的“2012北京国际啤酒节”，活动累计进园人数达11万人次，销售啤酒40吨，实现综合收入近千万元；9月承办了“2012中国房车露营及户外产品展”，

观众数量达 3 万人次，采购商逾 300 人，现场总交易额 2 000 万元，意向及潜在交易额 3 亿元；12 月承办了由中国人民对外友好协会、文化部主办的“国际动漫博览会（北京 2012）”，博览会期间总参观人数 9 万余人，参展国家 7 个，交易额达到 1.7 亿元。

四、发展展望

随着朝阳区城市化进程的加快，“十二五”期间朝阳农村地区三次产业比例将会进一步优化，三产的主导地位将进一步加强，二产结构会进一步升级，都市型现代农业也会更加突出特色。休闲农业和乡村旅游将按照首都建设世界城市的战略目标，以促进农民就业增收为宗旨，按照“一产抓特色”的发展思路，重点发展旅游休闲、观光采摘、特色养殖、农产品物流等，通过建设高标准、特色突出的都市型现代农业园区，带动都市农业整体发展。在产业格局上，重点围绕打造“三区、一带、三条线”来发展，即形成北部都市型现代农业示范区、东部旅游度假休闲区、南部优质农产品物流和特色养殖区等 3 大特色产业聚集区，四环路—五环路绿色产业带，以及 3 条旅游景观线。

（执笔：朝阳区农委　邳学红）

丰台区休闲农业与乡村旅游发展报告

近年来，为进一步加快城乡一体化进程，适应市场发展，丰台区不断加大农村产业结构调整力度，创新农业经济发展模式，优化农业空间布局，开发农业的观光、休闲、体验、会展等新功能，培育农业优势产业，为农民就业增收创造新的空间。

一、发展概况

截至2012年年末，丰台区有农业观光园13个，比上年增加3个。全年共接待游客116.5万人次，比上年下降3.3%；实现总收入2 687万元，比上年增长22.4%。全区共有市级民俗村2个，分别为南宫泉怡园度假村和长辛店御景山民俗村。2012年，泉怡园度假村及景区共接待游客100万人次，比上年增长10万人次；收入5 000万元，比上年增长20%，实现利税100.6万元；御景山民俗村2012年接待游客30 000余人次，收入200余万元。

从区域布局上看，河西生态休闲旅游产业带依托山地、生态、温泉、农业4大特色资源，以南宫旅游景区、北宫国家森林公园、鹰山森林公园、千灵山风景区为主体，已逐步成为知名旅游地、都市后花园和旅游胜地中的文化会都。河西生态旅游区共有4处A级及以上旅游景点，包括鹰山森林公园、青龙湖公园、北宫国家森林公园和世界地热博览园。

二、重点领域

2012年，丰台区继续按照“一轴两带四区”发展规划，紧抓城南行动计划和北京建设世界城市的有利契机，深入贯彻落实科学发展观，着眼于服务首都市场，以促进农民就业增收为目的，以完善农业生产、生活、生态功能为切入点，大力发展都市型现代农业。

（一）休闲农业产业带

按照全区农业发展总体规划，采取规划引导、基础先行、政策扶持、市场运作、环境促进等措施，整合和挖掘资源，深度开发农业休闲、观光、旅游等新功能，逐步形成了长青路、北宫南路两条都市型现代农业观光走廊和花乡花卉产业核心区的“两廊一区”发展新格局。

1. 长青路都市型现代农业观光走廊

充分利用南宫温泉、青龙湖及千灵山等旅游资源，通过开展地热科普节、温泉消夏文化节、冰雪嘉年华、北京种子大会品种展示等活动，沿长青路打造一条以科普展示、温泉养生、观光采摘、农业会展等为特色的都市型现代农业观光走廊。

2. 北宫南路都市型现代农业观光走廊

依托北宫森林公园、鹰山公园、长辛店大枣产业基地等旅游资源，通过举办大枣节、彩叶节等文化活动，沿北宫南路打造一条以认种认养、观光采摘和生态休闲为特色的都市型现代农业观光走廊。

3. 花卉产业核心区

深入挖掘花卉文化底蕴，做大做强花卉休闲与旅游品牌，延伸花卉产业链，聚集知名花卉企业，打造花卉“总部基地”。2012 年 9 月，7 家股东组成北京花乡国际花卉产业有限公司，注册资金 1 亿元人民币，为进一步打造花乡花卉品牌奠定了基础。

（二）民俗节庆活动和农业主题活动

长辛店镇第十届大枣文化节暨“长辛店白枣”地理标志文化项目奠基仪式于 2012 年 9 月 19 日开幕，采摘期持续到 10 月上旬。市民在中华名枣博览园里可以观赏到磨盘枣、葫芦枣、茶壶枣等 320 余个大枣品种。采摘节期间共接待游客约 4 万人，采摘大枣 40 万千克。长辛店镇大枣文化节已经连续举办了九届，其中 2012 年的大枣文化节为期四周，依次推出宣传周、评选周、养生周、项目推介周 4 个专题，聘请专家对大枣种类、种植、使用进行现场评价、讲解，解读白枣、大枣的养生保健价值。还通过宣传片、手册、项目包等形式，对长辛店镇基本概况、发展前景进行介绍，以促进投资商直接与各村进行对接洽谈。长辛店镇拥有本市的唯一性特色果品——长辛店白枣，种植面积已达 10 000 余亩，取得了地理标志证明商标权。即将开工建设的长辛店白枣地理标志文化项目位于中华名枣博览园，建成后将成为集文化、生态、休闲、养生、观光为一体的地标性建筑，成为长辛店镇绿化美化基础设施建设的亮点工程。

（三）会展农业和现代种业

北京种子大会。丰台区从 1992 年开始，连续成功举办了 20 届北京种子大会，推进了以种业为主的现代农业发展。北京种子大会源于丰台种子交易会，为全国性种业盛会。第 20 届北京种子大会参会企业达 4 000 余家，交易品种 5 100 余个，展示品种 800 余个，交易金额 5.5 亿元，累计参会人数 5 万人次，日高峰人数达 1.6 万人次。通过举办北京种子大会，大批国内外名特优新品种涌入北京市场，彰显了首都作为全国农作物新品种展示、种子贸易和信息交流中心的独特地位。

庄户籽种展示基地。作为北京种子大会和 2014 年世界种子大会的重要配套设施，庄户籽种展示基地发挥了重要作用。该基地是北京市种子管理系统品种展示工程“1+10”体系之一，是北京市农作物品种试验展示基地体系中设施规模最大、功能最完备的专业型新品种展示观摩基地，曾成功举办四届北京种子大会现场展示观摩活动。该基地正以北京种子大会和 2014 年世界种子大会为契机，以推进种业之都和建设世界种子中心为目标，进行升级改造，打造集主题科普教育、都市城郊休闲、种业交易及文化交流为一体的综合性中国种业总部经济服务基地。

三、主要举措

为确保休闲农业与乡村旅游产业健康快速发展，丰台区主要做了以下 5 方面工作。

（一）提升认识高度，全力谋划发展

休闲农业与乡村旅游产业是都市型现代农业的重要组成部分，是城市功能拓展区的发展优势。丰台区上下充分认识到，休闲农业与乡村旅游产业是加快推进城乡一体化进程、解决农村剩余劳动力就业、促进农民增收的有效途径，是低碳、绿色、可持续产业，是实现一产向三产转变、提升农业附加值的重要载体。2012 年，丰台区注重科学筹划，勇于创新，善于落实，有计划、有重点地开展了多项工作，有力地推进了全区休闲农业和乡村旅游产业的发展。重点乡镇配备了专职工作人员，南苑乡还成立了文创办公室，专门开展文化创意产业和乡村旅游产业工作。

（二）突出区域特色，实现错位发展

在深入挖掘各乡镇区位、交通、文化和经济社会多方面发展潜力的基础上，着力打造“两廊一区”的丰台都市农业发展新格局。聘请专业机构为生态农业旅游项目进行总

体规划和设计，为区域可持续发展奠定坚实基础。河东重点发展以花卉产业为主的都市型现代农业，充分发挥郊野公园资源优势，拓展符合首都市民休闲娱乐的项目内容；河西重点发展观光休闲农业园、民俗旅游村，依托园博园、青龙湖文化会都，打造集会议、休闲、娱乐于一体的乡村旅游项目，满足不同层次消费者的需求。

（三）注重宣传推介，做好招商引资

积极依托市区各类宣传平台和大型活动，帮助各乡镇、村，从项目筛选、整理包装、筹备材料等多方面着手开展宣传和推介，取得良好效果。针对重点项目开展专项推介，如南苑乡携手专业公司开展北京创意农业公园的推介活动，吸引了多个投资公司和业内媒体参加，进一步宣传了丰台，促进了合作发展。加大媒体宣传，积极通过报纸、电视、网络等多家新闻媒体对丰台区重点项目和活动进行了深入报道，为区域招商引资、开发旅游项目起到了推动作用。

（四）植入文化理念，强化品牌推广

通过举办各种节事活动，扩大休闲农业和乡村旅游项目的知名度和社会影响力。北京国际露营公园陆续成功举办了第二届户外厨艺大赛、露营烧烤大会、国庆嘉年华“漫心情慢生活”主题音乐梦想节、脑瘫儿童大型慈善公益活动、中欧营地与房车旅游高级培训与论坛等一系列活动，提升了园区的文化内涵，丰富了园区的休闲产品。长辛店镇大枣节、南宫冰雪嘉年华等节事活动也取得了较好的品牌推广效果。

（五）加大扶持力度，发挥导向作用

积极发挥产业结构调整资金、支农资金的引导作用和产业项目带动作用，优化农村产业结构。除充分利用市有关优惠政策，积极争取专项资金外，区政府加大了对都市农业的投入力度，更多地向都市农业项目倾斜，支持农村、农业建设。在区支农资金中，对都市农业项目给予资金奖励，尤其对休闲农业与乡村旅游业态，加大扶持力度，推动第一、第二、第三产业融合发展，提升生态旅游产业发展水平。

四、发展展望

（一）加大人员培训力度

采取“请进来、走出去”相结合的方式，加大休闲农业与乡村旅游从业人员培训力度。组织乡镇主管副乡（镇）长及科室负责人、特色产业园区（项目）负责人到先进区

县交流学习，开阔视野，学习他们的经验与长处。举办专题培训班，邀请有经验的专家学者、政府人员、特色园区（项目）负责人传道授业。

（二）着力扩大品牌影响

扎实开展品牌创建工作，挖掘现有品牌的文化内涵，提升品牌影响力和知名度。充分利用市、区宣传推介平台，集中力量，分批次、有步骤地树立一批口碑好、反响好的休闲农业与乡村旅游品牌。把握重大节庆活动的有利契机，抓好前期宣传，提升服务质量，做好跟踪回访，确保消费者在各个环节都满意。

（三）项目带动产业发展

通过扶持休闲农业与乡村旅游产业项目，强化基础设施和配套设施建设，提升软硬件水平，为产业发展奠定基础。区里扶持的支农项目，将建立统一的项目库，按照轻重缓急进行排序。扶持资金和政策将进一步向低碳、绿色、高附加值的都市型现代农业倾斜，发挥产业结构调整资金、支农资金在引导产业发展中的作用。

（执笔：丰台区农委　张军、孙峥）

海淀区休闲农业与乡村旅游发展报告

围绕中共北京市委建设中国特色世界城市、海淀区委发展核心区和建设全球影响力科技创新中心的要求，2012 年，海淀区充分发挥文化旅游资源优势，坚持走面向市场、政策引导、科技支撑、产业融合的都市型现代农业之路，形成了区域特色产业布局，培育优势主导产业，创新高效经营模式，提升农业综合服务能力，促进休闲农业与乡村旅游健康发展和农民稳定增收。

一、发展概况

2011 年，海淀区设计并发布了“海淀农业”标识。2012 年，第一批具有高品质农产品、高标准生产管理水平和高档次园区接待环境的“海淀农业”特色精品农业示范基地，在海淀区第十二届樱桃节新闻发布会上与首都市民见面。北京御香观光采摘园荣获“全国休闲农业与乡村旅游四星级园区”称号，苏家坨镇荣获“全国特色景观旅游名镇”称号。依托大觉寺、凤凰岭公园等旅游风景区发展的民俗旅游村 4 个，其中车耳营村为市级民俗旅游村。

截至 2012 年年末，海淀区有农业观光园 58 个，与上年持平；观光园总收入 6 911.8 万元，比上年增长 4.1%。民俗旅游农户数 72 户，与上年持平；民俗旅游总收入 297.4 万元，比上年增长 27.3%。

二、主要举措

（一）政府扶持，完善农业基础设施建设

2012 年海淀区安排近 1 亿元支农资金用于产业带的提升建设，重点支持了“一河十园”创意农业产业带提升建设项目，提升了御林观光园农业文化创意区、葡萄酒文化庄园、中医文化药园、南果鉴赏儿童教育基地、玫瑰谷等农业园区。加大设施农业扶持力度，建设日光温室等设施农业面积 7 290 亩，年产值由 2007 年的 3 164 万元，提高到 2012 年的 5 827.4 万元。

（二）科技引领，优化农业种植结构

以樱桃为优势主导树种，建设万亩樱桃园，成为北京市樱桃和冬枣鲜果的主产区；恢复玉巴达杏、京西稻等本土传统经典品种；引种优新设施草莓品种和蓝莓、小西瓜等时尚新锐，丰富品种结构。完成草莓脱毒苗的繁育与示范推广、设施草莓的土壤改良技术、草莓和小西瓜、大蒜、玉米等作物间作、小西瓜自根苗生产技术。设施农业年产值由不足 3 万元 / 亩提高到了 7 万元 / 亩。海淀区自主选育的海樱 1 号、海樱 2 号樱桃砧木，海韭 1 号、海韭 2 号，已通过新品种审定。自主培育的草莓、樱桃砧木脱毒苗，2012 年已推广种植 3 万余株。“甜（辣）椒未成熟小孢子直接诱导萌发成植株的方法”申请国家发明专利，已进入实审阶段。建立农业科技创新长效机制，鼓励新品种新技术示范应用。黄瓜、西红柿、甜瓜等 9 大类、41 个适宜新品种，在太舟坞基地进行示范展示种植。推广应用草莓土壤改良、轮作倒茬、温室增温等实用技术。推广无雾滴二道幕增温技术、番茄穗柄防折夹、黄瓜绑蔓夹、黄板防蚜虫蝇、节水滴灌技术、振荡器及雄峰授粉技术以及黄瓜、西葫芦套袋技术等。上庄镇的设施蓝莓，可使成熟期提前一个月。

（三）面向市场，塑造海淀品牌形象

2012年2月，第七届中国草莓文化节暨中国精品草莓擂台赛在北京四季御园国际大酒店成功举办。海淀区送选的草莓样品获得17金、9银、12铜的好成绩。通过此次大会的举办，展示了海淀区都市现代农业建设成果，加大了海淀农业在北京市、全国乃至全球的影响力，同时带动了本地区旅游业、服务业的发展。5月，举办了主题为“田园海淀、生态中关村”的海淀区第十二届樱桃文化节，以及最美樱桃园评选、摄影大赛活动，拉近了市民与海淀的距离。

（四）发展生态农业，确保农产品品质

海淀全区“三品”认证基地达36家，认证品种203个，认证面积达10 485.05亩，其中，无公害基地27家，认证品种91个，认证面积7 670.55亩；绿色和有机认证9家，认证品种112个，认证面积2 814.5亩。推广农业有机化生产技术，在北京市率先制订了有机樱桃生产地方标准。现有农业标准化生产基地达到48个。

（五）机制创新，鼓励规模化生产

制定农田保护和促进土地流转政策，鼓励农民将个人承包土地向集体经济组织流转，实现规模化生产、产业化经营。补贴农田面积6.8万亩，补贴流转面积4.7万余亩。

（六）经营模式创新，增加农业收益

坚持粮食生产模式创新。上庄京西稻科普文化园，企业与合作社合作，带动农户，探索粮田增值新途径。改良京西稻品种，示范应用稻田起垄栽培技术，不仅节约了生产用水，而且解决了越富水稻倒伏问题。改进包装，举办插秧节、收割节、稻田认养等活动，开拓高端礼品市场，提高稻田经济效益。根据市场需求，建设外埠基地。京西贡米单价较上年提高2～3元，农民从水稻种植中获得了更高的经济效益。

在稳定蔬菜种植面积的同时，发展与市民互动的体验项目。总结推广小毛驴市民农园的经营模式，全区已有10余个果园、菜园开展不同形式的蔬菜认养、蔬菜配送活动。

依靠技术进步，不断优化果品结构。通过技术人员的不懈努力，蓝莓的引进与驯化取得进展，全区已有四季青、苏家坨、温泉、上庄等栽培蓝莓。此外，四季青、温泉的木瓜、火龙果等南果北种也取得成功，对增加采摘品种，丰富首都市民的果篮子发挥了积极作用。

三、存在的主要问题

在快速发展过程中，也存在一些矛盾和问题，主要表现在：① 土地经营分散。农业组织化程度偏低，土地经营分散，单户经营规模小，影响了产业带的整体形象和经济效益。② 生产成本高。农业规模小，生产成本高。③ 配套设施难以到位。受建设用地指标的限制，农业结构调整和服务设施建设受到较大制约。④ 专业的农业生产经营管理人才缺乏。园区经营多以散户和村集体为主，由于缺乏专业人才，园区的整体经营水平偏低，营销能力较弱，远没有实现资源的最优配置。⑤ 产业融合没有到位。单纯依靠农业经营单位和农业管理部门的努力，很难突破机制壁垒，部门之间、产业之间的融合还有较大空间。

四、发展展望

（一）生产高端农产品

适度扩大传统优势果品樱桃的种植规模，恢复香山水蜜桃等传统区域名品，提高玉巴达杏、京西贡米的商品化水平，扩大食用菌生产规模，发展蓝莓等国际高端果品，配合观光采摘适度引种南果。结合现有农业产业结构，引进推广轮作倒茬、立体栽培等高效蔬菜、花果生产；合理安排种植茬口，总结推广高效蔬菜生产技术；引进推广架势栽培等国际领先果树高产栽培技术；引进林间套种技术，发展林下经济。扩大生态农业技术应用范围，基本实现测土配方施肥和农业病虫害综合防治，50%实现标准化生产。基本农田100%实施沃土工程，

推广有机农业技术，推进生态环境保护。

（二）优化农业旅游环境

以大觉寺、温泉南山、翠湖等旅游风景区为重点，发挥自然生态资源优势，建设集游憩观光、休闲度假、商务会展、餐饮购物为一体的都市型现代农业产业带。下一步，要着力搞好旅游标识引导系统建设，优化旅游线路，提升接待服务水平。

（三）丰富休闲农业内涵

促进产业融合，提高市场的活力。加强各部门联动，研究推动休闲农业与教育、商业、旅游等产业融合。在清晰界定资源、资产权属的前提下，鼓励打破行政区域、所有制界限，对休闲产业进行整体开发建设。

（四）塑造休闲农业品牌

弱化海淀农业规模小的劣势，强化农产品安心、科技创新，农业园区精致、舒适、经营创新等方面优势。通过产品、服务等方面的不断提升，将海淀农业定位在旅游产品、高端礼品，塑造品牌形象，维护已经建立起的良好市场信誉，充分体现农业、园区和产品的核心竞争力。

（五）加强农业队伍建设

通过改善农技推广服务设施，制定长期从事一线农业工作人员补贴政策，彻底改善农业一线人员工作条件。通过搭建农业创新发展平台，加强与高等科研院校人才交流、学术交流和项目合作。加快建立人才培养、激励、使用机制，完善农业人才创新创业支撑体系，发挥创新型农业科技、经营人才的引领作用，形成高效、充满活力的服务体系，为发展休闲农业注入新的活力。

（六）推广高效经营模式

为提高休闲农业效益，适应产业融合发展的需要，不断摸索创新休闲农业业态。继续完善观光采摘、民俗旅游、运动休闲等经营方式；要加大科技引领、教育示范、文化创意、专供配送等经营模式的实践推广；要积极探索产业融合过程中要素整合、利益分配的有效机制，通过制定实施营销策略，提高农业经济效益；继续加大利用信息网络、窗口行业资源的力度，搞好宣传推介，促进产销对接。

（执笔：海淀区农委　李曼、宋凯）

门头沟区休闲农业与乡村旅游发展报告

为落实市委、市政府提出的建设“三个北京”和中国特色世界城市的战略部署，门头沟区委、区政府通过深入调研和科学论证，确立将旅游文化休闲产业作为地区经济发展的主导产业，加快打造首都西部综合服务区的全新发展思路。

一、2012 年休闲农业与乡村旅游总体情况

门头沟区加大旅游、农业、生态等资源的整合力度，出台一系列鼓励乡村旅游发展的奖励政策和举措，推动乡村旅游产业迅猛发展。2012 年，在“7.21”特大自然灾害的影响下，年末全区实际经营的观光园为 62 个，同比增长 10.7%；接待总人数 114.3 万人次，同比下降 5.4%；实现收入 1.3 亿元，同比下降 1.4%，其中餐饮收入和出售农产品收入分别为 4 864.2 万元和 4 701.4 万元，同比分别增长 1.6% 和 23.7%。餐饮和出售农产品是拉动门头沟区观光休闲农业与乡村旅游发展的主要动力。

二、以沟域为平台发展休闲农业与乡村旅游

全面淘汰资源开采业，“十一五”时期累计关闭煤矿 66 家、非煤矿山 82 家，基本关停水泥厂、煤矸石砖厂，结束了地区上千年的小煤窑开采史。沟域经济发展初见成效，吸引中坤集团、世茂集团等大型企业参与开发，签约项目达到 17 个，形成了一批产业特色鲜明的示范沟域。旅游业发展良好，成功举办第二届北京国际山地徒步大会、第二届环北京国际自行车赛。逐步退出传统的种养业，京白梨、大樱桃列入全市 9 个“唯一性”农产品，黄芩、小杂粮种植面积突破 3 万亩，都市型现代农业效益不断提升，108、109 国道观光休闲走廊初步形成。

三、“十二五”期间休闲农业与乡村旅游发展规划

（一）发展思路

“十二五”期间，门头沟区将按照生态涵养发展区和首都西部综合服务中心功能定位的要求，正确处理生态涵养和经济发展的关系，依据加快建设新城区、规划发展浅山区、

保护涵养深山区的思路，着力打造“首都西部综合服务区”（WSD），重点发展依托首都、面向世界、服务市民的旅游文化休闲产业。

1. 加快建设新城区

门城新城区面积为114.7平方千米，下辖2个镇和3个街道办事处，是门头沟区现代化建设和生态产业发展的重点，主要承担服务首都中心城区、辐射山区发展的功能。这一地区将抓住建设永定河绿色生态发展带和首钢搬迁的重大机遇，全面改善永定河沿线的生态环境，打造绿色山水景观，使环境成为发展的竞争优势。以沿岸的军庄、三家店、龙泉雾、琉璃渠、永定镇5大片区为重点，大力发展高端地产、滨水休闲产业、文化创意产业、旅游休闲体验产业、生态商务产业，提升城市品位，促进城市经济发展，把门城地区建设成为以文化旅游、商务办公、滨水休闲为核心的生态宜居新城。

2. 规划发展浅山区

浅山区面积为352.7平方千米，下辖4个镇和1个街道办事处，主要承担加强生态修复和承载产业拓展的功能。浅山区是门头沟区发展旅游文化休闲产业的重要区域，也是未来门头沟区发展的重要经济增长点，当前主要是将生态保护和产业结构调整相结合，依托丰富的自然资源和永定河文化资源，着力加快18条重点沟域建设，探索废弃矿山腾退土地的综合利用，重点发展高端旅游、会议、休闲度假、影视基地、创意文化等产业，抓紧建设一大批高档旅游接待设施和配套服务设施，形成首都西部高端休闲度假中心。同时探索浅山区开发模式，引入社会资本推进旧村改造，将潭柘寺镇打造成为国际旅游休闲名镇，将军庄镇打造成为面向首都的休闲宜居森林小镇，使浅山区成为首都生态产业发展的重要平台和生态文明建设的示范区域。

3. 保护涵养深山区

深山区面积为981.6平方千米，下辖3个镇，主要承担着生态涵养和水源保护功能。在逐步实施深山区群众搬迁工作的同时，下大力气实施绿化美化、湿地建设等生态涵养工程，发展重点是依托永定河、百花山、灵山和爨

底下等自然资源和文化资源，适度发展生态旅游观光、特色农产品、古村落文化开发等生态型产业，将斋堂镇打造成为全国旅游集散中心特色镇，使深山区成为首都坚实的生态屏障。

（二）发展空间布局

在空间布局上，门头沟区确定了“一带、两线、三点”的空间发展思路。

1. “一带”

即打造永定河绿色生态发展带。按照北京市关于加快永定河水岸经济的总体部署，优化永定河门头沟新城段15千米两侧的产业空间布局，重点打造龙泉休闲商务区、门城生态商务区、永定滨水商务区和三家店旅游文化休闲区，积极争取大型国内外企业集团的高端产业项目落户门头沟，吸引更多优势发展要素向该区域聚集，大力发展商务服务、金融证券、旅游度假、文化娱乐、高端会议、体育休闲等新兴生态友好型产业，促进沿河地区经济发展。

2. “两线”

即打造108、109国道两线旅游文化休闲产业品牌。依托丰富的永定河文化资源，加快建成集自然风光、文化旅游、观光农业与民俗文化于一体的18条沟域经济示范基地，彰显京西山水文化的独特魅力，形成以旅游文化休闲产业为主导，多点支撑的生态友好型产业体系。

3. “三点”

即打造3个山区特色小城镇。与知名大企业联手，力争用3～5年时间，将潭柘寺镇打造成为国际旅游休闲名镇，将斋堂镇打造成为全国旅游集散中心特色镇，将军庄镇打造成为面向首都的休闲宜居森林小镇，真正使重点镇的建设成为山区城镇化进程的推动力。

（三）主要举措

1. 大力发展旅游文化休闲产业

旅游文化休闲产业作为主导产业在门头沟全区上下形成了共识，区财政设立了旅游发展专项基金，充实和完善了旅游管理机构，引进华谊兄弟传媒及影视文化基地、北京国际健康城等大型旅游休闲文化项目12个，形成了良好的发展氛围。下一步，将进一步扩大旅游业的内涵，从传统的旅游休闲产品中跳出来，多元化开发旅游文化休闲项目，精心打造历史民俗文化、宗教寺庙文化、古迹古村落文化、红色旅游文化、煤炭矿业文化、生态休闲文化等6大精品旅游文化休闲板块，发展度假休闲、高档酒店、影视基地、会展商务项目，建设一大批高档旅游接待设施和配套服务设施，增加旅游文化休闲产品的吸引力。通过举办北京国际山地徒步大会、环北京国际自行车赛等大型主题活动，在有效改善旅游环境的同时，进一步扩大区域知名度和影响力。此外，还将全面启动“北京旅游”的重组工作，通过引入有实力的战略伙伴，有效提高经营业绩和公司实力，使上市公司在发展旅游文化休闲产业中更好地发挥龙头带动作用。

2. 坚定不移发展沟域经济

门头沟区山场广阔，永定河和108、109国道纵贯全境，形成了18条独具特色的沟域经济示范基地。将这18条沟域划分为4种类型，即自然风光旅游沟域、民俗文化展示沟域、都市农业发展沟域、生态治理示范沟域。为落实区域功能定位，推进产业结构调整，搭建山区综合产业发展平台，门头沟区在推进沟域经济发展进程中，始终坚持以龙头企业带动为抓手，通过社会资本拓展沟域经济发展的空间；坚持以富民增收为目标，带动更多山区群众就业和提高生活质量；坚持以改善生态环境为前提，实现产业发展和生态涵养的良性互动；坚持以旅游文化资源为依托，提升沟域经济的文化内涵。

3. 加快重大基础设施建设

完善的基础设施是发展乡村旅游和观光农业的基石。当前，阜石路第二期工程即将通车，连接西四环与门头沟的 S1 磁悬浮轻轨线、长安街西延工程正式获批，108 国道改线工程、109 国道复线高速路建设等项目将启动，届时门城新城将成为北京交通最为便捷的新城之一。

4. 坚持不懈改善生态环境

近年来，门头沟区先后投入 20 多亿元，加强永定河水源保护，建设湿地生态系统，修复废弃矿山环境，恢复高山植被，全面绿化裸露沙坑，建设城市景观，成为国家级生态示范区，京西生态屏障初见雏形。下一步，门头沟区将坚持不懈地打造生态环境，加强生态涵养和生态修复，按照“山区森林化、城镇园林化、道路林荫化、庭院花园化”的要求，全面推进城乡环境建设，争创国家生态区，让优美的地区生态环境转变为经济发展的独特优势。

（执笔：门头沟区农委　杨志儒、曾凯、骆乐）

房山区休闲农业与乡村旅游发展报告

2012年房山区休闲农业与乡村旅游经历了“7.21”特大暴雨冲击，乡村旅游产业损失重大。经过市、区各级部门的共同努力，群众信心倍增，干劲十足，休闲农业与乡村旅游产业逐步恢复。房山区充分发挥休闲旅游资源优势，坚持政策引导、科技支撑、产业融合，形成了区域特色产业布局，提升了农业综合服务能力，促进了休闲农业和乡村旅游健康发展。

一、发展概况

房山区地处北京西南，总面积2 019平方千米，山区、丘陵和平原各占1/3。下辖23个乡镇、街道，461个行政村，常住人口94.5万，户籍人口76.8万人。房山旅游资源得天独厚，有以周口店北京人遗址为代表的300多处历史遗迹，被称为“北京之源、地学摇篮、神奇秀地、休闲家园”。依托丰厚的资源优势，以农业产业结构调整为载体，以富裕农民为主线，以满足广大游客需求为目标，强化农业服务功能的开发，突出抓好农业园区的规划设计、基础设施建设、人员培训、品牌建设和宣传推介工作，促进了全区休闲农业与乡村旅游健康快速发展。

2012年房山区有观光园108个，接待游客159.6万人次，比上年下降11.3%。受7.21特大暴雨影响，观光园受损严重，采摘产量下降，2012年房山区观光休闲采摘产量为4 064.1吨，比上年下降5.4%。观光休闲农业总收入16 690.7万元，比上年下降2%，其中门票收入442.3万元，比上年增长17.2%。2012年，民俗旅游户为2 386户，比上年增长1.5%，其中经营户1 248户，比上年下降11.1%；接待游客172.5万人次，比上年下降20.2%；总收入为9 203.7万元，比上年下降28.9%。其中：出售和加工自产农产品收入1 185.1万元，比上年下降4.7%；餐饮收入5 461.2万元，比上年下降29.2%；住宿收入2 029.8万元，比上年下降93.9%。

二、主要做法

（一）科学规划，精心布局

为推进房山区休闲农业与乡村旅游科学发展，深度开发农业资源和乡村旅游资源，

以科学发展观为指导，以推进生态休闲新城和都市型现代农业建设为目标，以促进农民就业增收为核心，按照“夯实基础、加快转变、提升水平、引领发展”的思路，完成了《房山区都市型现代农业总体规划》和《房山区乡村旅游总体规划》，形成了“三线四区六廊”的空间布局。

（二）完善政策，加强扶持

结合房山区实际，制定了休闲农业发展的政策性意见，支持并指导休闲农业的规范发展。出台了《房山区沟域经济指导意见》《房山区景观农业发展指导意见》。鼓励并支持山区农村结合本地实际，大力发展景观农业、旅游农业及特色产业，促进农民就业增收。此项政策受到了百姓的热烈欢迎，极大地激发了农民建设休闲农业、发展乡村旅游业的热情。

（三）创新模式，塑造特色

房山区积极引导农户发展以“吃农家饭、住农家院、摘农家果”为主要内容的农家乐，开创了平峪村旅游农业模式。大力发展景观农业，不断开发农业生活功能，开创了韩村河镇“景观农业 + 乡村旅游”的休闲农业模式。结合山区搬迁，挖掘民宅资源，突破建设用地瓶颈，包装民俗文化，开创了西安村村民变股东的民俗开发新模式。推广了四马台村联户经营的模式。全面提升农事节庆活动内涵，实现“以节会友、以节拓市、以节富民”。

（四）强化宣传，打造品牌

结合全国休闲农业与乡村旅游示范县创建工作，房山区大力发展休闲农业与乡村旅游业，扩大宣传，打造品牌。春夏秋冬四季都有农业节庆活动，成功打造了房山春季长走大会、韩村河“四季花海”旅游季、张坊柿子采摘节等品牌活动。积极创建星级休闲观光园，富恒农业休闲观光园已获全国四星级休闲农业园区称号。品牌创建活动，促进了全区休闲农业与乡村旅游经济社会效益的提高。

三、取得的成效

（一）产业开始融合，休闲农业发展势头强劲

认真落实各项强农惠农政策，促进都市型现代农业与休闲旅游产业的融合，观光园发展建设成效显著。2012 年“五一”期间，房山区休闲农业与乡村旅游接待人数 25.7 万人次，实现旅游综合收入 3 363.8 万元，同比分别增长 12.1% 和 23.5%。随着设施农业建设规模逐步扩大，设施农业生产逐步融入旅游休闲功能，农业生产附加值得到极大提升。建立了现代化果蔬设施观光园，主打水果、蔬菜采摘，繁荣了休闲农业，提高了农产品附加值。

（二）产业类型日趋多样，服务方式不断创新

房山区休闲农业已形成一定规模，休闲产业发展呈现现代农业科技园、休闲农庄、农业观光体验园、农家乐、农业主题公园等多种类型。围绕吃、住、行、游、购、娱等要素的需求，整合资源，服务方式已由单一餐饮服务，发展为观光、娱乐、休闲、度假、体验、教育为一体的多功能服务。

（三）产业项目建设推动，规模水平不断提高

大力发展景观农业，形成了“两带、两湖、三线、

四园”的建设格局，为市民游憩休闲提供了新场所，优化了区域发展环境，美化了新农村，促进了景观农业与休闲农业融合发展。结合山区沟域经济建设，推动休闲农业发展。大石窝镇重点发展庄园式农业，以建设22个观光采摘园及阿尔卑斯农场为基础，实现有机蔬菜、福临菱枣等特色农产品与乡村旅游融合发展。

（四）品牌效益凸显，产业档次不断提升

以创建全国休闲农业与乡村旅游示范县、北京市休闲农业与乡村旅游示范乡镇和北京市休闲农业园区星级评定为契机，指导乡镇整合区域资源，做好发展规划，提升休闲农业整体水平。2012年，霞云岭乡四马台村别评为全国休闲农业与乡村旅游示范村，韩村河镇被评为北京市休闲农业与乡村旅游示范镇。

四、发展展望

2013年，进一步贯彻落实《关于加快推进京郊旅游发展的指导意见》（京旅发[2011]93号）精神，加快休闲农业与乡村旅游发展，促进产业融合，提升乡村旅游品质，全面实施农旅结合战略，重点做好以下几个方面工作。

（一）坚持标准，培育精品，抓好乡村旅游品牌培育工作

进一步整合现有资源优势，将乡村旅游与农村第一、第二、第三产业有机融合，集中政策资金优势，锻造乡村旅游精品。会同旅游部门，继续抓好市级民俗旅游村、北京最美的乡村、乡村旅游新业态、生态休闲旅游区和示范点的评定工作。

（二）整合优势，汇聚精品，推出乡村旅游精品线路

景观农业是融农业经济功能、生态功能、社会功能为一体的新兴产业，不仅顺应城乡居民消费需求，而且有利于现代农业和乡村旅游发展。按照《关于推进房山区景观农业发展的指导意见》（房政农文 [2012]17 号）提出的总体布局，全区将重点打造“两带、两湖、三线、四园”。区农委将会同相关部门，将特色鲜明、效益可观的田园花海景观农业与乡村旅游 8 种新业态和市级民俗村、民俗户串联起来，打造房山乡村精品区和推出房山乡村旅游精品线。通过与旅行社合作或开展宣传推介活动，使游客感受和体验到生态休闲的新房山。

（三）优势互补，合作共赢，抓好乡村旅游宣传营销工作

2012 年，房山区旅游委、区农委与中国烹饪协会合作，联合推出了房山乡村旅游“特色宴席”，涉及房山世界地质公园及拓展区范围内的 16 个乡镇的 17 桌宴席。为了使特色宴席成为当地的旅游品牌，2013 年，将选择重点乡镇，推广特色宴席。同时，利用北京市农委牵头举办的品味京郊宣传活动，把房山特色宴席推广活动做大，使更多的游客能够品尝房山的美食文化。

（执笔：房山区农委　刘征）

通州区休闲农业与乡村旅游发展报告

一、发展概况

经过近 10 年的发展，通州区观光休闲农业经历了萌芽发展、政府引导和规范管理的 3 个时期，构筑出“城市—郊区—乡村—田野”的空间休闲系统框架，形成了民俗旅游型、参与体验型、文化娱乐型、休闲采摘型、综合服务型等 5 种主要发展模式和鲜明的“观光、休闲、参与、体验”的产业特色，为全区农村经济发展注入了新的活力，加快了农业产业结构调整，促进了农民就业增收，成为首都市民丰富农业知识、体验农业生产劳动和农家生活、享用农业成果、休闲健身的场所和北京都市型现代农业的重要组成部分。

全区 11 个乡镇现有各类观光采摘、垂钓、观赏农业园达 110 多个，其中，金福艺农番茄联合国被评为全国休闲农业与乡村旅游五星级园区，另有 7 家园区为市级观光农业示范园；拥有市级民俗旅游村 5 个，市级民俗旅游户 100 多户。全区果品面积近 10 万亩，成功举办多届大樱桃文化节、葡萄采摘节，并在全市率先举办首届番茄文化节、蘑菇文化节，吸引众多首都市民前来休闲观光、采摘体验。大樱桃、食用菌、观赏鱼等优势产业日益壮大，形成了一批具有通州观光休闲特色的唯一性农产品和叫得响的农产品品牌。

2012年，通州区农业观光园达到51个，全年接待游客65.5万人次，同比增加3.2%；总收入1.6亿元，同比增加53.1%。实际经营的民俗旅游农户89户，接待游客3.2万人次，与上年持平；民俗旅游总收入0.1亿元，同比增长12.5%。

二、主要措施

（一）调查摸底

组织各乡镇、各职能单位对全区休闲农业园、休闲农庄、农家乐、民俗村的资产总额、经营规模、带动农民就业、年接待人次、经营收入等进行了全面、详细的调查，基本摸清了全区休闲农业的底数。

（二）加强宣传推介

1. 网络宣传

在农业部魅力城乡网、北京乡村旅游网和“尚·农网”、通州区农业信息网等网络上对休闲农业园、节庆活动、精品线路进行宣传。

2. 媒体宣传

与通州电视台、通州时讯合作，通过新闻影像和图片形式，对休闲农业进行了宣传。通过北京电视台，重点宣传了金福艺农、泊浒乐园等休闲体验项目。

3. 编印宣传册

与北京观光休闲农业协会合作，在其会刊——《大美田园》杂志上对通州休闲农业基本情况、新举措、最强音、重点园区、节庆活动、精品线路及50个会员单位进行宣传推介。同时，整合资源，优化了5条休闲农业精品线路，印制休闲农业精品线路宣传彩页，并在全市范围宣传推介。

4. 召开项目推介会

通州区农委与区旅游委合作，于2013年4月底举办通州区旅游产业发展定位暨春季旅游资源发布会，对通州区休闲农业项目进行重点推介。9月初，在金福艺农举办了“2012畅游通州收获金秋——乡村休闲生态旅游推介会”，对全区休闲农业产业分布、重点项目和发展特色进行重点推介。推介会上，金福艺农番茄联合国做了金秋旅游资源及

产品推介。同时，还邀请媒体代表参观、品尝了通州区的农家特色产品。

（三）举办农业节庆活动

4月26日，在金福艺农番茄联合国举办了第二届番茄节。金福艺农番茄联合国主题园除种植了国内的优秀品种外，还汇集了荷兰、美国、法国、德国、澳大利亚、以色列、俄罗斯、西班牙、意大利、日本、韩国、巴西等10多个国家，近百个不同特色品种的番茄，几乎囊括了市场的稀有品种。番茄节期间，众多市民来通州观光、采摘、休闲。5月28日，与园林绿化局合作，在大运河森林公园举办了北京市百万市民观光果园采摘游暨第七届通州樱桃节。8月16日，由通州区园林绿化局、张家湾镇政府主办的张家湾葡萄文化节隆重举行，各地游客在京郊著名葡萄生产基地——北京葡萄大观园相聚，览葡园美景、品葡萄美味、感受古镇文化。

（四）组织培训考察

组织各乡镇和区职能单位主管休闲农业的负责人和具有一定基础设施与接待能力的园区负责人，参加关于休闲农业、创意农业、农产品品牌等内容的培训，效果较好。为学习外地发展休闲农业与乡村旅游的经验，分批次组织金福艺农、金篮子、快乐源、松海垂钓园等园区的负责人，赴四川、山东、南京等搞得好的地区参观、考察、学习，学习其先进理念、成功的做法，增加直观认识。

（五）参加星级评定工作

组织南瓜园、金福艺农参加市星级园和示范点评定工作。金福艺农被评为全国休闲农业与乡村旅游五星级园区。

（六）加强观光农业园动态监测

在每季度末及“五一”、“十一”等节假日，对列入市监测点的9个园区的接待情况、收入情况、游客需求进行动态监测，通过分析查找问题，寻找应对措施，为政府决策提供依据。

三、存在的主要问题

从休闲农业自身来说，存在着低水平建设和同质性强的问题。在产业结构上，存在着“小、散、低”的问题，互补性差，特色不突出。在区域布局上，存在单打独斗的现象，难以实现规模效益。在项目建设上，文化内涵不突出，地域特色、文化特色缺乏，品味不高。在内容上，参与性、体验性项目较少，难以满足游客对“娱”的需求，致使停留时间短，单体消费少，对农民就业增收的作用有限。为了更好地满足市民的需要，通州区休闲农业与乡村旅游已到了改造提升的阶段。

四、发展规划

“十二五”期间是通州现代化国际新城建设关键时期，也是通州区社会各项事业大发展的机遇期，观光休闲农业发展迎来了难得的历史机遇。面对挑战和更加广阔的市场，通州区将根据国际新城建设和北京城市副中心建设的要求，以北京郊区农业文明和农村文化为主线，以农业景观，农业生产活动及农村文化习俗为主要内容，以发展具有通州特色的创意文化都市农业为总目标，以农业（生态）园区、无公害农产品生产基地、休闲观光园为主要载体，以实现都市农业的经济、社会、生态功能为发展方向，建立起一批不同类型、不同层次、不同特色，具有观光、品尝、体验、休闲、度假、教育等多种功能的创意文化休闲农业园区，建成集文化教育、提升品位、科技研发示范、休闲观光、生态屏障和提供安全优质农产品等功能于一体的现代都市创意文化休闲农业体系。

“十二五”期间，通州区观光休闲农业将重点围绕市场需求，以农业旅游资源的综合开发、利用和保护为基础，大力培育具有通州特色的观光休闲农业旅游新产品、新业态；实施园区带动战略，坚持都市型现代农业发展为新城建设服务，充分利用良好的区位优势、深厚的文化底蕴，把有数量、有质量、有内涵、有品位的创意休闲农业作为都市型现代农业的一个新的增长点着力加以培育，促进京郊经济发展和农民增收。预计到2015年，全区创意文化休闲园区数量将达150个以上，总面积将达11.6万亩以上，创意文化休闲农业实现收入约3.2亿元，创意文化休闲农业数量和质量效益得到全面提升，形成具有核心竞争力的现代创意文化休闲农业体系。

五、发展展望

（一）抓品牌创建

按照北京市要求，积极参加农业部开展的国家级品牌创建，争取形成 2 ～ 3 个国家级的休闲农业与乡村旅游示范点。开展星级休闲农业园区、星级民俗旅游村、民俗户的评定。在市级观光农业园区、市级民俗村、民俗户的基础上，开展区级星级评定工作，全面提升休闲农庄、休闲农业园区、民俗村、民俗户的档次和水平。

（二）抓规范提升

实施休闲农业与乡村旅游改造提升工程，继续推进建设一批基础设施完善、生态环境优美、接待能力强、卫生条件好的“一村一品”旅游专业村和农业主题公园。选定 40 处“农业旅游”示范点，实行统一规划、统一授牌、统一宣传，逐步实现管理规范化、产品特色化、收益多元化、建设生态化目标。整合现有运河水上游、文化创意游与果品采摘、花卉种植、食用菌栽培等资源，将零散的旅游资源点串联起来，集中包装，打造 5 条休闲农业精品线路。

（三）抓政策研究

拟设立休闲农业与乡村旅游产业发展资金，对品牌创造工作给予奖励，对休闲农业产业发展重大项目给予支持。加强部门合作，研究休闲农业发展配套政策体系，为休闲农业与乡村旅游发展提供强有力的政策支撑。

（四）抓宣传培训

充分利用报纸、电视、网络等各种媒体，对休闲农业与乡村旅游进行大张旗鼓的宣传报道，特别是在“五一”、“十一”黄金周之前，通过召开休闲农业推介会和举办各种节庆活动等形式，为休闲农业宣传造势。加大对休闲农业与乡村旅游管理人员和从业人员的培训，进一步提高管理水平、技能水平和服务能力。积极与北京乡村旅游网和大美田园合作，将通州农业信息网与之实现有效对接，对重点项目予以推介。继续举办樱桃、葡萄、番茄、食用菌、草莓等有特色的乡村旅游节庆活动，将其办成精品，带动打造一批有市场认知度的观光休闲农业品牌。

（执笔：通州区农委　郎德峰）

顺义区休闲农业与乡村旅游发展报告

2012 年顺义区紧紧围绕城乡经济社会一体化的发展目标，按照“农业生产规模化、都市农业工厂化、农业合作组织化”的发展思路，加大农业结构调整力度，大力发展都市型现代农业，全力打造“绿色农产品大区、农产品加工大区、籽种产业大区、花卉产业大区”，形成了农业快速提升、农村和谐发展、农民持续增收的良好局面。

一、发展概况

2012 年，顺义区共有观光园 58 个，比上年减少 11 个。观光园共接待游客 77.1 万人次，比上年下降 12.3%；实现总收入 14 215.9 万元，比上年增长 6.3%；采摘产量 5 427.3 吨，采摘收入 5 210.8 万元，比上年增长 14.6%；出售农产品收入 4 090.9 万元，比上年减少 760 万元，下降 15.7%；餐饮收入 1 207.5 万元，比上年增加 219.2 万元，增长 22.2%。以上 3 项收入是观光园收入的主要构成部分，占总收入的 74%。2012 年，顺义区民俗旅游农户 39 户，其中实际经营 28 户，接待游客 2.3 万人次，比上年下降 3.3%；民俗户收入共计 75 万元，与上年基本持平。

二、主要做法

按照“大旅游”的工作思路，充分发挥顺义区农业和现代制造业发达的优势，坚持“三个结合”的原则，即与新顺义城市功能相结合、与市民休闲度假相结合、与工业旅游相结合，发展观光休闲农业，延伸产业链条。

（一）大力发展休闲农业

举办“2012北京百万市民观光果园采摘游启动暨第二届顺义区樱桃采摘文化节”，北务镇绿中名瓜菜采摘文化节等7个大型采摘活动。参与全国一村一品示范村镇评选，北郎中村被评为全国一村一品示范村。开展星级园区评定工作，双河果园、万科艺园获评全国休闲农业与乡村旅游四星级园区，樱桃幽谷、福劳尔花卉基地获评全国三星级园区，七彩蝶园、康鑫源等23家园区参加北京市星级园区创建评定。组织参加休闲农业创意精品大赛推介活动，顺鑫农业等3家企业代表北京市参加全国休闲农业创意精品华北东北地区推介展示活动，顺鑫农业的菊苣茶和波士顿生菜包装分别获得产品创意优秀奖和包装创意优秀奖。开展北京市休闲农业与乡村旅游示范乡镇创建工作，南彩镇和高丽营镇参加创建工作。

（二）积极发展花卉产业

借助成功承办顺义区农业博览会的东风，按照都市型现代农业的发展要求，坚持引进来与走出去相结合，以市场为导向，以企业为主体，以技术为支撑，以效益为中心，重点加强研发体系、生产体系、市场体系、配套体系的建设，完善相关扶持政策，大力推动花卉产业发展，不断优化全区农业产业结构，丰富休闲农业建设内容。2012年新发展花卉2 000亩，引进蝴蝶兰等新品种50余个。成功举办“北京市第三届郁金香文化节”、“第四届北京菊花文化节”等会展活动。鲜花港依托春秋两季花展，积极开拓北京及周边旅游市场，在进一步完善花艺中心建设、“芳菲花语”旗舰店经营的基础上，开发大型露天婚庆、高端花卉营销市场。积极筹备2013年第十一届全国菊花展，确定了展会的会徽、会标、吉祥物及主题语，招展工作有序推进。

（三）提高民俗旅游接待能力

为提高从业人员素质，开阔民俗旅游发展思路，努力搭建学习平台，为加快全区民俗旅游发展提供了信息支撑。继续抓好民俗旅游的基础工作。深入挖掘民俗旅游自身优势，培育多元化模式，走出一条符合当地特色的民俗旅游之路。成立农家乐专业合作社，引导民俗户自我管理、自我监督、自我完善、自我发展。

（四）加强对休闲农业与乡村旅游的宣传

通过加强媒体宣传和举办节庆活动，提高休闲农业的市场吸引力。在《北京日报》《北京晨报》等报刊上推出观光休闲度假游工作专访和广告专版，同时向城四区定投宣传插页。按照农业生产季节特点和节日特点，分别重点介绍2012年“五一”期间开放的汉石桥湿地、奥林匹克水上公园、采摘垂钓园等景点和“十一”黄金周期间开放的各大果园、特菜花卉采摘园、垂钓园等休闲园区，广泛推广顺义区观光休闲度假游路线、景点和主要活动。举办农博会、郁金香展、菊花展以及各类采摘垂钓节庆活动，进一步营造观光休闲度假游氛围。加强信息渠道建设。在“五一”、“十一”期间，顺义区农委及各行业主管部门、各大观光采摘垂钓园区设专职人员，负责每日观光休闲信息统计工作，其中农委负责全区观光采摘垂钓情况统计，旅游局负责旅游休闲接待情况统计，园林绿化局、种植业服务中心、水产服务中心等部门分别负责本行业休闲观光接待情况统计，每天定时将当日信息汇报到指定部门，全面保障信息渠道的畅通。

三、总体布局

根据顺义区都市型现代农业发展目标、指导思想与原则，结合区域资源禀赋与产业发展实际，确定都市型现代农业发展“三区两带”的总体布局。

（一）河东生态农业区

以潮白河以东地区为重点，稳定粮食和蔬菜种植面积，确保粮食与蔬菜生产基本用地，提高经营管理水平，以产业化为龙头，确保农产品环境质量安全，增强农产品市场竞争力，大力发展绿色生态农业。依托绿色农业，打造农业景观，积极快速推进彩叶造林工程，继续大力建设京承高速公路都市型现代农业走廊建设工程，设计发展大地景观创意农业，打造绿色农业第一产区。以生态农业为基础，以设施农业、特色林果、农耕休闲为依托，积极发展观光采摘、农事体验等为一体的观光休闲农业，提升传统农业产区经济效益，打造绿色农产品大区。

（二）加工物流产业区

结合顺义区第二、第三产业就业基地建设，引导农产品加工与物流企业向北小营镇、牛栏山镇、赵全营镇和高丽营镇等集中，同时重点培育壮大现有工业园区实力，通过招大引强，增加园区企业数量，提高经营管理水平，加速农产品加工物流产业集聚，着力构建顺义精深加工及高效物流产业区，全力打造农产品加工产业大区。利用顺义区临近首都空港优势，壮大航空服务产业，发展以航空食品生产为主的临空经济。

（三）精品花卉产业区

以顺义区西部京承高速公路沿线都市型现代农业走廊、南部京平高速公路沿线和东部木林—杨镇—张镇一线为重点，打造顺义区精品花卉产业区，并以杨镇、北务镇、赵全营镇、“三高”科技示范区、板桥等地区为重要节点，健全花卉产业体系，重点培育顺义花卉品牌形象，打造花卉企业和专业村镇，完善“两港三带五园多点”的花卉产业空间布局，推动顺义花卉产业大区建设。以花卉产业发展为引擎，带动植物育种、优质花卉种质资源推广，推进籽种产业大区建设。

（四）临山生态经济带

挖掘顺义浅山资源，加快资源开发进程，以北石槽镇、木林镇、龙湾屯镇、张镇和大孙各庄镇为重点，充实浅山区林果产业发展基础，发展特色观光采摘园和郊野公园，打造林果产业带、特色景观带、休闲农业带，大力发展以休闲采摘、农事体验等为主的休闲观光产业，以农业多功能的良性拓展促进区域经济快速发展。

（五）滨水休闲产业带

发挥区位交通优势，开发河流湿地资源，链接休闲产业节点，以潮白河为轴，以唐指山水库、汉石桥湿地为依托，以北务镇观光采摘、李遂镇农耕休闲、顺义国际鲜花港、顺鑫绿色度假村、奥运水上公园等为主要节点，以滨水娱乐、鲜果采摘、花卉展销、农耕文化、民俗文化、水上运动等活动为内容，打造滨水休闲产业带，提升顺义休闲农业形象。

四、发展展望

坚持“设施是条件、品种是重点、市场是关键、效益是核心”，立足打造“绿色农产品大区、农产品加工大区、籽种产业大区和花卉产业大区”，紧紧抓住发展北部浅山区沟域经济的机遇，创新思路、整合资源、发展“大旅游”，做大做强休闲农业与乡村旅游产业。

（一）深化“绿色农产品大区”建设

以农业综合开发和打造农业万亩示范区为契机，以高产创建为载体，促进粮食生产高产高效；推进“菜篮子”工程建设，规范设施农业建设，加大对本地农民既有老旧设施农业改造的扶持力度；依托221信息平台，强化农产品质量安全专项整治，推进农产品质量安全认证，引导生产单位开展“三品一标”申报认定和农业标准化生产；提升农业休闲观光产业，促进休闲农业与乡村旅游上档次、上规模、上水平。

（二）深化“农产品加工大区”建设

2013年全区农产品加工产值力争实现180亿元。扶持具备发展潜力，带动能力强的农产品加工企业，支持有条件的企业上市融资；扩大农产品加工及物流企业生产规模，推动企业上规模、上水平、创品牌；完善市场流通体系，统筹规划全区农产品流通设施布局，鼓励“龙头企业＋合作社＋农户”的带动模式，促进加工企业与合作组织有效对接。

（三）深化“籽种产业大区”建设

以鲜花港为核心，完善北京农业生物技术种业孵化器项目建设；稳定顺义区种猪、种奶牛两大畜禽良种繁育体系，发展高端、高代次良种产业，抢占国内良种市场制高点，提升市场控制力；推进优质籽种更新，发展粮菜作物籽种，使顺义区逐渐成为籽种输出大区。

（四）深化“花卉产业大区”建设

围绕国家现代农业科技城项目、花卉服务产业科技促进工程、国家农业科技园区建设，全面推进项目建设，将鲜花港打造成为花卉产业发展核心区域；举办以花卉为主的农业会展及相关节庆活动，办好第十一届中国菊花展览会。

（执笔：顺义区农委　李杰）

昌平区休闲农业与乡村旅游发展报告

昌平是距北京市区最近的一个远郊区县，地理位置上风上水，素有“神京屏障”的美誉。境内交通便利，八达岭高速公路、立汤路纵贯南北，六环路、京密路横跨东西；文物古迹众多，旅游资源丰富，明十三陵景区、居庸关长城、银山塔林等享誉世界；林果资源得天独厚，尤其以苹果、草莓、佘枣、柿子、板栗、核桃、食用菌等名优品种最为突出。昌平苹果在全国及北京市等多次评比中获得金奖，被评为“中华名果”。昌平东部6个镇的草莓产业蓬勃兴起，采摘游客络绎不绝，“昌平草莓”被评为地理标志农产品。2012年，昌平区充分依托资源优势，大力发展以观光采摘、乡村旅游为主要内容的休闲产业，通过完善基础设施建设，提升环境质量，改善接待及采摘条件，举办第七届世界草莓大会，使休闲产业逐步成为带动农民增收致富的主导产业。

一、发展概况

（一）基本情况

2012年，昌平区休闲农业与乡村旅游收入快速增长，对促进农民就业和增收致富起到了重要的推动作用。全区农业观光园199个，比上年减少2个；观光园总收入5.3亿元，比上年增长65.6%。民俗旅游经营户1 250户，累计接待游客128.4万人次，比上年下降23.6%；民俗旅游总收入0.6亿元，比上年下降25%。设施农业占地面积18 801亩，比上年增长30.8%；实现营业收入5.9亿元，比上年增长61.8%。

（二）典型项目

1. 真顺红苹果观光农业园

位于昌平区崔村镇真顺村西北部，占地 1 000 亩，年产苹果 200 万～250 万千克，是京郊最大的苹果种植基地。园区集观光、采摘、餐饮、休闲于一体，2012 年接待游客突破 5 万人次，其中观光采摘 2.8 万人次，餐饮休闲约 2.2 万人次。园区总产值达到 1 400 万元，其中果品观光采摘 1 100 万元，餐饮休闲 300 万元。

2. 北阳果品实业总公司樱桃园

位于十三陵旅游风景区神路东侧，占地 150 亩，2008 年投资 190 万元，完善了基础设施，安装了背景音乐，逐步提升采摘环境。每年采摘期从 5 月 20 日到 6 月 20 日，日接待客人近 500 人次，周六、周日达千余人。年接待游客上万人次，年产量可达 12 万千克，年收入 160 多万元，净利润 100 余万元。

3. 十三陵镇康陵村“正德春饼宴”

接待户已由 2007 年的 3 户发展到目前的 36 户，2012 年，正德春饼宴增加农民收入超过 300 万元。仅立春当天，在镇政府的组织下，康陵村举办了大型“龙行天下祈福迎春活动”盛会，平均一户接待 200 多人，营业收入达 10 000 元左右。

4. 昌平区草莓产业核心区

总占地面积 3 万亩，涉及兴寿、崔村、小汤山、南邵、百善 5 个镇，建有高标准日光温室 1 万栋。产业核心区以麦辛路（昌金路昌平段）为主轴，东西长 10 千米、南北宽 3 千米，形成了集草莓生产、销售、采摘、观光、休闲于一体的草莓走廊。草莓博览园是草莓产业核心区的新地标性建筑，占地 1 000 亩，位于安四路、昌金路交汇处，是昌平精品草莓产业示范区的核心地带。其标志性建筑“三中心”（农业产业科技促进中心、草莓电子交易中心、草莓产品加工中心），占地 5 万平方米，连栋温室面积 4.4 万平方米，园区绿化面积 22 万平方米。在世界草莓大会期间，草莓博览园作为举办国内外草莓展示活动的主要场馆，集中展示了 72 个国家和地区的 135 个草莓品种。国际园艺学会主席安东尼奥·蒙泰罗先生评价该场馆“宏大而富有创造性，是一个令人感到震撼的成就”。此外，草莓产业核心区项目还配建了草莓医院、草莓销售港湾、农资连锁直营店、草莓研究所等服务设施，为广大市民提供了一个现代农业的科技成果展示平台。

二、工作与成效

（一）成功举办了第七届世界草莓大会

2012 年 2 月 18 日，第七届世界草莓大会在北京昌平盛大开幕，国际园艺学会官员、联合国粮农组织官员、前六届大会举办城市代表、世界草莓主产国农业部官员、各国驻华使节、北京及昌平友好城市代表等 1 500 余人参加了开幕式。国际园艺学会主席安东尼奥·蒙泰罗先生出席并致辞，这是学会主席首次出席草莓大会；原中央政治局委员、国务院副总理回良玉，中央政治局委员、北京市委书记刘淇，全国人大常委会副委员长陈至立，全国政协副主席、民进中央常务副主席罗富和和农业部、科技部、环保部、国家林业局、北京市、草莓主产省市主管领导，重点企业代表出席大会开幕式并参观博览园。草莓大会 5 天会期，草莓产业核心区共接待采摘游客 20 万人，采摘草莓 36 万千克，实现产值 3 600 万元。

（二）大力推进山区沟域经济建设

为打造各具特色沟域，昌平区根据山区地形特点及资源环境状况，确定了十三陵休闲产业区、西峰古道、延寿、羊台子、居庸关、白虎涧、八家等 7 条重点沟域，并按照每年“规划一条沟、建设一条沟”的总体目标扎实推进沟域规划和建设。从 2009—2012 年，完成了十三陵休闲产业区、流村西峰古道、延寿 3 条沟域的经济发展规划，正在抓紧编制羊台子沟域经济发展规划。同时，沟域建设按照规划有序推进，根据“政策集成、资金聚焦”的原则，围绕环境整治、生态建设、基础设施、新民居和特色产业 5 个方面，积极推动沟域经济建设，实现了沟域面貌持续改观，生态环境持续优化，人民生产生活条件持续提升，经济发展持续向好。

2012 年，重点推进了已经完成沟域规划的流村西峰古道沟域和延寿沟域建设，其中流村西峰古道沟域投入各级各类资金约 1.1 亿元，延寿沟域投入约 1.5 亿元。围绕环境整治、生态建设、基础设施、新民居和特色产业 5 大类项目，实施了白羊沟生态修复、川北河综合治理等一系列重点工程。

（三）举办主题活动，加大宣传力度

1. 丰富活动内容

鼓励有条件和有能力的村组织民俗文艺创作和演出，以此丰富民俗旅游文化内涵，满足游客对民俗文化生活的需求，营造良好的民俗文化氛围。以果为媒，举办“昌平金秋旅游文化节”。通过对全区观光采摘果园进行包装宣传，以旅游搭台、水果唱戏，全面推介昌平区的水果资源和景观资源，促进果品采摘，增加旅游收入。在流村镇漆园村举办香椿采摘节，通过采摘，增加了产品的附加值。

2. 创新宣传手段

利用网络、媒体、图片、报纸、手机等多种形式介绍昌平区休闲农业与乡村旅游的亮点、特点。特别是昌平电视台的“农民大课堂”栏目，是电视台专门为“三农”工作制作的板块，对昌平区特色种植、养殖、旅游村、观光园、旅游景点等进行了全面的宣传报道，使更多的游客认识了昌平，了解了昌平，从而来昌平观光游览。

3. 加大宣传力度

通过举办昌平区苹果节、温泉文化节、香椿节等节庆活动，依靠电视、报纸、网络等多种媒体加大宣传，发放宣传册、光盘等宣传资料，有效地宣传了昌平，树立了昌平的旅游品牌。

4. 开发特色商品

通过开展旅游商品设计大奖赛活动，深入挖掘了一批有价值、受欢迎的特色旅游商品。比如南口镇羊台子的押花画，已经形成一定规模，市场销售前景广阔；崔村镇南庄村的粮食画，得到了市、区领导的一致好评，正在通过培训，扩大规模，逐步形成产业。

（四）加强培训，提高服务水平

每年组织两次各镇主管镇长、旅游公司负责人、民俗村书记外出参观学习，开阔视野，拓宽思路，学习先进的管理经验，提高昌平区民俗旅游工作的管理水平。加强对从业人员的培训。聘请专业人士，举办民俗知识、旅游安全、食品卫生、消防知识、礼貌礼仪、餐饮服务、日常英语、经营管理等方面的培训活动，5 年来累计免费培训 1.2 万人，解决就业 5 000 余人。区政府有关职能部门连续 3 年举办了农家饭大比武，提高民

俗旅游户的接待水平。为有条件、有发展的民俗村配备了计算机全套设备，并为每个村培训 2 名计算机操作人员，建起了昌平区民俗旅游网。

三、存在的主要问题

近年来，昌平区的休闲农业与乡村旅游发展较快，但在发展过程中，也暴露出一些问题和不足。① 乡村旅游宣传促销力度不够。近几年，昌平区在旅游宣传促销工作上有了不同程度的提高，但宣传促销力度仍然不够，各镇、村由于受资金等方面的限制，宣传的规模较小，形式单一；② 乡村旅游资源整合力度不够。山区旅游景点与农村整体结合不紧，相互间联系不多，没有统一开发。各经营户局限于各干各的，还不能承担大型旅游团队的接待，达不到资源共享、信息共享；③ 各级服务组织有待加强。各镇、村从事乡村旅游的管理人员大部分是兼职，负责的工作范围比较广，投入到乡村旅游的精力比较少，加之专业知识缺乏，使乡村旅游长期处于粗放管理的局面，制约着昌平区旅游业的发展；④ 乡村旅游的特色不突出。农家饭菜特色不突出，形式比较单一，价钱比较贵，而且没有统一的价格标准；⑤ 旅游商品开发力度不够。除特色果品和草莓以外，其他乡村旅游商品与先进地区相比有较大差距，基本上处于有资源无产品、有产品无商品、有商品无特色、有特色缺包装、有包装缺商标的状态。

四、发展展望

根据昌平新城规划和“十二五”发展规划，今后要依托旅游资源和生态优势，突出旅游休闲产业对建设京北创新中心、国际科教新城的支撑作用，建设产业体系完善、旅游形象突出、服务品质高端、国际知名的生态旅游区。

（一）举办北京首届农业嘉年华活动

为了充分发挥草莓大会的带动效应，合理利用草莓博览园，开发农业的多种功能，最大限度地体现农业价值，2013 年 3 月底至 5 月中旬，将以“绿色、健康、快乐”为主题，以“兴业、惠民、创品牌”为目标，在草莓产业核心区内集中开展为期 1 个半月的北京首届农业嘉年华活动，努力打造以嘉年华为中心，辐射全区乃至全市的国际精品旅游品牌。

（二）加快基础设施建设

积极推进休闲产业区及观光采摘园的基础设施建设，继续完善指示系统、果园大门、观光采摘路等建设，提高接待服务水平。提升乡村旅游村的整体环境，加强道路、污水、绿化等建设，改善村内环境。

（三）提高休闲农业与乡村旅游的整体水平

采取4方面措施，努力提高昌平区休闲农业与乡村旅游的档次和水平。① 增加数量。继续扩大昌平区休闲产业的规模，增加市级民俗村、民俗户及观光园的数量；② 提高质量。改善民俗旅游村和观光园的生态环境，综合治理山区旅游给环境带来的污染，不断规范、提高民俗旅游接待村和观光采摘园的整体发展水平与服务档次；③ 突出特色。重点打造特色乡村旅游村，包括餐饮特色、娱乐特色等，努力做到一村一品。推进高标准采摘园、休闲垂钓、农事体验、山野休闲、田园农业观光等不同风格的观光园，吸引游人，增加收入；④ 打造品牌。打造一批像正德春饼宴、食家鸽园等特色突出的品牌，通过以点带面，促进全区休闲产业的全面发展。

（四）加大培训力度，转移剩余劳动力

继续加大培训力度，提高民俗村的管理水平和服务水平。结合实际情况对民俗户进行有针对性的培训工作，如社交礼仪、民俗菜肴、烹调加工、服务标准等。同时，通过发展民俗村、民俗户、观光采摘园、民俗星级宾馆建设等，实现农村剩余劳动力转移就业，解决山区农民就业难问题。

（执笔：昌平区农委　邹虎）

大兴区休闲农业与乡村旅游发展报告

大兴区地处北京南郊，属永定河冲积平原，是北京市农业大区。全区 1 036 平方千米，无山无水，旅游资源匮乏，农民从第三产业获得的收入较少，农民增收问题一直是我们研究的重点课题。近几年，大兴区以农业产业为基础，以科技为手段，以市场为导向，通过整合农业资源、举办农业节庆活动、开发休闲旅游产品等措施，逐步实现“三个转变”，即农业园区变景区、农产品变为旅游商品、农民由一产生产者向三产经营者转变。充分利用和挖掘全区 20 万亩蔬菜、10 万亩西瓜、20 万亩果树等独具特色的“绿海甜园”产业资源，形成了一批观光休闲农业的新亮点，累计建成乐平御瓜园、御林古桑园等特色农业观光园 108 个，市级民俗接待村 13 个，市级民俗旅游接待户 603 户，发展了 3 个“北京最美丽乡村”、2 个全国农业旅游示范点、14 家乡村旅游新业态。

一、发展概况

2012 年大兴区休闲农业与乡村旅游总收入达到 2.1 亿元。现有观光园 112 个，比 2011 年增加 4 个。全部在册观光园中，有 101 个观光园有经营活动，比上年增加 10

个；观光园总收入近 2 亿元，同比增长 7.8%；生产高峰期从业人员 1.1 万人，同比增长 20.5%，其中本地从业人员 9 761 人，同比增长 17.5%。全区民俗旅游户总收入达到 1 446.6 万元，同比增加 118.9 万元，增长 9.0%。其中，餐饮收入达到 1 184.7 万元，占民俗旅游户总收入的 81.9%；住宿收入 56 万元，占民俗旅游户总收入的 3.9%。

二、主要举措

（一）以都市型现代农业主导产业为依托，发展特色观光采摘园、区、带

大兴区利用都市型现代农业资源和名特优农产品，打造“绿海甜园、都市庭院”的旅游品牌形象。累计建成老宋瓜园、榆垡香草园、马莱特庄园等一批特色农业观光园，吸引了上百万游客到大兴观光采摘。就特色农业区域分布而言，有庞各庄的瓜、魏善庄的梨、安定的桑葚、长子营的枣、采育的葡萄等，建设了御瓜园、古桑园、千亩梨园、万亩葡萄园等高效产业园区，形成了春赏花、夏品瓜、秋摘果的休闲格局。同时，以主要道路为纽带建成了多条休闲农业观光采摘带，如庞安路都市型现代农业产业带、魏永路观光带、刘礼路都市型现代农业观光产业带等，形成了点、带、区等多层次、多板块、多中心的格局。

（二）以节庆活动为平台，发展观光休闲农业

依托大兴西瓜、梨、葡萄、桑葚等特色资源，形成了以西瓜节为龙头的众多农业节庆活动，如“春华秋实”农业品牌推介活动、庞各庄万亩梨园赏花节、安定桑葚节、采育葡萄节等一批独具特色的四季节庆旅游活动。因其参与性强，吸引了众多的游客来体验农事，感受农家生活，了解农业生产，成为乡村旅游的一大亮点。同时借助节庆活动的平台，宣传大兴区的观光休闲农业产业。

据统计，在第二十四届西瓜节期间，全区旅游接待人数累计达到 37.75 万人次，实现旅游综合收入 2 274.86 万元，其中民俗旅游接待人数 1.99 万人次，实现旅游收入 176.21 万元。旅游重点镇游人如织，如庞各庄镇接待游客 13.5 万人次，收入近 1 200 万元，其中采摘收入 653.9 万元。东方绿洲生态园、京南第一涮等餐饮企业游客爆满，乐平御瓜园、老宋瓜园平均每天接待人数达 3 000 余人。

（三）以农业文化为内容，发展农业科普观光游

为了提升农业内涵，以农业文化展示为主要内容，开展文化素质教育观光旅游，建设了中国西瓜博物馆、葡萄博物馆、梨文化博物馆等农业文化展馆，将农业文化展示融于寓教于乐之中，为市民详细了解农业文化搭建了平台。

（四）以民族风情为依托，发展特色餐饮

为满足市民“吃出健康、吃出特色”的需求，不断挖掘地方特色餐饮，形成了巴园子的满族风情街、薛营的特色烧烤、留民营的千人饺子宴、采育的三八席、东辛屯的老娘手擀面等特色美食，为市民提供了“吃、住、行、游、购、娱”一条龙服务，延长游客观光旅游的时间，提高民俗旅游对游客的吸引力和农民的接待收入。

（五）创新农产品生产和设计，变农产品为旅游商品

为满足市民在旅游中购买商品的欲望，同时增加当地农民收入，大兴区整合了“大兴农业”品牌，提升大兴农业形象。同时创新产品生产和设计，将农产品进行加工，以艺术形象制成工艺品，积极开发农产品系列产品、工艺产品，品种达到几十个。在系列产品开发中，将农产品加工产品与包装艺术设计相结合，开发了大兴西瓜、大兴梨、桑葚汁、桑葚乳、桑茶饮料等系列包装产品；将农业生产与观赏相结合，开发了茎用型、叶用型、鲜食型、烤食型、观赏型100多个甘薯新品种。在工艺产品开发中，设计制作了黑陶工艺品、造型葫芦、玻璃艺术西瓜、黄豆画、易拉罐艺术品等。在2012年“全国休闲农业创意精品推介活动”中，大兴区推荐的“鲜藏工艺品玻璃西瓜”荣获金奖，“黑陶《花开富贵》”、“大兴农业区域农业包装”荣获银奖。

三、政策项目

（一）实施“十大观光园”提升工程

2010～2011年区政府将“十大观光园”提升工程列入政府折子工程，累计投资1亿元，对大兴区御林古桑园、北京榆垡镇香草观光园、航天之光农业观光园、大兴区蝴蝶兰产业示范观赏园、北京乐平御瓜园、采育马莱特红酒庄园等20个具有代表性的农业观光园来进行了改造提升。以完善园区基础设施的建设为重点，提升园区外在形象，将传统采摘园逐步打造成农业观光旅游园区。

2012年5月，委托中国农业大学对大兴区20个提升的农业园区进行实地走访，就园区的建设规模、科技水平、经济效益、社会效益和生态效益等综合指标进行调查研究。调研结果显示，大兴区对现有农业园区进行的基础设施提升改造，使农业园区的整体实力进一步提升，基本实现了农业园区向旅游景区的转变；农产品向热销的旅游商品转变；大量农业生产人员从事旅游服务，进入了第三产业，以都市农业资源为主要依托的乡村旅游极大地促进了产业融合，推动了转移就业，促进了旅游富民。

（二）实施“大兴农业观光园区旅游公共服务设施提升改造”项目

2012年，大兴区实施了“大兴农业观光园区旅游公共服务设施提升改造”项目，涉及长力金源观光园、亮民绿奥观光园、圣泽林庄园等13个农业观光园。通过对观光园区进行统一的旅游线路公共服务设施提升改造，完善旅游配套基础设施，提升了公共服务功能和旅游城市综合承载力，从而构建起独具特色的农业观光园旅游景区，打造大兴农业观光旅游品牌。

四、发展展望

（一）都市型现代农业示范园提升工程

2013年大兴区将继续投资5 000万元，选择10个规模化、标准化的都市型现代农业园区进行改造提升，重点发展永定河和庞采路“T”形都市型现代农业产业带。通过对园区的提升改造，将园区打造成服务设施完善、安全生产水平先进、产业特色明显、示范带动作用突出、文化内涵丰富的都市型现代农业示范园区。

（二）加大生态环境建设，吸引市民进园区

通过生态环境建设，吸引市民认养、采摘、体验、休闲。依托农业自然资源，将大

兴区建设成为城市居民体验生活、休养身心、融入自然的休闲场所。沿主干公路，重点建设一批观光休闲产业带，在联接城与城、城与镇、镇与镇之间建设一批道路绿色生态景观带。在建设过程中，分主题、分产业、分季节进行规划和建设，突出体育休闲、文化感受、产品采摘、美食品尝、参与体验等主题，按西瓜、梨、桑葚、花卉等不同产业，分春夏秋冬四季进行规划设计。同时，与农业节庆活动相结合，继续以农业节庆活动为平台，宣传推介全区旅游生态环境。

（三）加强人员培训，改善园区软环境

加强技术培训，提升服务水平。通过外出参观、学习、交流，提高园区管理者的管理水平；充分利用大兴区农民科技服务的平台，开展集中培训，培养一批精通职业技能、能和游客融洽相处的服务队伍；制订民俗户行为规范，规范园区管理者和民俗户的行为；做好各镇、景区景点、旅行社的指导协调工作，形成良好的旅游工作环境和氛围。通过创造良好的软环境，最大限度地发挥旅游资源及农业设施的作用。

（四）制定安全生产管理制度，生产特色农业品牌产品

建立规范型、创新型种养管理体系。根据地方特点和资源情况，确定种植、养殖结构，合理组织区域内优势农产品生产，大力完善农业技术推广机构，指导农业生产者科学种植、科学养殖，建立统一规范的农产品质量安全标准体系，形成以农业园区为中心，辐射带动周边农户的安全生产模式，逐步将农业园区打造成标准化农副产品生产基地，生产无公害食品、绿色食品、有机食品。

（执笔：大兴区农委　贾磊）

怀柔区休闲农业与乡村旅游发展报告

2012年是实施“十二五”规划承上启下的重要一年，是怀柔区旅游产业巩固提升，全面进入优质发展时期的关键之年。怀柔区坚持以打造高端旅游休闲区为目标，坚持在竞争中寻机遇，在发展中求突破，在工作中讲创新，休闲农业与乡村旅游发展迈上了新水平，实现了新突破。

一、2012年休闲农业与乡村旅游发展概况

（一）坚持发展，旅游经济总量保持新增长

坚持以市场为核心，努力创造旅游消费热点，积极引导旅游消费需求，全区旅游经济继续保持了较高的增长速度和良好的发展态势。2012年，怀柔区休闲农业与乡村旅游共接待游客392.3万人次，实现综合收入2.87亿元，同比分别增长1.3%和5.8%。全区农业观光园223个，同比减少11个，累计接待游客177.5万人次，同比增长1.8%；实现总收入14 938.1万元，同比增长6.8%。民俗旅游接待户2 303户，较上年同期增加82户，同比增长3.7%；接待游客214.8万人次，同比增长0.9%；实现总收入13 807.4万元，同比增长4.8%。

（二）突出特色，乡村民俗旅游得到新发展

坚持把乡村旅游作为特色品牌项目进行大力培育。结合农业产业结构调整和新农村建设，实施了以桥梓镇为主的镇域乡村旅游发展规划和以苗营村为主的“一村一品”创意策划方案的编制工作；研究制定了《怀柔区实施农游结合精品示范工程的意见》；分主要公路、主要路口、村级分布和接待户4个级别，建设了1 100余块乡村旅游引导标识牌。白河湾内的双文铺、青石岭、白河北、狼虎哨4个乡村旅游村提升改造工程稳步推进，改造后的面貌焕然一新。

（三）加大投入，重点项目开发取得新成效

燕山满韵风情大道的招标。燕山满韵风情大道（一期）建设项目是区政府折子工程和重点项目，已得到市发改委对该项目建议书（代可行性研究报告）的正式批复。根据批复，要求项目勘察、设计、施工、监理进行委托公开招标。按照相关规定，已经在区

发改委具有资质的委托招标代理机构库中抽取了委托招标代理公司，由北京北咨工程咨询有限公司负责本项目的勘察、设计、施工、监理等招标代理工作。

白河湾民俗村改造提升项目。对双文铺、青石岭、白河北、狼虎哨 4 个民俗村进行提升改造。经过调查摸底，4 个民俗村共有民俗户 191 户、床位总数 5 009 张、从业人员 634 人。在充分调查的基础上，研究制定了白河湾民俗村改造提升初步方案，总投资 228.9 万元。

（四）加强宣传，旅游客源市场实现新拓展

全区共投入旅游宣传促销资金 1 100 多万元，不断加强宣传促销工作。① 积极组织专项促销宣传。组成 2012 年怀柔春季旅游促销团，分别奔赴天津、河北等周边客源市场，进行专项促销宣传；② 积极做好展会宣传。借助北京国际旅游博览会良好的宣传展示平台，努力将怀柔的好山、好水、好食、好礼进行全面展示；③ 坚持旅游活动宣传。成功组织开展了虹鳟鱼美食节、长城国际文化节、满族民俗风情节为主的旅游节庆活动宣传和“六进”主题活动宣传；④ 不断强化网络宣传。2012 年，怀柔旅游信息网共发布旅游新闻及活动等信息 760 条，其中搜狐、新浪、千龙等知名网站，共转发怀柔旅游信息 626 条。年接待外埠游客约占总客源的 18%。

（五）发挥职能，旅游行业管理迈上新水平

充分发挥协调、服务工作职能，不断强化行业管理：① 完成了 2012 年的新业态申报工作。根据北京市《乡村旅游特色业态标准及评定》标准，对申报单位的申报材料进行了严格审核，最终完成了巴克公社、鱼师傅、北京东凤山采摘园、顺通养殖中心、宝山镇下坊村、琉璃庙镇狼虎哨村、渤海镇田仙峪村等 7 家旅游接待单位的新业态申报工作；② 不断加强市场监管。结合“五一”、“十一”等节假日，旅游与公安、工商、质监、安监、卫生、消防等相关部门积极配合，对影响全区旅游市场秩序的突出问题实施动态

化、常态化管理，尤其把旅游安全工作作为重中之重，落实了安全责任，强化了安全防范，确保了全年无重大旅游安全责任事故；③ 开展了乡村旅游培训工作。聘请经验丰富的民俗旅游户单淑芝，从经营管理的实际出发，对全区 10 个乡镇的乡村旅游经营户进行培训，共培训 800 余人。同时，与杨宋镇共同举办了乡村旅游管理人才培训班，邀请第二外国语大学旅游管理学院的专家教授对全区主要旅游乡镇主管副乡镇长和旅游办主任进行了培训。

（六）创新思路，旅游产业发展实现新突破

2012 年在 3 个方面实现了新突破：① 人均消费水平实现新突破。2012 年，全区共接待游客 1 130 万人次，实现旅游总收入 41.5 亿元，人均旅游消费 367 元，同比增长 20.3%；② 假日旅游经济实现新突破。2012 年“元旦”、“五一”等 5 个小长假和“春节”、“十一”两个黄金周（27 天），全区共接待游客 287.15 万人次，实现旅游综合收入 4.15 亿元，同比分别增长 4.7% 和 3%；③ 旅游资源整合实现新突破。把怀柔作为一个大的旅游区实施整体打造，推出了“怀柔八景三日游”旅游精品线，成功举办了 2012 年百家旅行社走进怀柔活动。

总体来看，2012 年全区休闲农业与乡村旅游工作在整体推进中实现了重点突破，在服务大局中做到了有位有为，在改革创新中焕发出新的生机与活力，为推进怀柔文化科技高端产业新区建设发挥了积极作用。

二、2013 年发展展望

（一）总体思路

以构建高端旅游休闲区为目标，以推进转型升级和品质提升为主线，以实施差异化、特色化和品牌化发展为抓手，坚持以市场需求为导向，加快推进重点项目开发和现有项

目改造升级力度，加快推进旅游与农业、文化等行业的渗透融合，不断规范提升乡村旅游特色发展，努力创造旅游消费热点，积极引导旅游消费需求，力争在高端旅游市场开拓和旅游品牌打造等方面迈上新水平，实现新突破。

（二）目标任务

2013 年，接待乡村旅游 450 万人次，实现旅游综合收入 3.44 亿元，同比分别增长 15% 和 20%。

（三）工作重点

加强旅游与农业的融合，发挥怀柔区水产养殖、果蔬种植、设施农业等作物种植特色优势，重点开发培育一批果蔬基地、花卉基地、葡萄庄园等农业观光旅游项目。结合农游融合，推进乡村旅游特色发展，2013 年，重点实施乡村“123”工程，即推进一条大道建设（燕山满韵风情大道）；推出 2 条旅游沟带（栗花沟、四季果香采摘带）；新增 3 个试点民俗村。加速推进汽车营地建设和白河湾提升改造工程，促进农业观光旅游和乡村旅游快速发展，实现旅游经济发展和农业增收双赢。

（执笔：怀柔区农委　郭吉明）

平谷区休闲农业与乡村旅游发展报告

2012 年，平谷区紧紧围绕建设“一区、四化、五谷”的总体目标，以“工业强区，旅游富民”为战略方针，求真务实，开拓进取，有力地推进了休闲农业与乡村旅游发展，实现了经济效益和社会效益的双赢。

一、发展概况

2012 年，平谷区休闲农业呈现出良好的发展态势，休闲农业与乡村旅游总收入实现 4.3 亿元，同比增长 17.3%。其中，观光园 207 个，实现总收入 2.3 亿元，同比增长 16.8%；民俗旅游户 3 523 户，实现总收入 2.0 亿元，同比增长 18.0%；接待人次 708.2 万人次，同比增长 6.8%。

二、主要工作与成效

在发展休闲农业与乡村旅游过程中，平谷区经过不断的研究和实践，探索出一些适于当地的工作方法。

（一）推进产业融合，促进休闲农业与乡村旅游协调发展

实现乡村旅游与休闲农业相互融合。依托丰富的农业资源优势，深入挖掘农业的生态功能、生活功能和示范功能，大力发展登山健体、农事体验旅游和乡村旅游业态。2012 年完成 6 个市级民俗村（黄草洼、黑水湾、井峪、东辛撞、泉水峪、将军关）申报、验收工作。从年初就对每个登山健体点按照标准进行逐项核对验收，对不健全和需要完善的项目逐一指导改正，年底已全部完工并完成补贴发放工作。对申报的市级民俗户，联合卫生、环保、旅游等职能部门对接待环境、食品卫生、接待设施设备是否齐全和安全各项进行验收。已验收民俗户 260 户，其中合格户 130 户。2012 年新申请市级乡村旅游专业村 3 个，分别为：黄松峪乡大东沟村、镇罗营镇大庙峪村、金海湖镇郭家屯村，按照市级乡村旅游村标准对已申请村的道路、停车场、公共厕所、接待户内环境等逐一进行初审，等待市级有关部门验收。

实现乡村旅游与文化融合。重视以节为媒宣传平谷，办节兴旅彰显城市魅力。成功举办桃花音乐节、冰雪节、金秋采摘观光节等特色旅游活动，注重旅游与文化结合，不

断扩大影响力。

冰雪节以其丰富的活动内容、较完善的活动设施，招揽了越来越多的游客。平谷第五届国际冰雪节期间，渔阳国际滑雪场推出中国大学生滑雪比赛、奥迪冰雪驾控汇、“拓乐杯”中国滑雪俱乐部嘉年华、渔阳单板滑雪表演赛、圣诞滑雪狂欢夜、渔阳“红运”7天乐、情人节“我和渔阳有个约会”、青少年滑雪冬令营等10余项竞技与娱乐相结合的活动，真正为广大滑雪爱好者打造一个时尚与冰雪完美结合的冰雪嘉年华。

“平谷桃花节”已成为中国十大地方节庆活动之一。2012年，北京平谷区第十四届国际桃花音乐节紧紧围绕“山水平谷、中国乐谷、幸福平谷”三大主题，更加注重将文化与音乐、旅游、体育融合，全面展现了“一区、三化、五谷”的新形象、新战略、新成就，尽显国际视野、中国品牌和北京特色。特别是通过北京电视台对桃花音乐节开幕式及各项精彩活动进行首次现场直播，成功地创新了营销平谷的方式。桃花节期间，共接待游客216.9万人次，较上年增长44.6%；实现旅游收入14 312万元，较上年增长113.8%。

第十六届北京平谷金秋采摘观光节旅游收入创历史最好成绩。抓住两节期间全国高速公路免费和8天最长假期的有利时机，做好活动前期的宣传工作。在《北京晚报》做专版推介，发动北京电视台、搜狐网等20多家媒体展开立体宣传攻势；活动期间，平谷区电视台、平谷报对活动盛况进行跟踪报道，让游客了解活动中的新亮点，持续不断地吸引人流；为了营造节日氛围，在各乡镇、景区、民俗村、宾馆饭店开展了环境的亮化、美化活动，悬挂各类宣传横幅、标语200多条。2012年第十六届金秋采摘观光节旅游效益创历年最好水平，接待游客67万人次，比上年增长10.2%；实现旅游收入5 154万元，比上年增长22.9%。

（二）突出项目带动，推动产业多元化发展

1. 成立平谷旅游发展投资公司，吸引社会资金助力平谷旅游大项目建设

为推动平谷区旅游产业快速发展，注册资本5 000万元，完成了平谷旅游投资发展

公司的前期准备工作。该公司的成立，将是实现旅游投融资体制创新的一个重要平台，是政府引导投资的有效途径。

2. 稳步推进大型旅游项目落地

完成“熊儿寨乡北土门战斗遗址”红色旅游景区项目申报和景区的初次验收工作；开展桃花海景区、后北宫温泉、丫髻山景区项目规划；积极推进嬉戏谷、花寨林海养生谷项目前期工作。

3. 旅游重点项目建设顺利完成

完成熊儿寨乡老泉公园国家AA级旅游景区建设，丫髻山景区改造提升工程，黄松峪乡、镇罗营镇、金海湖镇等5个乡镇7座旅游厕所的改造和湖洞水景区游客中心的改造工作。

（三）加快乡村旅游提质增效，展现富民效果

1. 开展民俗旅游知识培训

根据民俗从业人员素质有待提高的实际，采取集中培训的形式，有针对性对民俗户进行了服务规范、文明礼仪、经营技巧、卫生知识、工商法律知识、安全防火知识等培训，并通过交流明确了民俗旅游发展方向和存在的问题。全年累计开展培训38期，培训人员2 000余人次。

2. 进行乡村旅游大篷车厨艺技能培训

为全面提高平谷区民俗旅游饭菜质量，2012年提出了乡村旅游大篷车厨艺技能培训工程。培训范围包括9个重点乡镇，培训内容包括面点、配菜、炒菜、炖菜等，培训方法为聘请平谷区第一职业高中专业老师，对农民进行手把手培训。每个乡镇全年培训不少于30天，全区培训人次累计达到1 800人次。经过培训的人员，每人都能制作出非常拿手的十几道饭菜，大大增加了民俗旅游接待户搞好接待的信心。

3. 举办第七届乡村民俗旅游“农家饭菜”厨艺技能大赛

为提升平谷区乡村美食知名度，广泛交流烹饪技艺，加大民间传统特色美食的推广力度，提高乡村旅游的品位和烹饪技术含量，平谷区于2012年4月21～23日，在著名道教圣地——刘家店镇丫髻山太极广场举办了“平谷区第七届乡村旅游厨艺技能大赛暨‘客居香’杯平谷民间美食厨艺大展卖”活动。本次大赛的主要特点是，对全区27个

市级民俗旅游村的特色美食和具有平谷传统特色的农家饭菜进行展示展卖。共有10个乡镇26个民俗户参加展卖，展卖主要品种有将军关灌肠、豆腐丸子、炸合、杂粮、蘑菇、粉条、北寨肉饼、特禽蛋、绿谷丰蜂蜜、蘑菇肠、疙瘩角、饽饽、小锅饽饽、东沟熏鸽、鸽子饼、咯吱盒、豆腐片、豆腐、前吉山小米干饭、驴肉、行宫咯豆及柴鸡蛋、杏仁、紫薯粉条、桃木工艺品等60余个。通过层层筛选，最终将军关灌肠、北寨肉饼、东沟熏鸽等35个品种榜上有名。

4. 举办乡村民俗旅游管理干部培训班

对全区16个乡镇负责乡村民俗旅游管理的旅游干部、乡村民俗旅游专业村书记进行培训，培训内容包括乡村民俗旅游发展与管理、乡村民俗旅游专业村打造与包装、乡村民俗旅游发展展望及如何提高乡村民俗旅游管理者水平等，培训方式为聘请有关民俗方面的专家、学者进行授课。培训7天，培训人员达到700人次。

5. 开展村书记素质培训

举办27个市级民俗旅游村书记提高管理水平素质培训班，培训3天，培训人员150人次，培训内容有产品包装、市场营销、特色产品开发等科目。

（四）积极拓展市场，提升产业形象

1. 媒体营销

通过影视、平面媒体、广播、网络、手机、座机六大媒体，在北京、天津等平谷周边地区进行全方位宣传推介。一年来，在平面媒体刊发稿件1 200篇次；在影视媒体拍摄平谷旅游专题38余次，播发新闻62余条次；在新浪、搜狐等网络媒体上，刊发、转载平谷旅游文章、旅游视频等800余篇次。

2. 宣传品营销

设计印制了“北京平谷旅游宣传笔记本”、“北京平谷旅游宣传便利贴”、“北京平谷、生态绿谷”等5种宣传品，有针对性地进行发放，提高宣传效果。

3. 活动营销

举办主题活动，营销平谷。① 首次尝试与旅行社合作，为旅游市场牵线搭桥。桃花节前夕，平谷区组织召开旅游产品推介会，吸引京、津两地旅行社30余家，新闻媒体10余家，第一次实现旅行社与旅游企业的面对面洽谈，签定合作协议30余份。第一次

面向旅行社，制订推出了平谷旅游奖励扶持办法，为与旅行社合作提供了政策保障；金秋采摘节前夕，再次举办平谷旅游产品推介会，与会旅行社达到50多家，媒体近20家，组织旅行社对平谷区旅游产品进行了实地考察，使平谷区旅游市场与旅行社合作的平台进一步扩大；② 把旅游产品进行整捆打包，以线路的形式推介。抓住平谷旅游产品的效益点，将其打造成不同特色的旅游线路，春季推出赏花观光线路15条，夏季推出观光养生线路20条，秋季推出采摘观光线路30条，冬季推出冰雪线路10条。这些线路在组合上，实现了观景、购物、美食、健身的有机结合，让各类产品的效益能量都能迸发出来；③ 针对客源市场开展宣传促销活动。2012年在北京城区开展了“平谷旅游进社区行动”，在北京市民较集中的社区，建立了3个固定的宣传促销点，辐射居民达到5万余人。组织参加了“2012年北京国际旅游博览会”，让平谷的旅游产品在重大旅游宣传推介平台上集体亮相，让北京、全国都能了解平谷的产品，听到平谷的声音。

三、“十二五”时期发展规划概要

（一）发展思路

“十二五”期间，平谷区休闲农业与乡村旅游将以大力发展高端旅游产业为突破口，依托平谷各区域发展条件及资源特色，重点开发集观光采摘、农事体验、生态休闲度假等多种元素为一体的休闲农业产品。打造丫髻山道教养生文化、轩辕山祭祖文化、桃文化、音乐文化等文化旅游产品；提升以民俗旅游、民俗文化为重点的乡村旅游产品；大力推动包括户外康体运动、汽车营地、低碳旅游、节庆旅游活动等新型旅游内容。进一步完善休闲农业与乡村旅游基础设施与服务设施建设，加强乡村旅游商品与特色产品的宣传与营销。

（二）发展目标

1. 建设目标

以打造生态休闲农业品牌、养生健康品牌、音乐文化品牌、乡村旅游品牌、大型节庆活动品牌为主线，突出轩辕文化、道教养生文化、桃文化、民俗文化、低碳文化5大文化内涵，将平谷区建成首都生态涵养第一区、绿色休闲农业示范区、北京的“魅力休闲谷·健康生活区”。

2. 经营目标

“十二五”期间，实现全区休闲农业与乡村旅游总收入年均增长15%，接待人数年均增长10%。到2015年，休闲农业与乡村旅游总收入将超过6亿元，接待游客超过1 000万人次，人均消费额增长超过10%，达到101元/天，劳动力就业达5万人。

（三）主要建设项目

“十二五”期间，以山区沟域经济开发为手段，以打造“三山、一海、两环线”的休闲农业空间发展格局为重点，按照规模化、集群式发展思路，促进产业融合，全面提升农业旅游服务附加值，促进山区、平原统筹发展和城乡一体化。其中，“三山”包括丫髻山、轩辕山、青龙山；“一海”指全区22万亩桃园形成的桃花海；“两环线”包括一个百余千米的倒“U”大外环、一个倒“U”小内环，其中大外环西起马坊镇，北上经马昌营镇—峪口镇—刘家店镇—大华山镇—镇罗营镇，沿黄关路南下至黄松峪乡—金海湖镇—夏各庄镇；小内环南起东高村镇，沿崔杏路北上至大兴庄—王辛庄镇—熊儿寨乡，沿熊南路南下至南独乐河镇—山东庄镇。具体建设项目包括：

1. 开发5条山区沟域经济带

按照沟域内产业融合发展，人与自然和谐友好的原则，整合资源，加快山区产业发展，打造特色鲜明，富有竞争力的沟域经济带。“十二五”期间，重点建设十八弯、丫髻山、九里沟、将军关、北寨等5条重点沟域，实施大桃主题公园、黄松峪水上公园、红杏主题公园、京东道国际祈福养生园和大华山旅游集散镇、鸣翠谷旅游风景区、灵芝谷景区和艾派克（AEPC）国际商务培训中心等37个沟域经济建设项目。

2. 打造“双十”特色产业园

充分利用产业园区，拓展农业功能，使农业生产与休闲、观光和体验融为一体，包装提升一批既有产业园，引进社会资本新建一批新的产业园，打造出一批优质、高效的特色产业园。

3. 提升农业文化创意和展示能力。

挖掘以大桃为主导的产业文化和平谷民间的美食文化资源，将产业文化和乡村美食上升至推动平谷乡村旅游发展的战略高度，进行深度加工和包装、宣传，注重提高宣传效果。精心策划，营造声势，充分运用报刊、杂志、电视、电台、广告类宣传媒体介绍休闲观光农业的相关知识，大力开展宣传促销活动，打造平谷区休闲观光农业品牌。加强对休闲观光农业旅游景区景点的介绍，精心组织制作编写旅游指南、旅游交通线路图、景区景点标志牌。

4. 对民俗旅游村实行连锁化经营

依托平谷现有的特色民俗村，创新乡村旅游发展模式，将特色、重点民俗村如红石门、雕窝、挂甲峪、鱼子山、北寨、玻璃台、行宫、东沟等，进行连锁式规范化管理，制订民俗旅游标准，规范民宿接待及服务水平。依据各民俗村自身的资源特色，突出其独特文化内涵，通过政策扶持与资金投入，引导当地农民参与特色民宿建设和乡村休闲旅游开发，将绿色生态特色民俗村建设作为平谷乡村旅游发展的核心。

（执笔：平谷区农委　额尔敦）

密云县休闲农业与乡村旅游发展报告

2012年，密云县全面实施生态涵养发展区工作方略，紧紧围绕“绿色国际休闲之都”的发展定位，以密云国际绿色休闲旅游产业综合示范区建设为总抓手，不断提升都市型现代农业发展水平，加快推进产业融合发展项目，持续实施旅游环境和基础设施建设，在实现休闲农业与乡村旅游融合发展，促进农民就业与增收方面取得显著成绩，荣获全国休闲农业与乡村旅游示范县称号。

一、发展概况

2012年年底，全县共有不同规模休闲农业与乡村旅游点近2 000个，分布在全县17个镇。其中：旅游景区34家；民俗村62个，民俗旅游合作社34个，民俗户1 825户，可提供床位2.62万余个，餐位4.52万余个；休闲渔业园区、观光采摘园区和设施农业园区300余个。张裕爱斐堡国际酒庄、蔡家洼聚陇山生态农业园区先后获得“全国休闲农业与乡村旅游五星级园区”，巨各庄镇被评为“2012年北京市休闲农业与乡村旅游示范乡镇”，古北口村曾获“中国最有魅力休闲乡村”，蔡家洼、黑山寺村被评为“北京最美乡村”，至今密云县荣获“北京最美的乡村”的村总数已达6个，康顺达园区新获得“全国休闲农业与乡村旅游四星级园区”，蔡家洼巨龙庄园、庄头峪红香酥梨园等6个园区已评为“北京市观光休闲农业示范园”。2012年，全县旅游接待869.6万人次，实现旅游收入36.52亿元。

二、主要举措

（一）科学规划，合理布局

编制完成《密云县休闲农业与乡村旅游发展规划》《密云县旅游业发展总体规划》《密云县都市型现代农业发展规划》和《密云县乡村旅游发展规划》。按照不同区域特色，科学规划产业布局，突出“原生态山水，体验式休闲”主题，构建起以云蒙风情大道、101农耕文化产业带、京承高速路都市型现代农业走廊3个产业带建设为主线的密云休闲农业与乡村旅游发展格局。

（二）政策支持，促进发展

紧紧抓住相关政策和发展机遇，研究制定促进休闲产业发展扶持政策，安排近千万元专项资金用于休闲产业基础设施建设等，着力提升发展档次。特别是县政府制定了重大旅游项目扶持政策，围绕沟域建设等不断创新服务方式，优化发展环境，推动重点旅游项目落地，有力促进休闲农业提质提速发展。比如，对在沟域或交通走廊连片发展景观农业奖励10万～50万元；建设高标准休闲观光果园奖励10万～30万元；成立民俗旅游专业合作社和创建星级休闲农业园区的，也给予相应奖励等。

（三）完善设施，打造环境

按照休闲旅游环境建设3年工作方案要求，全面改造提升环境建设，重点完成“一条街、一条路、两个景区、两个乡村酒店和18个民俗村”的旅游环境建设工作。同时按照“一区一品牌”、“一园一主题”的发展理念和民俗旅游村“四有”标准，对已具备一定规模的果蔬采摘园和休闲农业创意园，实施游客休憩平台、游步道、停车场、公共卫生间等公共配套设施建设和提升，实现园区“有停车场、有卫生间、有休憩亭、有销售中心”，基本达到A级景区标准。

（四）规范管理，提升服务

建立健全管理体制机制，县农委、县旅游委联手推进，各部门齐抓共管，县镇上下

联动，从软硬件环境各环节入手实现管理标准化、精细化目标。按照“一个民俗村就是一个乡村酒店”的发展理念，结合特色农业和乡村风景，持续对20个重点民俗村进行改造升级，培育特色民俗户300个。在18个民俗村率先实行民俗户床上用品统一洗涤配送，在34个民俗村成立民俗旅游专业合作社，将分散的民俗户统一组织起来，真正将规范化、标准化、组织化和网络化植入到民俗村和民俗户管理中，实现休闲农业与乡村旅游有机融合。

（五）以带促区，融合发展

围绕3条产业带建设，深度挖掘农业新功能，不断拓展农业新内容，积极探索农业经营新模式，开发建设不老屯镇365日梨文化主题公园、石城镇2 000亩油菜花大地农业景观等一批特色休闲农业亮点，加快实施张裕爱斐堡国际酒庄、蔡家洼休闲度假区等一批休闲产业在建工程项目，促进第一产业与第二、第三产业的融合发展。

三、取得的成效

（一）“三带五区多特色”的发展雏形基本形成

坚持“高标准、高档次、传承文化、突出特色”的理念，发展形成了京承高速路都市型现代农业走廊、101农耕休闲产业带、云蒙风情大道3条特色休闲产业带，初步形成了云蒙山风景名胜区、蔡家洼商务休闲区、清水河休闲产业区、汤河旅游度假区、雾灵山休闲度假区5个休闲产业区，以及鱼王美食一条街、紫海香堤、人间花海、康顺达等一批特色休闲农业与乡村旅游示范点。

（二）产业业态发展规模和档次不断提高

围绕游客对“吃、住、行、游、购、娱”各要素的服务需求，通过整合资源和配套服务，逐步形成了农业主题公园、休闲农庄、养生山吧、生态渔村等10余种业态经营模式，使业态发展规模和档次由低端向中高端转变，由单项产品发展向区域联动转变，由单一产业发展向产业融合转变，由单独分散经营向集群发展转变。

（三）综合带动效益和农民增收效果显著

2012年，全县休闲农业与乡村旅游接待637.3万人次，实现综合收入5.8亿元，接待人次和收入分别占全县旅游业总量的73.3%和15.9%。全县农民人均纯收入14 590元，其中农民人均从休闲农业与乡村旅游获得的收入9 000元左右，占农民人均收入的60%。休闲农业与乡村旅游从业人员8.5万人，从业人员人均收入2.5万元，是从事传统农业收入的5倍。

（四）在大项目的引领下产业知名度和影响力不断提升

中青旅“古北水镇”、港中旅房车营地、华润希望小镇等重大项目的快速推进，以及中化集团“中国印”度假区、通用地产北庄镇域旅游运营开发等新一批大项目、好项目的跟进，为密云县开发了休闲农业精品，拓展了乡村旅游发展空间，提升了“绿色国际休闲之都”形象。

四、发展展望

（一）完善规划，统筹发展

按照不同区域特色，以“渔、樵、耕、读”四大主题，引进和整合社会资本，构建“一园二带三区四路五河”的休闲产业新格局，其中，“一园”为蔡家洼现代休闲农业示范园；“二带”为云蒙山水风情带和101农耕风俗带；“三区”为平原休闲体验聚集区、浅山休闲采摘聚集区和深山休闲养生聚集区；“四路”为京承高速路、京沈路、密兴路和密三路等景观路；“五河”为潮河、白河、清水河、安达木河和汤河等产业带。重点推进农业“五园一区”建设，即休闲果园、休闲设施农业园、休闲葡萄园、休闲加工农业园、休闲渔乐园和沟域休闲产业区。

（二）项目带动，培育精品

以红酒文化为核心，依托张裕爱斐堡国际酒庄，打造巨各庄镇15千米“酒乡之路”产业带，形成红酒产业聚集区；以渔文化为主题，实施鱼王美食街第二期扩大规模，形成水库鱼产业美食休闲聚集区；以香草文化为主题，建设集种植、观赏、加工、养生、婚纱摄影等为一体的综合性休闲农业园区，打造古北口、太师屯国际香草小镇；以新农村文化为主线，建设“生产发展、生活宽裕、乡风文明、村容整洁、管理民主”的首都新农村实践基地——华润希望小镇。

（三）创新模式，强化管理

成立密云县休闲农业与乡村旅游开发公司，引导民俗村全部建立民俗旅游合作社，按照标准提供系统化的专业服务。制定休闲农业与乡村旅游行业服务标准，对从业农户和企业进行严格管理考核，对接待服务人员进行职业技能和综合素质培训。建立北京观光休闲农业行业协会密云分会，为企业、园区、接待户及从业人员提供最新的市场信息和管理咨询服务，提升综合管理和服务水平。

（四）培育品牌，扩大宣传

深入挖掘地区浓厚的农耕文化、历史文化，深化创建全国休闲农业与乡村旅游示范县成果，鼓励各镇、园区开展农业和旅游资源宣传推介活动，进一步增加密云县休闲农业与乡村旅游产品的丰富度、知名度，树立整体的绿色国际休闲旅游目的地品牌形象。

（执笔：密云县农委　梁跃）

延庆县休闲农业与乡村旅游发展报告

2012年，在延庆县委、县政府的正确领导下，结合县景合一的“国际旅游休闲名区”建设，继续加大对一沟一品、一村一品等重点项目进行跟踪指导，开发特色产品，规范服务管理，打造亮点品牌，实现了休闲农业与乡村旅游产业的平稳发展。

一、发展概况

截至2012年年末，延庆县共有观光休闲农业园区35个，从业人员1 310人，接待旅游人数53.7万人次，观光园总收入0.56亿元，其中：门票收入15万元，采摘收入1 776万元，农产品销售收入2 386万元，垂钓收入117万元，餐饮收入1 232万元，住宿收入29万元；民俗旅游接待户776户，接待旅游人数378万人次，民俗旅游总收入18 716万元。韩郝庄、小川村被评为市级民俗旅游村，张山营镇玉皇庙村、珍珠泉乡珍珠泉村被评为“北京最美乡村”。

二、主要举措

（一）扎实推进，圆满完成各项重点工作

1. 乡村旅游星级评定工作

为推动延庆乡村旅游全面提档升级，结合全国旅游标准化示范县创建工作，制订并出台了《延庆县推进乡村旅游标准化建设促进产业升级实施意见》和《乡村民俗旅游村户星级评定标准及细则》；组织对民俗村、户进行广泛宣传、动员；聘请民俗专家深入村户，进行策划、包装、指导；编印图文并茂、内容丰富的《延庆乡村旅游升级改造指导手册》1 500册，下发到全县民俗村、户手中；以千家店、井庄、张山营为试点乡镇，完成200余户的申报工作。

2. 休闲观光农业园区星级评定工作

按照《关于开展北京市休闲农业星级园区（企业）评定工作的通知》（京观农协[2012]1号）的具体工作要求，认真组织，周密部署，协调县旅游局、种植中心等部门，完成了延庆县休闲农业星级园区（企业）的评定工作。全县初评结果显示：五星级1个、四星级3个、三星级17个、二星级9个、一星级6个。通过星级评定，推出了一批市场认知度和美誉度高、竞争力强，具有示范引领作用的休闲农业园区（企业），对促进休闲农业的提档升级，转变发展方式，进而增加农民收入，提高市民幸福指数等具有重要意义。

3. 特色民俗村、市级民俗户建设

按照市旅游委评定工作要求，对全县申报民俗村户进行指导，组织初评，共申报市级村5个，市级户206户。为提高乡村旅游整体接待质量，特聘请专业公司按照五星级民俗户标准，规划、设计柳沟新区精品住宿6户，配备仿古家具、床上用品等设备，打造样板院，示范带动全县民俗户升级。深入村户，现场指导，挖掘“腌鸡火锅”、“灶台鱼”、“菊花宴”等民俗特色餐饮。按照《乡村旅游升级指导手册》，珍珠泉率先升级，共评出星级民俗户5户。四海镇为民俗户配备了具有当地特色的餐具、灯箱，提升“四季花海”沟域整体接待服务水平。

4. 自行车骑游基础设施建设

制订完成了《延庆县“十二五”自行车系统发展专项规划》和《“十二五”时期自行车骑游发展规划方案》，建立自行车通租通还系统，完善骑游项目。通过“政府投资＋企业管理”的市场化运作模式，在东关环岛、S2线火车站、伏象园、半山湖公园、雅荷园、树香园、曹官营、阜高营8个自行车租赁站点建立通租通还系统，实现了环妫河自行车骑游的统一运营管理和“一卡通”服务。在东关环岛、妫河生态走廊西侧、井庄镇路口，设计、安装3处骑游小品景观，烘托自行车骑游氛围。在环妫河生态走廊线路新增自行车骑游道路安全提示牌22块，不断完善配套服务设施。全年共组织自行车骑游活动20余次，累计接待骑游爱好者3万余人次。

（二）跟踪指导，落实重点项目建设

1.“一沟一品”项目建设

认真开展“百里山水画廊”、“四季花海”、“珍珠山水”特色沟域全面建设，不断完善基础设施、观光服务设施，初步形成“一沟一品”。大庄科红色旅游项目在建党 90 周年隆重推出，丰富了旅游内涵，年累计接待游客近万人。

2.“一村一品”项目建设

聘请专业策划设计机构对四海镇南湾、千家店镇长寿岭 2 个市级民俗村进行“一村一品”创意策划，结合沟域经济进行整体包装、升级。完成柳沟北门二期修复工程，对柳沟新区主体工程进行装修设计，聘请中央美院编制《柳沟模式凤凰古城开发方案》及《柳沟凤凰古城招商计划》，结合乡村旅游标准化编印《柳沟乡村旅游一本通》。重新启动东小河屯民俗村“乡下有我一分田”农事体验活动项目，推出红色田地板块。策划包装东杏园现实版“开心农场”，与市民互动、对接。

3. 国家登山健身步道建设

对登山健身步道进行实地勘察，结合乡镇实际及国家登山健身步道要求，进行线路优化。制订《延庆县国家登山健身步道建设实施方案》，平整道路 48 000 米，通过公开招投标，由专业公司设计、安装安全警示牌、导览图 264 块，垃圾筒 102 个，休息座椅 72 处。云瀑沟、珍珠泉、慈母川、玉皇山、西沟里、花盆登山步道基础设施及配套服务设施不断完善，形成新的休闲旅游项目。同时，与北京市标准化研究所共同制定完成《国家登山健身步道标准》，逐步规范登山旅游项目。

4. 包装项目，提档升级

按照市旅游委文件精神，结合北山葡萄产业带建设，对玉皇庙、古城、汉家川、三司、卓家营 5 个民俗村和张山营苹果园、绿富隆、东小河屯“乡下有我一分田”等 12 个农业休闲园进行资源整合，策划包装《延庆民俗村升级改造项目》和《延庆休闲农业项目》，并通过专家评审。

（三）2012 年举办的主题活动

2012 年，延庆县精心策划并成功举办了丰富多彩的休闲农业与乡村旅游活动。延庆县第十届杏花节，带动延庆春季旅游全面启动，引领游人踏青、播绿、赏杏花、品味民俗。“端午文化节”，开展了包粽子比赛、“挂艾蒿、戴五彩链”、观看汽车摩托车越野赛

等一系列丰富多彩的端午文化活动。此外，还举办了一年一度的北京延庆国际葡萄文化节、“八达岭长城好汉杯”自行车骑游活动、延庆环妫河自行车骑游通租通还系统启动仪式、“八达岭长城杯第二届北京国际自行车骑游大会”、第二届“畅游四季花海，醉享画里乡村”赏花季和“第二十七届冰雪欢乐节”等旅游活动。以活动带宣传，以宣传促发展。

（四）加强行业管理，培育诚信品牌

加强监督检查，做好冬季民俗户预防煤气中毒安全检查和假日期间乡村旅游安全接待工作；与卫生监督所联合对全县民俗户进行餐饮量化分级，从内外环境、冷藏设施、卫生制度等几个方面，对经营民俗户进行检查验收，确保乡村旅游餐饮安全；针对民俗户需求，开展服务礼仪、接待安全、菜品制作等方面的培训指导，提高乡村旅游“软实力”。

（五）加大宣传力度，提高品牌知名度

与北京电视台《食全食美》《北京财经》《身边》栏目和《京郊日报》《劳动午报》《美丽乡村》等新闻媒体合作，对“乡村旅游过大年活动”、自行车骑游线路、特色景观、特色民俗村、特色餐饮、采摘、农事体验等内容进行宣传营销，评出延庆 10 大特色景观和 10 大特色民俗村。

（六）认真统计分析，圆满完成目标任务

认真做好元旦、春节、清明、五一、端午、中秋、十一各旅游假期乡村旅游统计、分析、上报工作，各旅游黄金周乡村旅游均实现了稳步增长。

三、存在的主要问题

（一）品牌特色不突出，休闲项目不丰富

乡村旅游的最大资源特色是有别于城市风貌的“乡村性”。乡村旅游应该为客人提供不同于景区观光、城市观光的产品，但就目前延庆县乡村旅游产品而言，错位和深度开发不够，个性彰显不足，产品同质化、单一化现象严重，特色不明显，品牌不突出，效益不显著。特别是受农村土地分散、小规模经营方式的制约，目前还尚未形成参观、购物、旅游一条龙服务的产业体系。

（二）接待档次整体较低，服务设施建设不配套

几年来结合新农村建设，民俗村的村容村貌已经有了很大改善。但由于受经济条件制约，多数民俗村在旅游大环境氛围的营造上还有很大的差距，没有统一的导览标示，广告牌五花八门，影响着人们的视觉感官。另外，民俗户素质参差不齐，部分卫生意识、安全意识、环保意识差，服务不规范，严重地影响了乡村旅游整体接待水平的提高。

（三）骑游设施不完善，可持续发展后劲不足

由于自行车骑游专项资金不足，自行车骑游车道尚未划定；骑游线路缺乏休憩地点、卫生间等配套服务设施；缺乏标志性的景观建筑，骑游氛围还不够浓郁。同时，通租通还体系、后勤保障体系和经营管理体系“三大体系”尚未建立，可持续发展后劲不足。

四、发展展望

深入贯彻北京市领导讲话精神和《关于加快推进京郊旅游发展的指导意见》，紧紧围绕旅游业发展的“四化”（乡村旅游的特色化、品牌化、标准化和规范化），重点做好以下几方面工作。

（一）加强硬件建设，提升综合旅游接待能力

1. 积极策划包装项目

对 2012 年申报的古城、玉皇庙、卓家营、三司、汉家川 5 个民俗村和绿富隆有机农业观光园、张山营苹果园、常里营牡丹园、东小河屯“乡下有我一分田”等 11 个农业休闲项目进行接待站、停车场、观光步道、观光走廊、休息座椅、垃圾筒等旅游配套服务设施建设，提升综合旅游接待服务能力。策划包装 2013 年乡村旅游升级改造项目，重点

对南湾、韩郝庄、珍珠泉、上磨、盆窑 5 个民俗村停车场、卫生间、接待站、标识、商品销售亭、景观、床上用品和餐具洗涤消毒设备等旅游配套服务设施进行完善、提升。

2. 加强重点项目跟踪指导

继续对“百里山水画廊”、“四季花海”建设进行跟踪指导，不断完善沟域内旅游基础设施及配套服务设施建设，打造“一沟一品”品牌。

（二）加强软件建设，提升整体服务接待水平

1. 加强指导，挖掘特色

聘请民俗专家对市级民俗村户进行指导，在乡村旅游开发过程中，能够充分保持乡土本色，突出农村的天然、纯朴、绿色、清新的环境氛围，强调天然、闲情和野趣，人与自然的融合，努力展现乡村旅游的魅力，让游客充分领略到浓厚的乡土文化。重点从房屋外观、门楼、影壁、庭院布置等方面进行包装、设计，增加延庆特色民俗符号，营造氛围。

2. 整合资源，打造精品

统筹旅游产业链资源，拓展民俗休闲项目。结合全国休闲农业与乡村旅游星级企业（园区），丰富、完善“乡间别墅”、“千亩菊园”、“绿茵溪谷”、“华坤生态园”等休闲农业观光项目；策划包装乡村旅游节、柳沟豆腐文化节等节庆活动，不断满足游客观光、休闲、度假等多方面需求。

3. 组织评定，扩大规模

按北京市有关部门的要求，组织开展有关评定工作，培育休闲农业与乡村旅游品牌。① 开展市级民俗村户评定。按照《北京市乡村民俗旅游村（户）评定与划分》，对申报民俗户进行评定验收，扩大乡村旅游接待规模；② 开展全国、市级休闲农业星级园区、北京市休闲农业与乡村旅游示范乡镇评定工作；③ 开展特色业态评定。按照《北京市乡村旅游特色业态标准及评定》，对乡村旅游规模户进行指导、申报，挖掘乡村旅游特色，包装一批上档次、有特色的乡村旅游特色业态，满足不同游客需求。

4. 加强培训，提升素质

对观光农业园、民俗旅游村等业态的人员进行业务培训，提升从业人员的素质。① 常规培训要常抓。每年组织对全县乡村旅游从业人员进行食品卫生、旅游知识、服务礼仪、烹饪技能、住宿安全等方面的日常培训；针对民俗户开业、旅游黄金周和重大节假日组织必要的专项培训和检查，形成长效机制，常抓不懈；② 技能培训要常新。以服务技能培训为抓手，通过调查走访，针对民俗村、民俗户实际需求制订不同内容、不同形式的培训计划。采取“走出去、请进来”的形式，提高乡村旅游管理干部的管理水平，开阔思路；通过考察、交流、现场操作、评比评选等形式，提高乡村旅游从业人员的职业素质和服务技能；③ 通过树立典型、示范带动、颁牌奖励、宣传报道等方式，调动民俗村户参与的积极性，提高乡村旅游从业人员整体素质和致富能力。

芦苇画

5. 组织比赛，典型示范

通过开展评比等活动，树立一批典型。① 组织最美环境民俗村户评比活动。在全县市级民俗村、户范围内，组织开展最美环境民俗村、户评比活动，评出最美环境民俗村5家、最美环境民俗户30家，通过奖励、颁牌、宣传、展示、参观等形式，提高全县民俗村户整脏治乱、绿化美化环境意识，营造优美的乡村旅游接待环境；② 组织最佳服务民俗户评比活动。在全县市级民俗村、户范围内，组织开展50户最佳服务民俗户评比活动，通过奖励、宣传、交流、表演等形式，提高全县民俗户服务接待水平；③ 组织特色餐饮评选活动。在全县市级民俗村、户范围内，组织开展烹饪技能大赛，评出一系列延庆乡村旅游特色餐饮，打造延庆特色品牌。

6. 互动互学，帮扶带动

饭店服务下乡活动。协调星级宾馆饭店，派送服务员到民俗户家中（或将民俗户服务员派到宾馆饭店），进行为期2～5天的“一帮一”的指导、培训，言传身教，互动互学，全面提高民俗户的服务接待水平。

导游进农家活动。开展导游服务进农家活动，聘请导游员对民俗户进行当地旅游知识培训，培养农家导游员，为游客提供更为丰富的旅游服务。

7. 强化宣传，扩大影响

重新编印乡村旅游宣传折页，在每个民俗户家中一角放置旅游宣传品、农副土特产品和特色旅游商品，为游客提供宣传、指引、购物等需求，完善旅游要素，提高乡村旅游整体竞争实力。

8. 开展测评，树立口碑

开展游客满意度调查。定期或不定期组织开展游客满意度调查，针对游客提出的问题进行整改、落实，不断提高服务接待质量。

（三）加强行业管理，提升休闲农业与乡村旅游品牌效应

1. 加强监督检查

联合卫生、公安、工商、环保等相关部门，以定期和不定期的方式，加强对休闲农业企业（园区）、民俗村户环卫设施、庭院布置、厨房卫生、消防设施、煤气中毒、污水处理、厕所卫生等方面的检查力度；对重点民俗村户厕所冲水问题进行整改落实；对拉客揽客、恶意竞争行为进行停业整顿，规范市场秩序，为游客创造良好的接待环境。

2. 成立民俗旅游合作组织

完善乡镇民俗旅游协会功能；鼓励乡镇、民俗村户成立乡村旅游合作组织，通过公司、合作社、接待站、乡村旅游经纪人队伍建设，调动农民发展乡村旅游的积极性和主动性；鼓励乡镇、民俗村与旅行社合作，走进社区组织客源；鼓励、支持民俗村户开发乡村旅游纪念品、特色农产品，让民俗户与市场对接，把产品打入市场。

3. 加强自行车服务管理

按照“政府监督、部门指导、企业运作、行业自律”的原则，进一步加强全县各租赁站点的服务与管理，推进“中国自行车骑游第一大县”品牌建设。具体措施是：制订《延庆自行车骑游道路、租赁、服务管理规范》；科学合理规划设置租赁点，规范租还车服务流程；对自行车骑游租赁站点工作人员进行统一培训；及时公布不同站点的骑游信息；建立健全服务管理体系和应急保障体系，为游客提供“安全、优质、高效”的服务，推动延庆县自行车骑游项目更好更快发展。

（执笔：延庆县农委　贺志鸿）

第三部分
专题研究

创意是观光休闲农业的灵魂与生命

——兼谈创意农业的定义、与观光休闲农业的关系及其他

冯建国　乔　通　赵　晨①

“创意农业”一词最近几年迅速升温，成为不少农村工作者口中的时髦词，各种媒体上的文章也越来越多。但是，对于“创意农业”的基本定义，大家却众说纷纭，莫衷一是。有的只是用创意产业的定义给创意农业下定义；有的一本专著，洋洋洒洒十几万字，但却没有解释什么是创意农业，创意农业同其他农业是什么关系；有的地方甚至统计出了创意农业的产值，在GDP中所占份额，等等。

一、创意农业的基本定义

我们认为，创意农业不是一种独立的业态，它只是一种理念、一种思路、一种手段，也可理解为“农业上的创意”。所以，它的基本定义是：在现代农业特别是都市型现代农业生产过程中，人们为了很好地实现都市型现代农业的生产、生活、生态的“三生”功能，必须在充分的现代技术、装备的支撑下，再用文学创造审美意境的手法，也就是文

① 冯建国，北京市农村经济研究中心资源区划处处长、副研究员，长期从事农村政策研究工作；乔通、赵晨，北京观光休闲农业行业协会。

化创意产业的方法，来对待、完成农业生产的全过程。从而对于生产者来说，丰富了农业生产的文化内涵，延长了农业生产的产业链，增加了农业生产的附加值，提高了农业生产者的收入；对于消费者来说，在不断满足对农业提供的各种食品需求的前提下，同时享受到了良好的生态环境，学习或重温了丰富的文化知识，满足了只有在文学、艺术作品中方能享受到的审美情趣，而且将现代城市人强烈的回归自然、健体强身、陶冶情操等多种本能性需求，在同一时间、地点、行为中实现。

二、与观光休闲农业的关系

从以上基本定义可以清楚地看出，创意农业的本质就是观光休闲农业，二者只是从不同角度解读、描述同一个内容。因为创意的产品（包括文化创意产业的产品），只能满足人们的精神生活需求，而不是生理需求；观光休闲农业与其他农业的最本质区别，也是首先满足人们的精神生活需求，然后才是其他。

再深入一层分析，观光休闲农业的提法，是从本产业的功能、作用的角度描述的，而创意农业的提法，是从本产业的经营理念、实现方式和方法的角度描述的。

这样分析不难看出，创意农业与观光休闲农业本质上是一个概念，而创意是观光休闲农业的灵魂与生命；没有创意的农业，就算不上观光休闲农业；或者讲，创意是将传统农业提升为观光休闲农业的基本理念和路径。

三、强调创意农业的重要性

有人会问，既然创意农业与观光休闲农业描述的是同一个内容，那么，为什么在广大农民和市民基本上都熟悉了、理解了观光休闲农业概念的时候，又非要使用创意农业的概念呢？这既令很多人不理解，又使很多人产生专家、政府又在“炒概念”错觉。我们理解，这样做起码有这样两点重要性。

（一）与农业发展历史的一般划分方法相衔接

在地球上，人类开始从事农业生产已有约一万年的历史了。一般分为 3 个发展阶段。第一阶段是刀耕火种的原始农业阶段（持续时间约为 7 000 年），主要特点是刀耕火种、熟荒、撂荒，基本只有种和收两个环节。第二阶段是自给自足的传统农业阶段（持续时间近 3 000 年），主要特点是以人力、畜力为主要动力，投入低；以人粪尿、动物粪便、绿肥等有机肥为土地提供营养。第三阶段是集约化生产的石油农业阶段（至今有 150 多年），主要特点是以机械化、水利化、化学化和电气化来进行农业生产；直接和间接依赖石油能源。

不难看出，以上 3 个阶段的划分，都是以实现农业生产全过程的主要方法、手段和工具为依据的，而不是以农业生产的功能和作用为依据。而创意农业恰恰是从实现观光休闲农业的主要理念、方法和手段上描述和阐释的。所以在理论上，使用后者更合理，更准确。

（二）能促进观光休闲农业更好地发展

观光休闲农业的发展，是广大农民在生产过程中逐步感觉和摸索到的，政府的支持和引导，也经历了一个从不认识到认识的过程。从不自觉到自觉，从必然王国到自由王国，这是人们认识、把握、推动任何事物的基本规律。

中国大陆观光休闲农业的发展从萌芽到今天已经有近 30 年时间了，它是随着改革开放、社会生产发展、居民收入增加、人们物质生活水平基本满足和提高而逐步发展起来的。所以不断满足广大消费者不断增长的物质精神需求、追新求异需求、回归自然、健身强体需求等，是广大经营者和各级领导干部都明白的道理。但如何实现这一目标，人们的理解就大相径庭了。有的在硬件设施上下工夫，追求与城市相同或相近的条件和水平，在农村复制城市；有的追求建筑材料、风格设计上的奢华；有的追求单体规模上的大而全等，不一而足。

然而，什么都有了，就是缺乏差异，缺乏意境，缺乏文化，也就是缺乏品味。有的则只停留在一般的现代农业基础之上，让消费者一般地、像农民一样地收收果，摘摘菜，只有参与、体验，没有审美。

用创意农业的概念描述观光休闲农业就很好地解决了这一问题。因为它不但告诉人们该“做什么”，而且告诉人们“怎么做”。即在发展观光休闲农业的时候，只有用文学的、艺术的创作方法，用文化创意产业的理念和手段，在农业生产的种植方式、收获过程和产品的营销方式上，给消费者创造出一种意境，让消费者充分地享受审美过程，充分地满足其审美情趣，实现身心愉悦，才能不断地吸引更多的消费者，也才能实现产业链延长、附加值增加的目标。

四、发展创意农业的主要手段和方法

（一）在种植方式和方法上创意

1. 在种植形式上创意

打破传统农业“横平竖直”的一垄一行的种植模式，而是种成一种有特定含义或艺

术图案的形状。如种成迷宫形、图案形、文字形等。

2. 在种植区域上创意

打破传统思维上种地就是种地、建公园就是公园的形式，而是把种地按公园要求设计，成为观光休闲农业园。园区内所有的农作物和基础设施，既能让人们观赏、休闲，还能生产农产品。有的地方还按这个思路，将山区的一条沟、一个谷、甚至一个村庄、一个乡镇的各种资源，都按景区的标准进行规划、设计，使市民的观光、休闲和农民的生产、生活紧密结合。

3. 在种植的劳动主体上创意

通过完善一定的基础设施和宣传，农民和市民共同建设“市民菜园”，让市民自己决定种植农作物的品种，自己决定采摘收获的时间，从而将市民回归自然、体验农耕文化、休闲健身以及食用绝对安全、鲜活农产品等多种需求统一起来。

4. 在种植载体上创意

打破农作物必须种在田里的做法，而是将选择（培育、驯化）合适的品种，种在不同材质、形状、颜色的花盘里，让市民搬回家摆在客厅里，阳台上。既能观赏，又能增氧、养眼，还能收获，食用绝对鲜、活、放心的农产品。

（二）在种植品种及搭配上创意

1. 在种植品种求新上创意

人们都是求新猎奇的，都是追求颜色鲜艳、气味芬芳的。所以谁种植的品种能最早满足消费者这些需求，谁就能赢得消费者。如密云的紫海香堤等。

2. 在作物生长过程中的颜色、高矮、大小等合理搭配上创意

观光休闲农业第一目标是观光休闲，所以种地就是建公园。过去城市中的公园建设叫园艺，也就是用艺术的思维和手法种植其中的一草一木，营造一山一水，使其和谐统一，成为景观。只不过传统园艺用的材料多是只有观赏功能的花草、树木和石料，而观光休闲农业园区用的材料，是既能观赏又能收获果实的农作物。但是，为了达到观赏的效果，必须选择农作物生长过程中不同颜色、单株大小、个头高矮等进行合理搭配，使之在整个生长季都能错落有致、赏心悦目、气味怡人。

3. 通过成熟期不同的农作物合理搭配创意

观光休闲农业当中一个重要的内容是采摘。消费者的采摘欲望一年 365 天，天天都可能发生，而农作物的成熟是有季节性的。这样为了延长采摘期，尽可能每时每刻都能满足消费者的需求，就需要选择不同成熟期的作物品种进行合理搭配；在尽可能多的农作物品种进行搭配的基础上，还可以在农作物生长规律允许的范围内，提早或推迟播种期，从而使收获期更加延长；有农业大棚和日光温室的地方，还可以通过设施农业，将这种创意方法发挥得淋漓尽致。

（三）在农产品的营销方法和策略上创意

1. 通过各种节庆活动进行创意

如北京市大兴区举办多年的西瓜节，就是政府搭台、农民卖瓜，市民过节——在田间地头，又吃又喝又乐，又呼吸新鲜空气，大家一举多得。

2. 通过观光采摘进行创意

开展观光采摘，实实在在是农民的一个伟大创意。因为在此以前的农产品，都是农民千辛万苦地收获下来，再千里迢迢运到城里。而开展采摘，农民省下了劳动力，又省了运输费；对市民来说，既体验了收获的喜悦，又锻炼了身体。这是一种极佳的城乡统筹、买卖双方共赢的组合形式，如果再把环境因素加上，就是多赢。

3. 通过与健身休闲等项目有机结合进行创意

为了丰富采摘、休闲内容，延长消费者在园区里的滞留时间，不少园区在不影响农业生产的前提下，增加了比较完善的健身项目，如拓展、球类等等，甚至还经常组织比赛，成为市民在农田、公园、风景区里的俱乐部。这样，既减轻城里的基础设施的压力，又增加了农民的收入，消费者还能在比城里好得多的环境中健身。

有的园区还在果树旁、田间路边，搭起了小木屋或帐篷，满足消费者的需求等，这些都是极好的创意！

（四）在产品功能的拓展上创意

传统的农产品收获以后，只有食用的功能，而经过创意，赋予它文化元素或特殊含义，便会身价倍增。

1. 做成艺术品

如北京市延庆，将各种豆子合理搭配，便成了妙趣横生的豆塑画。而门头沟的农民，将麦秸精挑细选，合理加工，便成了质地高雅的麦秸画。除这些外，艺术南瓜、艺术葫芦等，不胜枚举。

2. 做成礼品

有两方面的创意。一是做成有特指的礼品，如通过多种手法，在农产品的果实上刻字，特定时间送给特定的消费者，如“人名”、“寿”、“生日快乐”，等等。二是做成节假日礼品。中国人礼数多，节假日对亲戚、朋友、同事都要表示一下。满足这种需求的，过去多用工业品。然而，时间长了，礼品多了，工业品便失去了价值。只有农产品，才能及时送，及时消费，下次再送，还有需要。

3. 做成功能食品

过去的农产品，只追求质量好，营养价值高，而追求对人体保健功能价值的不多。随着“既要小康，又要健康”等“双康”社会的到来，人们将在追求农产品质量好、营养价值高的基础上，根据人体的个性化差异，进一步追求农产品对人体健康的功能价值，将是一个发展方向。所以将农产品的各种食疗功能挖掘出来，整理起来，宣传出去，在农产品的介绍中注明，将会产生新的市场空间。这种创意目前已有了萌芽，今后会有很好的发展。

五、结　语

在中国，进入工业化后期的农业，统称为“现代农业”；在大城市周边的现代农业，称为“城郊型现代农业”或“都市型现代农业”。北京的都市型现代农业具有重要的“三生”功能，即生产、生活、生态；观光休闲农业是北京都市型现代农业的重要组成部分，也是其最精华、最核心、最能体现都市型现代农业发展水平和方向的部分；而创意农业是观光休闲农业高质量、高品位、可持续发展的重要保证，是理念，是方法，是手段，也就是途径。在这个过程中，科学技术不能替代创意。因为科学技术一进入农业，主要目的是为了提高农产品的产量和质量，而不是为了满足人们的精神生活需求。在这一点上，可以理解为，创意和科技是保证都市型现代农业更健康、高品质、可持续发展的“双引擎”。

休闲农业创意精品推介活动的实践与思考

范子文[①]

2012 年，由农业部牵头，各地区休闲农业主管部门参与，组织开展了休闲农业创意精品推介活动，取得了圆满成功，对于展示休闲农业创意成果，扩大宣传推介，吸引工商资本介入，促进产业发展等发挥了积极作用。应以此为契机，进一步激发各地区发展休闲农业创意的积极性，加大创新力度，增加文化内涵，推进创意农业的大发展。

一、基本情况

近年来，在发展休闲农业的过程中，广大从业者注重产品创意，不断丰富休闲农业内涵，形成了一批充满艺术创造力、想象力和感染力，在群众中“叫得响、传得开、留得住”的创意精品，成为休闲农业持续发展的活力源泉和满足城乡居民精神、文化与艺术享受的重要载体。2012 年，为展示推介休闲农业创意成果，搭建交流平台，农业部牵头，各有关省（区、市）休闲农业主管部门组织，广大休闲农业经营者积极参与，开展了全国休闲农业创意精品推介活动。

休闲农业创意精品推介活动分预赛和决赛两个阶段。北京市承办了华北东北地区 7 省（区、市）的预赛（华北东北地区休闲农业创意精品大赛），并组团参加了在南京举行的决赛。

（一）华北东北地区休闲农业创意精品大赛

2012 年 8 月 17 ～ 19 日，由农业部主办，农业部乡镇企业局、中共北京市委农村工作委员会、北京市农村工作委员会、北京市朝阳区人民政府、北京观光休闲农业行业协会承办，天津、河北、山西、内蒙古、吉林、黑龙江等省（区、市）休闲农业主管部门协办的华北东北地区休闲农业创意精品大赛，在北京市朝阳区蟹岛度假村国际会展中心成功举办。共展出华北东北地区 7 省（区、市）的休闲农业、创意农业精品 2 000 余件（个、套），接待中外游人约 4 万人次；经过网上投票、专家评审和现场展示 3 个环节，

① 范子文，北京市农村工作委员会调研员，管理学博士，高级经济师，主要研究领域包括：城郊经济、休闲农业与乡村旅游、金融创新。

共评选出产品创意、包装创意、文化创意、设计创意和园区创意五大类金奖 42 项、银奖 75 项、优秀奖 111 项，其中北京市获奖 72 项，其中金奖 13 项、银奖 23 项、优秀奖 36 项，占总数的 31.6%，是其他省（区、市）奖项平均数的两倍；供需双方签署合作协议或达成交易意向 1.8 亿元，达到了搭建平台、扩大宣传、衔接供需、促进发展的目标。

该推介活动首次在华北东北地区举办，是跨地区、跨部门、跨行业的大型综合性休闲农业、创意农业成果汇展。具有以下几个特点：一是规模大。展馆面积 5 500 平方米，是对华北东北地区近年来休闲农业、创意农业成果的一次大汇聚、大展示、大检阅。二是参展对象广泛。参展对象既有休闲农业的经营主体、设计创意人员，也有来自一线的老艺人、能工巧匠和民间艺术家。三是展售结合。有些艺人在现场制作、表演，展示他们的绝活，其中部分项目，观众可以现场参与。在展览的同时，绝大多数参展作品在现场销售，观众可以在现场买到具有地方特色、带有浓重泥土气息的农业创意精品。四是活动形式多样。在展示期间，正值蟹岛度假村举办北京国际啤酒节，游人较多。与此同时，朝阳乡村文化节也在蟹岛度假村举行，包括地方文艺演出、休闲农业园区体验、乡村旅游线路推介、乡土风情摄影展等，内容较为丰富。

（二）南京总决赛

2012 年 10 月 13 ～ 14 日，全国休闲农业创意精品推介活动暨第八届南京农业嘉年华在南京市国际展览中心隆重举行。整个活动分 5 大版块：文化创意大舞台、休闲农业创意精品馆、美丽休闲乡村、购物街、美食坊。来自全国的产品创意、包装创意、文化创意、园区创意和设计创意五大类 5 000 余件休闲农业创意精品集中亮相，颇为壮观。投资签约额超过 3.2 亿元。

北京市单独组团参加了全国休闲农业创意精品推介活动，呈现以下几个特点：一是参赛作品类型多，品质优，体现了北京都市型现代农业的特色。在北京展区，5 大类（产品创意、包装创意、文化创意、园区创意和设计创意），67 件（套、个）休闲农业创意精品进行了现场展示推介，这些作品大多是近几年开发出来的，基本代表了北京休闲农业、创意农业发展的水平。二是展品深受市民的欢迎，销售较好。门头沟瓷茗缘公司的黄芩茶、京西十二美，海淀区旗舰集团的多用途仿鼓凳，朝阳区蓝调庄园的香草枕头等，销售一空，有的还留电话联系邮寄。三是该活动得到了郊区县政府和休闲农业市场主体的重视和积极参与。郊区的休闲农业园区（企业）积极要求参加在南京的推介活动，但由于展区空间有限，并不都能满足。在南京农业嘉年华期间，除市里组织的人员外，延庆、昌平等区县，由主管区县长带队，观摩了该活动。四是北京展区的布展及策划设计大气，具有北京特色和皇家风范，受到了组委会的认可和观众的好评。五是成果丰硕。经过网上公示、现场推介、专家评选、组委会认定等环节，北京团共获得“组织奖”和产品金奖 5 项、银奖 8 项、优秀奖 11 项，位于各省（区、市）前列。

二、主要成效

休闲农业创意精品推介活动以“创意提升农业、休闲改变生活”为主题，以“展示成果、研讨理论、推进产业”为总体目标，在半年多的时间里，通过预赛和决赛，参选作品多，创意理念新，影响范围广，取得了丰硕成果。

（一）展示了创意成果

5 000余件（个、套）展品都是各省（区、市）从众多作品中，通过公开征集、评比，优中选优，筛选出来的精品。从内容上看，这些作品包括产品创意、包装创意、文化创意、园区创意、设计创意5种类型；从形式上看，采用文字、图片、视频、实物等多种形式，全方位诠释作品的创意理念，展示休闲农业创意精品开发所取得的显著成效。从北京市展区看，除了产品创意等5大板块外，还根据国际化大都市特点和市民需求，增加了“会行走的农业”板块，对阳台菜园、阳台果园、阳台花卉、阳台农业设备、阳台农业最新实用技术等都市农业新的实现形式进行展示，促进了市民与农民的互动，促进了阳台农业走进市民家庭。

（二）扩大了社会影响

从华北东北分赛区看，主承办单位在北京交通广播一路畅通栏目连续15天宣传推介本次活动，北京电视台制作了专题节目宣传本次活动，农民日报、京郊日报等平面媒体也进行了大量宣传报道。从南京总决赛看，共有10多万网民参与投票，几十万群众在网上浏览和现场观摩，提高了社会各界对休闲农业、对创意精品的认识和参与度。可以说，全社会关心、认识和了解休闲农业创意的氛围正在形成。

（三）搭建了市场平台

本次活动不仅展示了休闲农业创意的发展成果，交流了休闲农业的创意基本理论，而且促进了工商资本与创作主体的对接。全国累计签约近6亿元，部分参展企业在推介活动后收到了电话咨询、贸易订单和投资合作意向。达到了相互交流心得，学习借鉴经验，开阔创意视野，把握创意趋势，推动产业发展的目的。

（四）调动了休闲农业市场主体的积极性

休闲农业创意精品往往受地域、规模、资金等条件的限制，缺乏展示推介的途径。

这次活动由政府部门组织实施，采取“政府搭台、企业唱戏”的方式，为休闲农业市场主体展示成果、销售产品、宣传理念等搭建了一个很好的平台。本次推介活动参赛作品种类多，数量大，不仅创意理念新、思路广，而且在创意过程中十分注重市场营销、产业发展，实现了辐射带动农民增收致富与满足市民多样化消费需求的有机结合，具有很强的市场针对性、鲜明的时代特征和地域文化特色，对于推动休闲创意产业发展将发挥引领作用。

三、启示与建议

对于创意农业的发展来说，休闲农业创意精品推介活动仅仅是一个开端。在新的时期，应将创意农业的发展，纳入视野，摆上位置，整合资源，创新机制，以实现新的跨越。下一步需要从整个产业的角度开展策划，进行顶层设计，明确发展重点和政策导向。

（一）创意农业发展的必要性

农业是文化的源头。英文 Culture 或德文 Kultur，均起始于希腊文 Cultura，意为对土地的耕作与对植物的培育。从世界范围来看，传统文化是农业文化。现代文化的发展趋势是“农业文化正被工业文化所取代”，而由于工业文化发展中的不合理性，最终又将被新文化形态所替代，这就是未来的工农业综合文化（蔡恒，2009）。农业发展有必要创新发展理念，创意发展方式，充分挖掘农业多功能，以文化为翅膀，提升农业产业层次。这就是要发展创意农业。从北京来说，发展创意农业更具有必要性：

1. 开发农业多功能性的需要

北京是大城市小郊区，市委市政府对农业的定位是都市型现代农业。发展都市型现代农业，关键是要着力开发农业的新功能，向农业的广度和深度拓展，促进农业结构不断优化升级，实现质量和效益的提高和统一。创意农业正是突出开发农业的新功能，不仅可以满足农民的增收需求，同时也可以满足消费者日益增长的个性化消费需求。

2. 展示农业文明、传承农耕文化的需要

北京郊区的农业与广大农区的农业相比，有其自身的特点。既有生产成本高、受资源约束强的劣势，也有文化积淀深厚、区位条件好的优势。如何扬长避短、发挥比较优势、提高农业的文化内涵，发展创意农业是出路之一。

3. 满足城乡居民多元化需求的需要

改革开放以来特别是近年来，首都居民收入增长较快，消费能力稳步提高，消费群体需求偏好形成显著差异，导致消费需求的多样化、个性化和多层次化，时尚、品牌、品位、格调、流行、个性等都成为影响消费的主要因素。在消费中，人们越来越追求心理感受，对提供以人的体验感受为目标的消费需求发展迅速。农业拥有众多的自然资源，是生态系统最完整的户外自然教室，是自然生态教育体验最适当的来源；而且农业资源具有季节性、地域性、生长性、活动性、景观性、实用性、知识性、生态性、文化性等特性。这些都是营造特色、酝酿创意的有利资源，从而催生了创意农业的兴起。

4. 促进农民就业增收的需要

通过创意农业的开发，可以创造农产品的需求，促进居民的消费，扩大市场占有率，从而促进农民的就地就业和增收致富。

（二）创意农业发展的重点领域

根据北京郊区的实践，创意农业发展的重点领域主要包括产品创意、节庆创意、园区创意、产业创意、功能创意等 5 个方面。

产品创意是指对普通农产品的用途、包装、文化与内涵等进行创意，同时对农业废弃物进行艺术加工和创造，使农产品和农业废弃物得到增值。比如，大兴区的玻璃西瓜。

农业节庆创意是指以某种农作物或农事活动为主题，开发其文化内涵，以农业节庆活动为平台，融入文艺演出、互动赛事、农业展览与交易等活动，以打造农业品牌，提高农产品的市场知名度。北京郊区农业节庆活动有很多。比如平谷的桃花节，“以花为媒，营销平谷”，已经成功连续举办十四届，成为京津地区著名的春季旅游活动，实现了经济效益和社会效益的双丰收。

园区创意是指对传统的果园、菜园、农园等进行创意开发，对特定主题（如某一农作物）的栽培、管理、品种展示、文化开发等进行整体设计，创造出特色鲜明的体验空间，使游客获得一气呵成的游览经历，兼有休闲娱乐和教育普及的双重功能。农业主题公园是北京园区创意农业的点睛之作。比如，通州区的桑瑞生态庄园，把小小桑叶做出了大文章。走入其中，不但一条长长的桑文化长廊引人注目，而且林下养殖也独具特色。更让人拍手叫绝的是，这里还开发出了一系列以桑叶为材料的“田桑宴”，主要菜品多达 10 余种，成为了一幅京郊创意农业不可多得的斑斓风景画。

产业创意是指以农业为基础产业，通过创意开发，向第二、第三产业延伸，促进农村一二三产业的融合，从而提高农业的加工附加值、服务附加值和文化附加值。

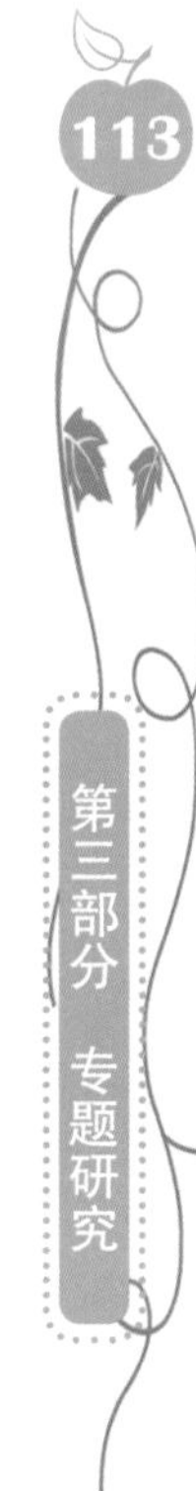

功能创意是指对农村区域（包括沟域、交通干道两侧、产业集聚区等）进行综合开发，对山水田林路进行综合治理，对生产要素的配置进行合理安排，对整体形象进行创意、创新，最后实现整体功能的转换。延庆千家店百里山水画廊的建设，就是功能创意的一个典型案例。

（三）创意农业发展的对策建议

发展创意农业是一项综合性的系统工程，是对传统农业发展模式的一种创新。北京郊区自然资源丰富，人文资源众多，乡土文化积淀很深，有条件把创意农业发展好。为此，提出如下建议：

一是把创意农业与文化创意产业结合起来，纳入主管部门的视野和工作领域，加强组织领导，有专人负责。在适当时机，编制创意农业发展规划。

二是在初期加大财政支持力度，逐步建立起多元投资机制。探索建立以财政投入为导向、社会投入为主体、金融资本为依托的多元化创意农业投入机制，形成多种经济成分共同发展的创意农业产业格局。

三是建立创意农业的地方性政策法规体系，为创意农业发展保驾护航。要研究出台促进创意农业发展的地方性法规和配套政策，完善创意农产品质量安全体系。

四是加强创意农产品品牌建设，加大创意农业品牌保护力度，完善创意农业品牌保护机制。要加快创意农产品开发，推动创意农产品标准化生产，注重发挥地方特色，巩固提高传统优势产业，培育一批国家级、市级创意农产品品牌，强化创意农产品商标注册意识，实现国际知识产权保护。

五是加强人才队伍建设，搭建研讨交流平台，健全创意农业发展的人才支撑体系。

强化北京农业的文化功能　推进休闲农业升级

文　化　贾劲松　王爱玲①

2007年党中央1号文件提出，“农业不仅具有食品保障功能，而且具有原料供给、就业增收、生态保护、观光旅游、文化传承功能”。

随着经济的发展，人民生活水平的提高，以及社会的进步，北京居民已不再满足单纯的物质消费，基本上进入了物质消费与精神文化消费并重的阶段。反映到农产品上，人们不仅重视其物质产品的安全和品质（商品品质、营养品质与加工品质），还要求越来越丰富的非物质产品——休闲、旅游等，同时也追求它们的质量——文化品味。从而，使北京农业的文化功能正由隐性向显性演变。

一、农业文化的内涵

农业文化的内涵，有广义与狭义之说，本文着重指人类在农业领域中创造的理念、道德、行为规范、风俗习惯等精神财富。它是人类文明进步的源泉和基石，蕴藏着无可替代、无法估量、取之不尽的宝藏。

中国是世界三大农业起源中心之一，七八千年以前我国的原始农业便已相当发达。祖先近万年的农事活动，引发了以“天人合一”、“因地制宜”、“因时制宜”为代表的哲学思想和以诚信、孝道、勤俭等为代表的伦理道德，推动了天文（如农历）、气候气象（如24节气）、机械、建筑以及生物、生命（中医、中药等）、生态（如农牧结合、用养结合）等诸多自然科学的进步；引发并衍生出歌曲（牧歌、渔歌、樵歌、酒歌、号子等）、戏剧、曲艺、绘画、书法、舞蹈、诗词、小说、烹饪等文学与艺术，以及以田径、射箭、武术等为代表的竞技体育和健身养生活动；形成了不同民族、不同地域的多元信仰与风俗习惯。

二、物质消费与精神文化消费的主要差异

精神文化消费与物质消费有很大不同，主要表现在以下两点。① 物质消费具有排他性；精神文化消费恰相反，具有共享性。一个苹果，一杯牛奶，一个人享用了，其他人

① 文化，北京市农林科学院农业综合发展研究所研究员；贾劲松、王爱玲，北京市农林科学院农业综合发展研究所。

则无缘。而一个理论，一项成果，一首歌曲，一幅画等等，则是社会的共有财富，可以多人、多次反复享受。② 物质消费使人获得生理、心理上的满足感；精神文化消费，则在人的头脑里、心灵深处积淀下来，提升人类的素质和素养，使人性增值。概括成一句形象的话——美味食品穿肠而过，文化享受提升素质。

三、培育文化功能，既符合北京农业现代化的演进规律，也是一种必然选择

（一）培育文化功能，符合北京农业现代化的演进规律

1. 消费需求的演变拉动农业功能的演化

2010 年北京人均 GDP 达 10 626 美元（汇率 6.77：1），城镇居民人均可支配收入 29 073 元，恩格尔系数 32.1%。人们的消费观念悄然演变，已不再满足单纯的物质消费，进入了物质消费与精神文化消费并重阶段。对于农产品，人们不仅仅重视其商品品质、营养品质和绿色安全，还要求其有越来越丰富的文化内涵。这种消费市场导向的变化，使农业固有的文化功能，在北京农业现代化进程中逐渐由隐性演化为显性。

具有代表性的是 2006 年年底由市农委会同市旅游局等机构联合举办的“红螺杯”乡村旅游商品设计大奖赛。在收到的参赛作品中，有用麦秸、杂粮、豆类、羽毛、蝶翅、干花等制作的画作，也有其他多种北京民间手工艺作品，还有特色农产品的包装等，门类繁多，共 992 套。评出金、银、优秀奖作品分别 10 件、20 件、60 件套。次年，举办了获奖作品“乡之韵”拍卖会，社会各界反响热烈。有关部门举办了多次相关技艺的培训班，有效地推动了郊区乡村旅游商品的设计、制作、生产和销售。

2. 北京农业的文化底蕴丰厚，发掘潜力巨大

据考古，北京在 7 000 多年前便有了农业活动。历史上虽有几次战乱，严重破坏了当时的农业，但 800 多年的建都史，使农业很快得到恢复并繁盛。因而，北京拥有极其丰富的农业文化遗产。

北京特色农产品资源开发与利用研究课题组提出（2009 年），北京特色农产品中，粮食类有 2 种、附 10 种，蔬菜类 3 种、附 28 种，果树类 58 种、附 5 种，花卉类 13 种，西瓜类 1 种，药用植物类 6 种、附 18 种，动物类 5 种，加工类 7 种，计 100 余种。其中，30 余种古为贡品或者是今天的特供品。

据北京郊区非物质文化遗产保护与利用课题组的研究成果（2008 年），北京郊区非物质文化遗产总量大，达 150 项。其中，国家级 1 项，市级 53 项，区县级 96 项。它们

涵盖了民间文学、美术、音乐、舞蹈，传统戏剧，曲艺，传统手工技艺，农艺，游艺、传统体育与竞技，传统医药及民俗，类型与种类十分丰富。这些年来，政府、企业和民间利用各种节庆进行展演、展示，自娱自乐，而与旅游业结合，则刚刚起步。

北京上述的这些丰富的农业物质遗产和非物质文化遗产，对于培育并强化北京农业的文化功能，是取之不尽、用之不竭的宝藏。

（二）培育文化功能，是北京都市型现代农业建设路径的必然选择

1. 休闲农业在都市型现代农业中的地位

就产业结构和业态而言，休闲农业是都市农业最重要的特征之一。它全面体现了农业的生产、生态、服务和社会功能，具有突出的经济、生态和社会效益。

2010 年，北京以休闲农业为主体的乡村旅游业，其收入相当于林业、渔业二者产值之和，与农业总产值之比达到 1∶13，属于本市农业的支柱产业，并起着一定的导向作用。同年，其接待游客达 3 328.5 万人次，占市民在京游人数的一半多，若按常住人口计算，人均出游 1.7 次；其高峰期从业人员数达到 5.95 万人，约占一产从业总人数的 1/10；其从业人员人均创造毛收入 4.2 万元，已成为农民增加现金收入的重要来源之一。这些指标说明，该产业对于构建和谐社会亦具有重要意义。

综上所述，以休闲农业为主体的乡村旅游业，在北京都市型现代农业的建设中，以及实施世界城市战略，具有不可忽视的作用。

2. 北京休闲农业的发展及趋势

进入新世纪以来，北京休闲农业发展迅猛，取得了骄人的成绩。2010 年同 2005 年相比（相同统计口径），接待人次翻了一番，总收入增加 1.4 倍，就业岗位增加 4.7%，从业人员人均创收增加近 1.3 倍。

但是，若以世界休闲农业的发展规律衡量，北京处于第二阶段——体验、操作为主阶段（人均 GDP 7 000 ～ 13 000 美元）。然而，实际进程却滞后，基本上仍停留在观光采摘为主的初级阶段。笔者在 2009 年全国休闲农业论坛发表的论文中所指出的 5 个问题，今天依然不同程度存在。

“十二五”期间，北京休闲农业的发展趋势有四：一是增长势头变缓，将侧重提质、升级；二是多元化，初级、中级、高级 3 个阶段的特点并存，但体验、操作将逐渐成为主体；三是休闲农园的类型将多样化；四是相当一部分休闲农园将多功能一体化，品牌化。

3. 增加文化品位，支撑北京休闲农业的提质升级

北京休闲农业的发展，形象地说，犹如一辆汽车，消费需求如同方向盘，科技、文化则是两个驱动轮。因之，增加文化品味，是休闲农业提质、升级的根本途径之一。

综上所述，根据休闲农业、民俗旅游在北京农业和社会发展中的地位与作用分析，可以认为，大力培育农业的文化功能，既符合消费市场需求与农业现代化的演进规律，也是都市型现代农业和新农村建设路径的必然选择，对于构建和谐社会及世界城市战略的实施也都有重要的意义和作用。

四、发掘、传承北京农业的文化遗产，并大力创新——以北京平谷区桃文化为例

（一）桃文化

据考古发现，六七千年前国人便已食桃，栽培史也已超过 3 000 年。桃的品种极多，按果划分，有毛桃、油桃、蟠桃、黄桃 4 大系列；按花型划分，有单瓣、梅花、月季、牡丹、菊 5 大类型；还有观赏、鲜食兼用型。自然界中，桃只有二倍体，北京市农林科学院农业综合发展研究所的科研人员，在多倍体育种方面，已有突破。

我国桃文化的内涵极其丰富。桃花、鲜果、枝与木，都是桃文化的载体。自古以来，桃象征着美丽、爱情、幸福、友谊（如师生）和长寿，花、果用于养生保健，枝条与树干用于驱鬼辟邪。

（二）平谷区的桃产业

平谷区现有桃园 22 万亩，鲜桃总产 2.8 亿千克，收入 9.45 亿元，均列北京市各郊区区县第一；除国内市场外，还出口新加坡、马来西亚、泰国、日本、韩国等亚洲国家和俄罗斯、法国、荷兰等欧洲国家。在全国、世界诸多博览会上，平谷大桃多次荣获金奖及“中华名果”、“名牌产品”等荣誉。在桃产业的带动、引领下，平谷区 2010 年被国家质检总局列为首个地理标志保护示范区，成为名副其实的“中国桃乡”。与此同时，通过举办国际桃花节、北京金秋采摘节等活动，休闲桃业已具相当规模，从而使桃农的收入显著增加。

（三）培育桃产业文化功能的举措

平谷区政府敏感地意识到乡村旅游市场的变化和发展趋势，及时采取了许多有效的举措，使桃产业的文化功能逐渐浮现。① 大力发展桃的设施栽培，设施桃面积已达 8 000 亩。由于鲜桃提前 1 ～ 2 个月上市，经济效益十分显著。最为突出的是夏各庄镇一桃农，亩效益高达 10 万元，其中一株 23 年生的大久保桃树，年收入竟达 3.3 万元，在全球果品生产上是一个创举。② 提出“国桃”的理念，设计、开发了生日、礼品、旅游、运输等 4 大系列、40 多种样式的包装。品牌的塑造，提升了平谷大桃在国内外的知名度。③ 在市科委的支持下，大力开展鲜桃产后深加工高新技术的研发。已取得桃酒、桃花茶、桃花精油、桃渣膳食纤维等一批技术创新成果。④ 聘请区内外艺术家，创作了京剧《大桃熟了》、大型话剧《桃花盛开的地方》等一系列戏剧、诗歌、散文作品，举办了摄影、书画、对联等多种以桃文化为主题的比赛，丰富了平谷桃文化的内涵。⑤ 扶持了 6 家桃工艺品加工企业，开发出桃木梳、桃木剑、桃符、桃木手链、桃木坠、桃木生肖等 200 余种工艺品，以及“寿星”、“福娃”、“奥运标志”、“十二生肖”、“情侣”等系列桃果艺术品，从而提高了平谷桃产品的文化附加值。

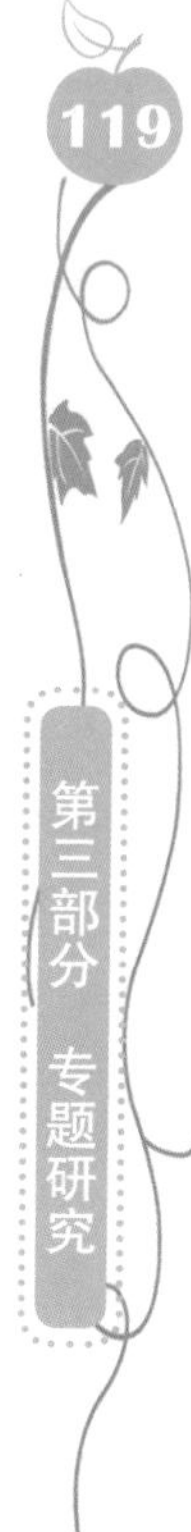

（四）进一步增强桃产业文化功能的思路

1. 市场细分

就其所需或所缺，推出不同的桃文化产品。要针对国内外不同消费阶层、不同消费群体，进行深入调研和分析，研制、推出针对性、个性化的产品。如针对高消费阶层生产高端精品，利用“桃李满天下”满足教师节的需求，利用“桃花运”满足青年男女及剩男剩女的找寻佳缘需求，利用象征长寿生产“寿”字、“福”字桃满足老年人需求；针对有车族，建设、提供生态停车场；针对学生、普通大众以及有钱缺文化的“精英”与“明星”们，进行科普和文化传播，等等。

此外，也要针对不同阶层和消费群体，推出桃文化的衍生产品。如玩具、文具、服装、服饰、手袋、箱包、工艺品、纪念品等生活用品和艺术品。

2. 建设桃博物馆

在平谷区选择大桃规模化、标准化的集中产地，规划、建设桃博物馆，对中华桃文化进行发掘、保护、传承、创新和展示、传播，以此增强平谷桃产业的文化功能，大幅度提高平谷桃的文化附加值和科技附加值，推动桃产业的提质、升级，进一步提高其国内外知名度，争取像“提到北京，就联想到天安门”一样，说及大桃，脑子里就立即浮现出平谷区。

在馆内设置不同的功能厅，如生物学厅——桃生物学知识介绍；品种厅——收集国内外的桃树品种，介绍、展示；栽培史厅——古今中外，桃的栽培方式与技术；科技厅——桃产业产前、产中、产后的最新科技成果，并能操作、互动，以及学术交流和技术交易；文学艺术厅——介绍中国古今有关桃的诗词（如《诗经》《桃花源记》《桃花庵歌》等），小说《西游记》（蟠桃会）和《三国演义》（桃园三结义）等，戏剧（如《桃花扇》），绘画、书法、摄影，音乐，歌曲，舞蹈……；生活厅——介绍有关桃的观赏、食用、保鲜，养生、保健、洗浴（桃花浴）、民间习俗（如辟邪）等知识及产品（含工艺品），并介绍本区的观光休闲桃园；佳缘厅——婚介；影视厅；展销厅，在馆外邻近处，与科研单位（如林果所）共同建设桃资源圃。

五、建　议

（一）成立专门办公室

培育农业文化功能，是新时期、新阶段的新课题，应成立专门的办公室。从农业功能角度考虑，它宜由市农委牵头，协同发改委、旅游委、科委以及文化、教育、农业、林业、财政等职能部门，对北京农业文化功能进行全方位的培育，包括北京农业文化遗产的收集、整理、发掘、保护、传承、创新与利用，同时对国内外农业文化进行引进、借鉴、汲取和利用。

（二）加强研究

农业文化遗产是农业文化的重要组成，也是农业多功能的重要内容之一。要开展对北京农业文化遗产进行收集、整理、发掘、保护、传承、创新与利用，以及它们相互关系的研究；研究农业文化遗产与现代农业的关系，二者融合的途径，以达双赢的目的；研究农业文化功能与乡村旅游产业的关系，如何支撑休闲农业和民俗旅游产业的提质、升级；在培育农业文化功能的过程中，研究探索如何发挥农民的主体作用；政策创新与制度创新，包括法规、条例和制度的完善，扶持政策及资金支持。

关于农业的文化功能，笔者正在探索中。文中肯定有许多疏漏和偏见，企盼批评、赐教。

北京都市型现代农业走廊生态景观建设存在的问题与对策建议

刘文平　王忠义　宇振荣①

一、引　言

《北京城市总体规划》和《都市型现代农业产业布局》明确提出，发展都市型现代农业的“五圈层”布局，坚持开发都市型现代农业的生产功能、生态功能、生活功能和示范功能。都市型现代农业走廊生态景观融合了沿线居民与周围环境间的演变关系，牵扯到城市空间演变及区域经济、文化的发展，深入影响到人类自身的生存。以生态景观设计为基点和突破口进行都市型现代农业走廊的建设，创造一条人与自然和谐发展的多样化生态人文景观可持续发展道路，对都市农业走廊沿线经济环境以及社会人文发展建设具有典型的示范意义和重要的实践意义。

国外发达国家在公路生态景观建设初期就综合考虑生态功能、景观美化功能、同周边环境的协调功能、交通附属设施功能等多方面的完美结合，其高速公路生态景观建设和研究比较系统。近年来，以高速公路为景观轴线，对公路沿线的农业景观进行规划的工程也得到发展，如美国 2009 年实施的 HO–L1033 : Agricultural Corridor Road Program（Tegucigalpa – Puerto Castilla），不仅注重规划设计、坚持以人为本，还尊重自然生态、重视技术开发以及先进的技术手段。相比于国外发达国家，我国的公路生态景观恢复技术研究工作起步较晚，大多数研究还处于较低的水平。目前，我国的农业走廊沿线景观大多是建立在园林景观理论的基础上发展起来的，缺乏生态理论的全面指导，而以生态恢复为基础，以地域文化为底蕴，能够充分反映当地生产力发展水平、居民生活习俗、村落特色风貌等进行的都市农业走廊沿线生态景观建设的研究还很少。

① 刘文平，中国农业大学资源与环境学院博士生；王忠义，北京市农业技术推广站景观农业室主任；宇振荣，中国农业大学资源与环境学院教授。

以区域性综合推进北京市都市型现代农业走廊生态景观的建设发展，有利于集中展示都市型现代农业的整体形象，发挥农业的多功能性。然而，在北京近几年的都市农业走廊建设中，常常忽视其伴随的生态景观问题，导致走廊沿线出现这样或那样的问题。本文通过对北京市都市型现代农业走廊建设背景及现状的回顾总结，旨在分析北京都市型现代农业走廊建设存在的生态景观问题，并针对各问题提出了相关建设对策。

二、相关概念

都市农业一般是指地处城市地区及其延伸区，紧密依托并服务于大都市的农业。都市型现代农业是随着农村与城市、农业与非农产业相互融合，在整个都市区域范围内形成的以农业和农村产业为基础，以城市资本、信息、人才、科技和市场等优势为依托的紧密关联的、具备生产和服务功能的现代化水平较高的可持续发展的农业生产及运行体系。而走廊农业常常是位于高速公路或铁路两侧的交通地带的农业，其农业结构可以经营观赏性园艺、温室蔬菜和花卉、放牧、家禽、微型动物等，以农产品集贸市场和批发市场为主。

都市型现代农业走廊是将走廊农业与都市农业相结合而产生的新的农业发展模式。从景观上说，是以推进都市型现代农业发展和社会主义新农村建设为目标，在主要公路、铁路以及区域通道两侧 1 千米范围内建设现代农业产业带、产业群，实现规模经济，同时紧密结合新农村建设，实现景观、生态、经济和文化的高度统一。本文中北京都市型现代农业走廊指的是高速公路沿线两侧的农业走廊，目前还没有涉及到铁路沿线的农业走廊。

生态景观是社会—经济—自然复合生态系统的多维生态网络，包括自然景观（地理格局、水文过程）、经济景观（交通、基础设施）、人文景观（文化、历史等）的格局、过程和功能的多维耦合，是由物理的、化学的、生物的、区域的、社会的、经济的及文化的组分在时、空、量、构、序范畴上相互作用形成的人与自然的复合生态网络。农业走廊沿线生态景观包括公路自身及其沿线地域内的自然景观和人文景观的综合景观体系，是由主体工程、附属设施、沿线建筑、周边自然环境及人为活动等构成的一个总的空间概念，是一个动态的思维空间结构，具有节奏感、韵律感、动感和美感，还强调人的广泛参与。

三、北京都市型现代农业走廊建设背景及现状

为了深入贯彻落实中央统筹城乡经济社会发展的战略部署，进一步开拓郊区农业新功能，2003 年北京市政府组织开展了大规模的“北京农业 221 行动计划”调研活动，并

正式提出了都市型现代农业发展模式。2006年年底，北京市委、市政府正式提出要建设都市型现代农业走廊，其中京承路都市型现代农业走廊是北京最早启动建设的农业走廊。经过两年多的发展，京承高速公路都市型现代农业走廊建设取得了显著成效：裸露农田得到有效治理、土地和环境整治成效明显、走廊景观效果不断提高。2009年都市型现代农业走廊建设继续列入了北京市社会主义新农村建设折子工程，编制走廊3期建设规划，建成标识标志系统。目前，京承高速一二三期规划设计均已完成，京承高速公路纵贯的五圈层农业景观也都有了很大提高，不但治理了沿线农田景观脏乱差等视觉污染，而且还新增加了沿线绿化景观面积，如防护林带、道路绿化隔离带、采摘园、生态园绿地等等。另外，京承高速的规划设计也凸显了农业的经济功能、生态服务功能、景观功能和社会功能等多功能特性。

到目前为止，除京承路外，通州张凤路、大兴刘礼路、庞安路、房山G107、延庆G110及平谷新平蓟路等区县主干道走廊农业已全部完成规划设计的完善和提升，并着手推进实施。

四、北京都市型现代农业走廊生态景观建设存在的问题

都市型现代农业走廊生态景观的建设除存在都市农业的共有问题，如对自然资源和

社会环境的污染、浪费，支柱产业的支柱度不突出等问题外，因其独特的景观结构和功能，还存在着农业走廊特有的生态景观建设问题。

（一）农业走廊理论研究薄弱，生态景观规划设计缺乏相关指导

目前，我国都市农业的发展更多的是借鉴东亚部分国家和地区的经验发展起来的，发展时间短，国内对都市农业发展的理论研究仍十分薄弱，而走廊农业的理论研究更是很少有人涉及。现阶段虽然北京市都市农业走廊的建设取得了一定的成绩，也总结出了一些经验方法，但总体来说，还没有形成专门的理论体系，概要性陈述较多，有的甚至是对国外观点的直接编译整理，理论与实践脱节。由于缺乏农业走廊相关理论的指导，北京都市型现代农业走廊生态景观的建设目前还处于摸索阶段，其对生态景观的规划设计也难免出现这样或那样的问题。

（二）农业走廊生态景观建设缺乏宏观把握，总体发展规划欠缺

目前北京市都市农业走廊生态景观的建设还处于对单条高速道路廊道景观进行的规划设计，还没有从北京市都市农业走廊的总体建设角度来考虑，缺乏对农业走廊生态景观建设的宏观把握。都市农业生态景观的建设必须建立在都市农业总体规划的基础上，结合各区县产业、经济、文化、生态等多方面发展统一规划部署。如何调整走廊发展，避免各农业走廊生态景观“千廊一律”，使其各具特色，又能在北京市整体发展背景下和谐统一，这是需要发展农业走廊总体规划必须考虑的问题。

（三）单条农业走廊沿线生态景观系统性较弱，景观结构有待提升

就目前已建成的京承高速公路农业走廊生态景观来看，虽然走廊沿线基本没有裸露、废弃的农田，但走廊建设区内的村落环境、村落周边环境以及河道、山区平原交接地带、各项目地块内部空间组织、各项目地块之间的景观表现还没有形成良好的整体景观结构，生态景观的系统性较弱，如走廊景观区内公路绿化景观与农业景观协调性较弱，村落环境与农业景观边缘混乱等问题，景观结构的系统性还有待提升。

（四）农业走廊微观生态景观设计不精，参与性较弱

就目前农业走廊生态景观的建设来看，其微观层次景观处理还有待提升，相关细节处理不甚妥当。如走廊建设区内景观提示性较弱，标志性不足，缺乏对都市农业走廊主体的表达；景观建设材料缺乏生态性、地域文化性；景观色彩形式各异，对地域景观造成强烈冲击等农业走廊微观生态景观设计不精问题，景观空间参与性较弱。另外，走廊区内，农业景观受自然条件影响，观光旅游时间具有季节性，景观时间参与性也不足。

五、北京都市型现代农业走廊生态景观建设的对策建议

（一）加强理论研究和实践总结，完善农业走廊理论

梳理国内外农业走廊研究成果，比较国内外研究差异，借鉴适于我国特别是北京市都市农业发展的相关理论。同时，加强对现有成功案例的研究，分析农业走廊深层问题。在上述研究的基础上，规范和明确北京市农业走廊的概念、要素、目标、原则、程序和方法等，形成具有北京特色的农业走廊理论结构和框架体系，以指导其生态景观的建设，并通过实践不断完善其理论体系。

（二）进行农业走廊整体布局，实行走廊生态建设宏观调控

在北京市都市型现代农业总体规划的基础上，宏观分析各农业走廊的资源优势与特色，准确把握各走廊的性质和定位，完善区域范围内资源的有效整合和各农业走廊的特色营造，实现农业走廊生态建设的宏观调控。同时强化总体规划的可实施性，解决好近期与远期、新建与改建、市区与郊区等之间的发展关系，采用不同的对策衔接各规划，使规划富有弹性。具体可从乡村社会经济发展和各资源用地布局以及资源保护的总体格局出发进行农业走廊布局，使各农业走廊按不同层次、不同功能划分，形成各有特色又协调统一的空间结构，使地域景观要素、历史人文要素、资源环境要素以及社会经济要素在空间上和时间上与自然环境协调发展。

（三）完善走廊沿线生态景观结构，整体协调规划

通过空间划分、景观要素调整等方式完善走廊沿线景观元素的基本结构，实现战略资源配置和使用的综合效益最大化。合理安排走廊沿线各景观空间的区位、大小、与周边环境的相互关系、组合形态以及应对未来种种发展可能的弹性，创造具有整体感、层次感与序列感的走廊空间框架形象，实现各景观要素的和谐对话，强化沿线网络联系，使走廊沿线农田、林地、果园、村镇、工厂等景观要素和谐过渡。具体可通过挖掘沿线现有景观资源，建立绿色廊道，将沿线每一处林地、农田、河流、山地及村落景观联系成一个结构完整丰富的景观系统。

（四）挖掘区域特色，注重细节设计，提高参与空间

在整体布局指导下，挖掘走廊沿线区域山水文化内涵，凸显走廊文化底蕴，延续文脉，传承文化，同时赋予走廊景观时代内涵，做到保护、保留、整治三者同时并举。注重细节设计与当地人文资源的融合，强调场地时间性、地域性，提高参与空间，为市民和游客带来认同感和归属感。在最大限度保护自然环境生态平衡的前提下，适度开发特色节点，保持景观可持续发展的能力。具体可强化沿线建筑规划管理，加强沿线服务区和工矿企业的污染治理，并处理好其景观要素的色彩、质地、形式等，使其与当地风格保持一致；绿化景观要注重植物元素的景观空间构成和生态基础建设，全面考虑季相构图，提高参与空间建设；山水资源的开发要顺应自然机理，保持富有野趣的自然原貌等。

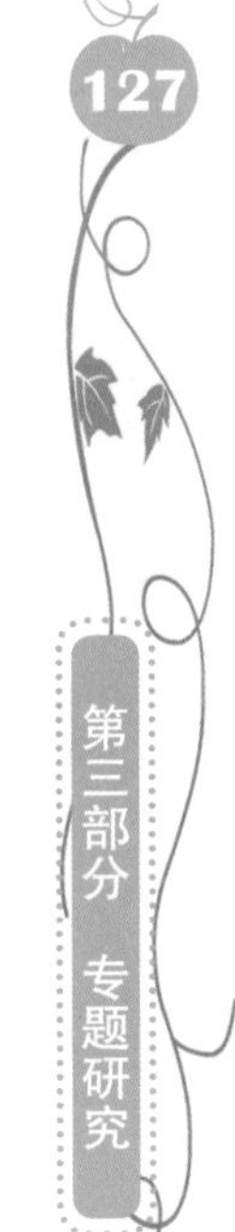

六、结　语

都市型现代农业走廊生态景观的建设已成为都市走廊区域生态网络良好生长、科学与人文统一发展的必然，对都市高速公路沿线区域经济、社会与环境的和谐发展具有重要意义。建设都市型现代农业走廊生态景观应尽量在农业走廊总体布局的宏观调控下，整合各景观要素，并基于地域特色进行整体和细节设计。

以农田景观为特色的乡村旅游规划研究

孙旭鹏　徐　姗　张玉钧[①]

一、前　言

随着近年来乡村旅游热的攀升，越来越多的城市居民选择乡村地区作为旅游目的地，乡村旅游对农业发展，农民增收，城乡融合发展做出了巨大的贡献。乡村旅游的核心吸引力在于其“乡村性”，即能够凸显乡村与城市区别的所有要素，如农田、村庄等，以农田景观为代表的乡村景观是乡村性的最好表达，也是凸显乡村旅游地方特色，保持可持续发展的重要途径。

二、理论背景

（一）乡村景观发展概述

从世界范围看，乡村景观的研究最早起源于20世纪50～60年代的欧洲。欧洲乡村建设以生态和景观为主调，以提高整体环境和生活质量为核心，在不割断历史的前提下，自下而上民主参与的方式来进行，欧盟各国基本上都通过《乡村规划法》《土地整理法》等法规和政策，提出乡村景观生态空间发展战略、技术措施。1974年世界各国相关专家团体成立了“国际土地多用途研究组”，提出了以“空间概念”和“生态网络系统”等描述多目标乡村土地利用规划与景观生态设计的新思想和方法论。1991年丹麦成立了生态村组织，该组织以倡导新生活方式为基本目标，谋求生活质量与生态持续协调发展。这些都是发达国家在饱受工业化、城市化和集约化农业负面影响之苦后，为创造和谐的人居环境和景观，提高生活质量，改善生态环境所采取的一种参与式行动计划。

亚洲的韩国、日本等，其农业或乡村景观规划研究在城市化高速发展的过程中，对保护农耕地和传统乡村景观起了决定性作用。韩国20世纪70年代开展了乡村景观美化运动（新农村运动），该运动在一定程度上协调了城乡土地利用之间的矛盾，随后政府为

① 孙旭鹏，北京林业大学园林学院硕士生；徐姗，北京林业大学园林学院博士生；张玉钧，北京林业大学园林学院教授。

改善经济制订了包括引入生态旅游在内的土地开发计划。经过多年努力，形成了分布于丘陵沟谷和河川平地之间的传统而安静的乡村群落和规划有序的农田、绿地风光，大大推动了本国乡村旅游业和生态旅游业的发展。1992 年日本农林水产省和其他有关的几个社会团体联合举办的“美丽的日本乡村景观竞赛”，促进了日本各有关方面对本国的农村、山川、渔村、自然景观及人文景观的理解。

农田是乡村景观的主要物理和生物形态单元，因此农田景观是体现乡村景观的重要元素。目前，中国正处于传统乡村景观向现代乡村景观转变的过渡阶段，作为构成乡村景观的生物形态结构单元的农田景观必须坚持保护与利用并重，使保护传统农田景观与现代农业生产活动相结合，达到农田生物和农田景观多样性。

（二）乡村旅游的发展

乡村旅游是现代旅游业向传统农业延伸的新尝试，通过旅游业的推动，将生态农业和生态旅游业进行了有机融合，是一种新型的产业形式。乡村旅游最早起始于欧洲，至今已有 100 多年的历史。欧盟和世界经济合作与发展组织将向村旅游定于为“发生在乡村的旅游活动”。乡村旅游具有类型多样、开发范围广、资源丰富、地域特色明显、原始野趣浓、易开发、投资少、见效快、参与性强、重游率高、消费较低等特点。目前，我国的乡村旅游开发以农家乐为主要模式，依托周边景区，但是忽略了自身乡村景观的建设和乡村旅游资源的开发。

三、规划区简介

北京位于华北平原西北边缘，西部是太行山余脉的西山，北部是燕山山脉的军都山，多山的地理条件决定了村庄的农田和建筑布局都受山地的影响。规划区位于北京市密云县石城镇中部，包括捧河岩、张家坟、二平台、贾峪、四合堂 5 个自然村，总面积达 5

427.9 公顷。白河穿越规划区，向东汇入距离规划区仅 10 千米的密云水库。

（一）乡村资源调查分类

规划区内乡村景观资源丰富，尤以自然类景观为主。为了更加适应乡村旅游的发展，规划组参考《中国森林公园风景资源质量等级评定（GB/T 18005-1999）》《旅游资源分类、调查与评价（GB/T18972-2003）》，对规划区内的景观资源进行调查和分析，将规划区内乡村景观资源分为了农村生态景观、农民生活特色、农业生产资源 3 个大类，8 个亚类，25 个小类。如表 3-1 所示。

表 3-1　石城镇乡村景观资源要素分类

大　类	亚　类	小　类
农村生态环境	农村地理	地　形
		土　壤
		水　文
	气候及天象	天气与气候现象
		物　候
	农村生态	乡间植物
		乡间动物
		全景景观
		瞬间景观
农民生活特色	乡村文化	遗址遗迹
		白河文化
		民间传说
		民俗节庆
	日常生活特色	饮　食
		建筑与设施
		公共空间
		生活风景
农业生产资源	经济作物	粮食作物
		经济林
	农　具	耕作工具
		运输工具
		储存工具
		制作工具
		渔　具
	动物养殖	家禽家畜

（二）规划区的资源评价

通过实地调查和资源分类，可以总结出规划区的资源特点，主要体现在山水景观资源丰富。北京郊区多是山地景观，但规划区东抵密云水库，区内又有白河蜿蜒流淌，白河两岸群山耸立，山里潭瀑众多，形成了独特的山水景观，村庄农田散布在山水之间，具有很强的吸引力；农田本底条件好，规划区农田主要有两大类，依白河带状分布的大田和散落在村庄周边的北方旱梯田，其中大田主要种植玉米，梯田则种植板栗、核桃，景观缺乏吸引力，产值也较低；村落保持传统形态，但是受到新农村建设的冲击，规划区内共 18 个自然村，村落建设是典型的山地农村模式，民居依山就势，布局合理，但是随着新农村建设的进行，村内传统建筑逐步消失，影响了传统村落景观的整体性和完整性；传统民居古朴优美，具有特色，相较于北京传统农村民居，石城镇民居在建筑选材上具有地域特色，石城民居的墙面就地取材，选用鹅卵石加入泥浆垒成，屋顶则用灰瓦，整体造型朴素，与周边环境融洽；丰富的文化遗产形成遗产景观，规划区捕鱼传统历史悠久，鱼梁、地龙等曾经是捕鱼的最佳工具，虽然现在已经没有使用价值了，但是作为先民的遗产，其存在提升了规划区的历史厚度。

四、规划要点

在《石城镇农田景观示范镇建设规划》的实践中，结合农业技术的发展，对如何以农田景观为特色进行乡村景观规划，从而推动乡村旅游的发展进行了有益的尝试。农田景观综合示范镇的主要功能是在保护农田的基础上进行景观建设和村落建设，以此为公众提供休闲观光度假的场所，促进当地经济发展。因此将规划区定位如下：以乡村生态为基础，农田景观为特色，建设在我国北方山地背景下具有典型性和区域示范性的旅游导向型田园综合体。

（一）以农田景观为突破口发展乡村旅游

农田是体现乡村景观的重要要素，因此农田景观的提升是乡村景观质量的重要突破口。随着种植和管理技术的不断提高，农田景观的质量也随之提高，更加富有变化性和色彩层次。石城镇拥有多样的乡村景观资源，但是由于起步晚和营销等原因，其知名度并不高，石城镇的乡村旅游发展遇到瓶颈，亟须寻求新的发展突破口，而高质量的农田景观建设为突破现状提供了方向。

规划区内有大田约 114 公顷，大田原本以种植玉米为主，2011 ～ 2012 年部分大田种植油菜花，虽未进行精细设计，仍旧吸引了大量游客前来参观，周边村落的旅游接待

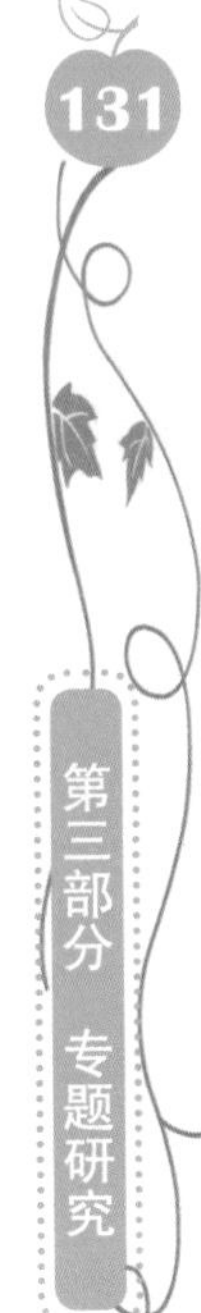

人数也快速增长，农田景观的吸引力可见一斑。在此基础上，为了提升景观层次和观赏性，规划大田共建设四处景观，分别是融观赏性和趣味性于一体的石城迷宫，波澜壮阔的五彩农田，观赏价值极高的彩虹湾以及以科普和体验为主的生态农田。在植物配置上，彩虹湾由于面积相对较小，且位于白河大拐弯处，因此采用草花搭配；其他 3 处均采用农作物和经济作物搭配出颜色效果，既满足了景观建设的需要，又有一定的经济价值。通过合理选择植物，搭配植物种植茬口，整个大田景观区达到三季有景，两季有花的效果。

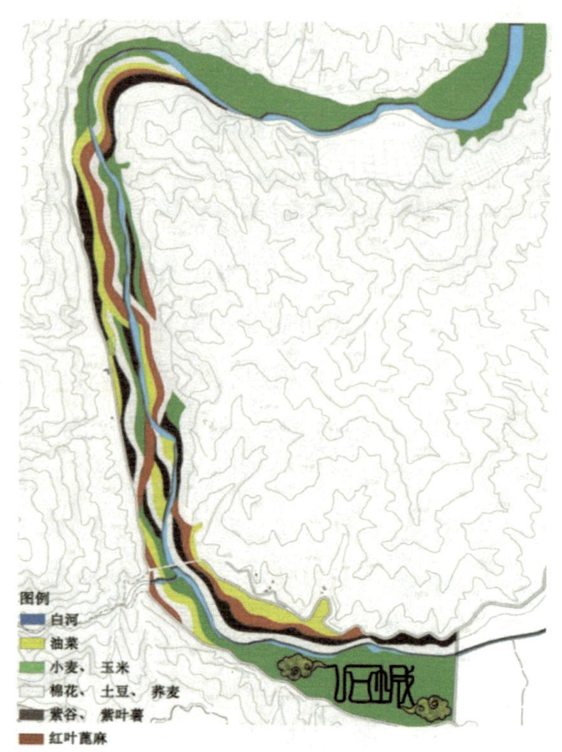

大田景观设计图

（二）保护村落传统，主题式建设村落景观

乡村景观是一定区域内草地、耕地、林地、路网、村落等多种景观斑块的镶嵌体，其中耕地和村落景观直接受人类控制。村落不仅是乡村景观的重要组成部分，也是乡村旅游的最大载体，村落景观的建设不仅是提升乡村景观的重要环节，也是提升乡村旅游质量的必要手段。但是，近年来，随着城市化进程进一步加快，城市用地的扩张，人口的流动，产业结构的变化，城乡间交通网络的建立，信息传递方式的便捷化，以及居民思想观念的转变，使得传统的乡村聚落景观发生了很大的变化，并且新农村兵营式的建设形成千篇一律的现代村庄，丧失了个性特色，农村的建设需要考虑农村景观的建设，将传统文化与现

乡村主题景观意向图

代生活有机结合。

规划区以“五色农田，五彩石城”为主题，将村落景观与农田景观作为一个整体统筹规划，农田和村落相得益彰。规划强调对村落传统景观的保护，主要以植物美化景观，避免大规模建设造成村落景观的建设性破坏，同时注重宜人尺度的公共空间营造，并且提出村庄经济发展策略，发展绿色经济，打造“一村一景”、“一村一品”的地方品牌。

（三）旅游产品强调乡土体验和农业科普教育

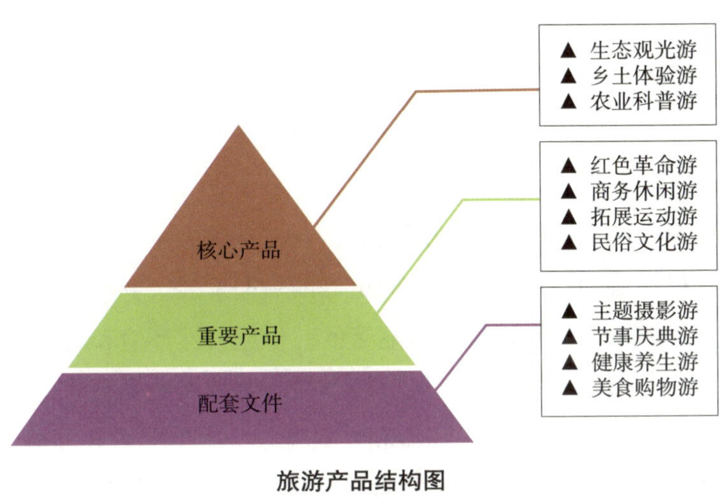

旅游产品结构图

根据北京城市性质和总体规划要求，京郊广阔的乡村区域应成为首都环境保护的屏障，同时依托良好的环境资源条件发展乡村旅游。但是，乡村旅游业存在着诸多问题，其中以产品重复度高、内容泛化尤为严重。京郊乡村旅游活动产品以观光、吃农家饭、采摘、烧烤、垂钓为主，各区县没有太大差别，缺乏特色及品牌优势。而且现有的产品也较为单一，缺乏深度体验和农业科普类旅游产品。

规划石城镇旅游产品结构分为核心产品、重要产品和配套产品。其中主打乡土体验和农业科普。乡土体验以石城镇独具特色的乡村民俗文化为灵魂，乡村建筑和公共空间为载体，为游客提供个性化的乡土体验产品。例如，农耕体验产品，游客不仅可以体验劳作，还可以获得当地农民的指导，并且在特定的节气或节日里参加当地的特色活动。农业科普旅游产品主要以场地教育为主，辅以解说教育。例如，规划建设石城乡村展览馆，重点讲解石城乡村发展、乡村景观特点、石城民俗和农民生活。

（四）强调社区参与，注重农民利益的合理分配

1997年6月发表的《关于旅游业的21世纪议程》中明确提出了把居民参与作为乡村旅游发展中的一项重要内容。居民参与到乡村旅游开发和发展中去是乡村旅游和当地社区全面发展的必由之路。村镇本身拥有的各种资源，如生产、生活及文化资源都是乡村旅游的吸引力的一部分。以往在政府和企业的主导下，社区和居民往往只是成为开发的客体而非主体，农民的利益得不到根本的保障。乡村旅游业的发展在乡村地区产生了很好的积极作用的同时，也给当地带来了一些负面的影响，如环境的恶化、文化的遗失，

而这些影响的承担者不是旅游开发商，而是当地的社区居民。

石城镇农田景观示范镇的主要管理机构是石城镇股份制合作社，石城镇股份制合作社设有公有（国家和集体）股、个人（社会个人、职工个人）股、法人股及外资股，由政府、村民和旅游企业共同投资入股。合作社的管理机构包括村民股东大会、董事会、监事会和经营层，各机构的管理人员由村民、政府、企业三方进行人员推选，具体人员数量按照投资份额比例组成，构成完善的层级结构，有利于明确权责、相互监督，具有一定的相互约束性。股份制合作社的设置既能广泛吸引投资，又能明确产权关系，同时也提升了居民的主人翁意识。

五、结　语

乡村旅游和乡村景观两者在发展的过程中是相互促进的，乡村景观为乡村旅游提供必要的观赏和体验的环境，而乡村旅游则促成乡村景观向更好的一面发展。乡村景观作为乡村旅游业发展的基础，对乡村旅游业的促进作用是显著的。根据自然环境和农业发展水平的不同，乡村景观的建设重点也不尽相同，石城镇的乡村旅游发展主要是通过以农田景观为重点的乡村景观建设推动。但是，乡村环境和乡村景观，尤其是农田景观，是比较脆弱的，乡村旅游的过度发展易造成乡村环境超载，从而破坏乡村景观。因此，在乡村旅游开发中，要坚持开发与保护并重。

休闲农业企业（园区）应努力追求的六个目标

冯建国①

观光休闲农业是都市型现代农业的重要组成部分，是其最精彩，最有发展潜力，最能反映都市型现代农业特征的组成部分，是能促进农民增加收入，提高市民幸福指数的美丽产业，是能大大提高土地单位面积产出，很好地使用现代农业生产技术和优良品种、最可以做到低碳循环的生态产业。

以上是从观光休闲农业的功能和作用的角度阐释观光休闲农业的。那么，按照农业部《全国休闲农业与乡村旅游星级企业（园区）评比标准（试行版）》，我们在具体工作中体会到，观光休闲农业企业（园区）应努力追求以下6个目标。

一、必须有相当规模的农业生产用地，像农场

这个特点是观光休闲农业企业（园区）显著区别于宾馆、饭店、娱乐、健身场所的显著特征。

这种农业无论是种植业还是养殖业，无论是露地农业还是设施农业，都可以视为农业；也无论这种农业的收入与利润在本企业（园区）总收入和总利润中占多少份额，但其占地规模都应在本企业（园区）总面积中，占到60%以上。如果企业（园区）能很好地发挥龙头作用，带动周边的农民共同搞好农业生产及民俗接待等产业，政府会更支持，农民会更欢迎。

二、必须有比较齐全、配套的基础设施，像公园

这个特点又是观光休闲农业企业（园区）显著区别于传统农业、广义的都市型现代农业的显著特征。

① 冯建国，北京市农村经济研究中心资源区划处处长、副研究员，长期从事农村政策研究工作。

这种基础设施应主要包括：方便消费者步行和行车的园区道路、停车场、卫生间、游憩场所、咨询购物场所、餐饮场所、住宿场所、活动娱乐场所等等。

基础设施的多少、大小、档次，应与本企业（园区）的规模、服务对象群体的定位相协调。过小、过少不够用，但太大、太洋，又浪费。

三、必须有良好的生态环境和优美的景观，像景区

观光休闲农业企业（园区），实质上就是公园，它只是以农业生产环境、过程、元素为材料建设的、让市民休闲度假的场所。所以干净、整洁的环境，健康、良好的水、土、气等要素，是必须具备的基础条件。而优美的景观策划、设计、打造，让游人有一步一景、流连忘返的感觉，更是延长游人的停留时间，满足消费者的多层次需求，增加企业（园区）收入所必须努力实现的。

四、必须有丰富的、特色鲜明的、符合本企业（园区）主导产品和服务对象的文化内涵，像艺术馆

没有丰富的、有特点的文化内涵的观光休闲农业企业（园区），起码不是好的、有品位的企业（园区）。

所谓文化，既包括有形的文化基础设施，如小型舞台、影剧院等，又应包括以下融入在本企业（园区）软、硬件建设的全部细节上的文化。如具有创意的、有文化寓意的、别具一格的基础设施；让游客喜闻乐见、寓教于乐、寓健于乐的参与性、体验性项目的设计；雅俗共赏、内容丰富又不失文化水准的解说词的编写；让游人进入园区后就能强烈感觉到、甚至受到震撼的协调一致的色彩，等等。总之，处处能体现出经营者精心的创意，符合一切美学原理，让游人随时、随地都能得到美的享受，陶冶情操。当然，这一切，还应体现在服务人员的一切语言、仪表等方方面面的细节当中。

五、必须有与企业（园区）规模大小、主体服务内容相协调的参与、体验、健身、娱乐性项目，像游乐场

参与、体验、健身、娱乐性项目的设计，同样决定了本企业（园区）的水平和经营效果。除了传统的采摘、农事活动以外，更应该结合本企业（园区）的主导农产品，围绕本企业（园区）的文化特色，企业（园区）所在地的传统文化特色，区别青少年、成年人、老年人等不同游人的多种需求，设计、建设不同数量、内容和档次的项目，从而满足游人体验农耕、回归自然、培训教育、娱乐健身等多方面的需求。

此方面建设更需强调的是，项目设计一定要与本企业（园区）的主导农产品、特色文化内涵相结合。既可以策划，建设较综合的项目，热热闹闹，丰富多彩，也可以设计一系列、系统性、细腻性的项目。例如，如果目标群体是老年人，设计一些安静的、缓慢的参与性项目，创造一个宁静的文化氛围，也就具有了自己的特点。

六、必须有规范的、周到细致的服务，像四五星级酒店

前5项内容都属于硬件建设，本项内容属于软件建设。再好的硬件建设，没有与之相配套的软件建设，所有的投资和精心的策划、创意，其经营效果都会大打折扣。

比如所有可能与游人接触的管理人员和服务人员，都应经过专业培训，统一着装，仪容仪表规范，言谈举止温文尔雅、落落大方；所表达的语言内容，不能信口开河，要与本企业（园区）的主导产品、文化特色相一致。核心语言要经专业人员帮助编写，推敲设计，像旅游专业导游的语言，言简意赅，朗朗上口，诙谐幽默。这样既能满足客人需求，又能很好地宣传本企业（园区）的服务内容和产品，可谓一举多得。能用多种语言表达效果会更好，更能拓展企业（园区）的服务市场。

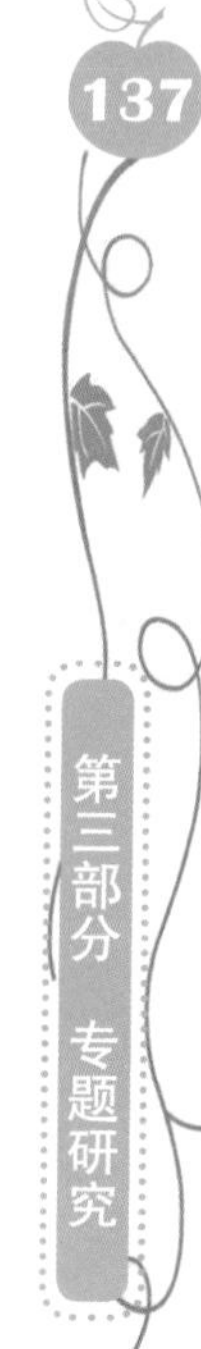

市民农园的发展与创新[①]

——以北京小毛驴市民农园为例

范子文[②]

市民农园是由都市或近郊区的农民提供农地，让市民参与耕作的园地。这是都市居民参与农业的一种典型模式。市民农园起源于德国，发展于日本和我国台湾省。本世纪初，我国大陆一些大城市郊区开始建立市民农园，并且在市民农园的规模、管理、运行等方面有所发展和创新。北京小毛驴市民农园位于北京西郊著名自然风景区凤凰岭山脚下，是市民农园中运营比较成功的一个典型案例。

一、市民农园概述

市民农园是指利用都市或近郊区的农地，规划分割成若干小块，分别出租给具有耕种意愿的城区居民，以种植蔬菜、瓜果、花草，或经营家庭园艺，收获的产品归市民所有。其主要目的是让市民亲近自然，体验农业生产过程，享受田园乐趣。但市民农园是以休闲体验为主，而不是以生产经营为方向，多数租用者也只能利用节假日到农园作业，平时则由农地提供者代管，而且市民农园里所生产的农产品不能出售，只可自己享用或分赠亲朋好友。从农地所有者来说，他们将农地出租收取租金，同时又可帮助忙于工作的市民照顾农园，收入要远多于自己种田，因而这是一项使出租、承租双方皆受益的事。

德国是世界上较早发展市民农园的国家。在 19 世纪初，德国就出现了由政府提供小块田地，供市民做自给自足的小菜园。1919 年，德国制定了市民农园法，确立了市民农园的现在模式。日本原以一二十平方米的生产性菜园为主，自 1991 年前往德国考察，回国后即开始推动二三百平方米的体验性市民农园，并制订了“市民农园整备促进法”。日本市民农园的类型较多，依据承租对象的不同，又可分为家庭农园、学童农园、高龄农园、残疾人农园（如盲人农园）等。

我国台湾省从 1994 年开始引进设立市民农园，经过近 20 年的发展，已有市民农园 50 多个（段兆麟，2012）。台湾的市民农园仿效于德国与日本，土地大都由农民提供。从土地规模看，一个市民农园的面积一般为 2 公顷左右，而农园内每一小块田地的面积，

① 基金项目：北京市哲学社会科学规划重点项目“北京市休闲农业提档升级的对策研究”（10AaG349）。

② 范子文，北京市农村工作委员会调研员，管理学博士，高级经济师。

新北市以 3 ～ 10 坪（1 坪 =3.3 平方米）为多，新竹等地则为 20 ～ 100 坪不等。从承租目的看，台湾的市民农园既有自助菜园型，又有休闲游憩型，还有田园生活体验型。从租期看，一般为一年，但可年年续租。从经营主体看，北部地区一般由农民直接将农地分块出租给市民，而中南部地区则大多由农会进行居间管理或由承租户组成的管理委员会管理。

二、小毛驴市民农园的创立与发展

小毛驴市民农园创立于 2008 年，位于海淀区苏家坨镇后沙涧村，占地 230 亩，是由中国人民大学农业与农村发展学院和海淀区人民政府共建的，以借鉴“农业三产化、社会化”的国际经验，发展“市民参与式合作型现代生态农业”为核心的产学研基地。农园的土地由海淀区苏家坨镇后沙涧村提供，日常经营管理则由中国人民大学乡村建设中心所属的国仁城乡（北京）科技发展中心负责。农园成立 5 年来，积极倡导并实践“发展生态农业、支持健康消费、推动公平贸易、促进城乡互助”的理念，推动食品安全、生态文明与城乡良性互动，促进中国城乡统筹和可持续发展。大致可分为 3 个阶段（杜姗姗，2012）。

小毛驴市民农园 logo

（一）规划建设阶段（2008 年）

小毛驴市民农园从 2008 年 4 月立项，到 2008 年底，用不到一年的时间基本完成了园区的规划和基础设施的建设，具备了农业生产能力。

小毛驴市民农园位于北京西郊著名自然风景区凤凰岭山脚下，京密引水渠从西边穿过。这里曾经是一片多年荒弃的苗木地和农地，土壤水质优良。经谱尼测试科技（北京）有限公司检测，园区土壤符合有机耕作要求，具备发展生态农业的自然条件。

2008 年 4 月，完成海淀区政府“现代都市农业示范园”项目立项，启动园区建设工作。国仁城乡的生态农业团队进驻农园，协调管理农园各项规划与建设工作，招募生态农业实习生、志愿者，并开展农业生产活动。

4 月至 7 月，在台湾著名生态建筑师谢英俊先生领导的乡村建筑工作室支持下，按照生态农场的要求，完成整个农园的景观与建筑规划设计。

8 月至 12 月，在北京绿色一族生态农业发展股份有限公司的支持下，农园开始进入

紧张的施工阶段，修桥、建停车场、筑路、安水电、建温室大棚、造生态猪舍、建仓库（现在的员工食堂）、进行园林绿化美化，为农园的正式运营奠定了基础。

同期，2008 年 4 月至 10 月，在美国农业贸易与政策研究所（IATP）的帮助下，中国人民大学农业与农村发展学院博士生石嫣前往美国明尼苏达州的一个农场（Earthrise Farm）完成为期半年的“另类洋插队”的实习，体验美国农民的生活，观察、学习、研究社区互助农业（Community Supported Agriculture，简称 CSA）的运营模式。

2008 年 10 月至 12 月，在赵汉珪地球村自然农业研究院（韩国）和吉林延边自然农业研究所的支持下，完成发酵床猪圈的设计与建造工作，正式开展自然农业技术的本土化试验研究。

（二）单一产品试运营阶段（2009 年）

2009 年，小毛驴市民农园在对基础设施建设进行扫尾和对园区进行绿化美化的同时，于 3 月份正式对外运营。初期的主要业务是市民租地和蔬菜配送，产品相对单一，服务内容也较少。由于市民农园在我国是一新生事物，一经推出，便受到了媒体的广泛关注。

2009 年 3 月至 5 月，经过紧张的施工，完成西区景观水系修建、地形整理、园林绿化，以及整个农园的土地平整、田间道路修建和灌溉水网的铺设等。

2009 年 3 月，小毛驴市民农园正式以社区互助农业（CSA）的方式对外运营，得到了北京市民的热烈响应和积极参与。经过短短一个多月的招募，共有 55 位北京市民成为小毛驴市民农园的会员。

与此同时，因小毛驴市民农园的CSA运营模式和对生态农业、可持续生活理念的坚持，持续得到海内外社会各界人士和包括新华社、人民日报、北京电视台在内的近80家媒体的广泛支持与关注，让人们更加关注食品安全和可持续发展等问题。

（三）多产品综合发展阶段（2010～2012年）

在试运营一年之后，2010年，小毛驴市民农园对外全面开放。经营内容逐步增多，开展的活动进一步丰富，管理服务更为规范，参与的市民越来越多。

2010年1月，小毛驴市民农园牵头，组织召开了第一届全国社区互助农业经验交流会，成立了由9家农场组成的市民农业CSA农场联盟。

2010年，小毛驴市民农园拓展产品范围，增加了冬季配送、“附加份额”销售和“共同购买型”的团购活动。

2011年，小毛驴市民农园利用园区特有的农业环境和教育资源，专门为孩子们开设了田间学校和DIY木工坊，举办各种自然教育活动，并且细化了劳动份额和配送份额的业务类型，让参与的市民有更多的选择。

2012年，为丰富都市儿童的课外活动，开设“亲子社区”。在每周末举办亲子活动，为数千个家庭和孩子提供了自然体验的机会。活动主题包括农耕体验、艺术手工、健康饮食和自然活动等。

2012年10月，农园针对劳动份额成员成立“劳动份额社区委员会”，让市民组织起来，通过自我管理和自我服务，参与小毛驴农园社区的经营。这在市民农园的发展史上，具有划时代的意义。

经过五年的培育和发展，小毛驴市民农园在北京乃至全国有较高的知名度，是市民农园领域的一个知名品牌。2011年，获得北京市农委颁发的“社会主义新农村建设创新奖”；2012年10月，在农业部主办的全国休闲农业创意精品大赛上，获得“园区创意银奖”。

三、小毛驴市民农园的主要做法

小毛驴市民农园将生态农业的种养模式与市民农园的经营管理相结合，形成一个包含市民租地、有机农产品产销、生态农业示范、参观体验、社会参与、培训教育、人才培养、技术研发、环境保护、理论研究与政策倡导等多领域相结合的综合发展平台。小毛驴市民农园发展模式见图 3-1。

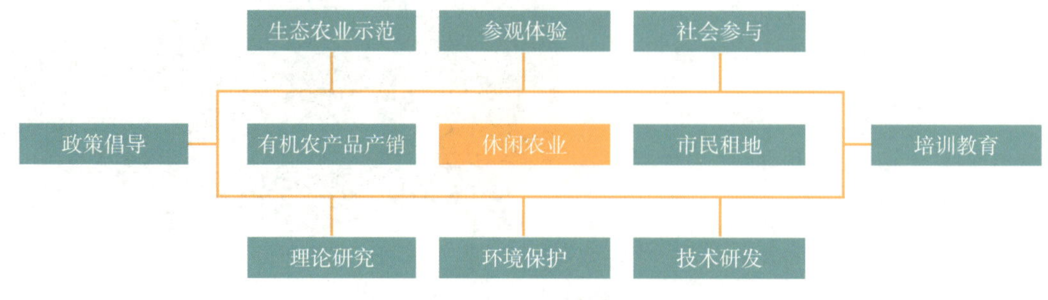

图 3-1　小毛驴市民农园发展模式

（一）在生产上，坚持生态农业种养结合模式

小毛驴市民农园在最初设计时，就体现了生态农业、资源循环利用的理念，既有种植又有养殖，既有农田又有草地和树林，各种元素相互配合，有利于发挥协同效益，形成良性生态系统和生态循环。在种植环节，主要是利用劳动替代资本的资本浅化机制，依靠人工种植，不使用化肥和大型农业机械，不使用转基因农作物种子。在生猪养殖方面，农园采用自然养殖法，其核心是依靠本地有益土著微生物分解排泄物，以达到降低污染、节约用水、增强猪的抵抗力的效果。在土壤改良方面，主要措施包括制作堆肥、使用有机肥、禁用化学合成农药和除草剂。农园的肥料来源主要有 3 个途径：园区通过发酵床养猪法沤制的猪肥，其中在沤肥过程中使用的微生物也是园区自己采集和培养的土著微生物；园区自建堆肥栏，将厨余、菜叶和秸杆等原料，堆制有机肥；外购牛粪、蚯蚓肥作底肥，麻渣作追肥。在病虫害防治方面，农园追求整体生态系统的多样化，一方面利用天然植物制作的营养液，通过物理方法，防治病虫害；另一方面，通过轮作、间作、多样化种植、休耕等方式，尽可能降低病虫害大规模发生的几率和风险。

（二）开辟租赁农园，发展体验农业

租赁农园又称劳动份额，是指市民在小毛驴农园承租一块农地（30 平方米为一单元），农园提供种子、水、有机肥、劳动工具等物质投入和必要的技术指导等服务，市民依靠自身劳动进行耕作，收成完全归市民所有。如果市民没有时间管理，可以委托小毛驴农园代为管理，当然多出来的费用要由市民承担。

根据市民与农园合作关系的不同，租赁农园又分为 3 种类型：① 自主劳动份额。市民需要自己打理农园，从移苗到收获都由市民自主完成；② 托管劳动份额。市民只需自己播种和收获，其他农活可由农园代为打理；③ 家庭健康菜园。农园按照市民的要求，种植相应的农作物品种，并提供全面的管理和服务，收获的蔬菜等产品也由农园负责配送到市民家里。每种类型农园的面积、双方的权利义务、服务内容、费用等，详见表 3-2。

表 3-2　小毛驴市民农园劳动份额类型

份额类型	菜地面积（平方米）	份额特征	服务内容	份额费用（元 / 年）
自主劳动份额	30	自己播种，自己管理，自己收获——完全自主的都市农夫！	农资、工具免费，技术指导，免费活动	1 500
托管劳动份额	30	自己播种，农场管理，自己收获——悠闲快乐的耕种体验！	农资、工具免费，技术指导，托管服务，免费活动	3 000
家庭健康菜园	60	自己设计，农场种植，农场管理，农场收获，即时互动，配送到家——健康安全的有机享受！	农资、工具免费，技术指导，保证产量，配送到家，免费活动，赠采摘、餐饮	12 000

资料来源：《小毛驴市民农园 2012 年 CSA 社员手册》

劳动份额是市民农园的一项基础业务，深受市民欢迎。参与劳动份额的数量，2009 年为 17 份，2010 年为 113 份，2011 年为 236 份，到 2012 年则升为 374 份。

（三）开展蔬菜配送，促进产销对接

蔬菜配送又称配送份额，是指市民与农园建立风险共担的合作关系，在一个季节的种植之初，就预先支付整个季节蔬菜份额的全部费用，农园则按照预定的计划和技术规程，负责任地生产健康的有机蔬菜和各种农产品，并定期配送到市民家庭。由于配送的蔬菜是由农园自己生产的，市民无法选择自己想要的蔬菜品种，而是接受农园搭配好的蔬菜品种组合。但市民可以不定期参与农园的劳动体验活动，并监督农园的农业生产，以确保农产品的品质。

小毛驴农园的蔬菜配送周期为一年 25 周，每周一（或二）次；每次蔬菜品种不少于 3 种；配送时间一般为周三和周六，周二（五）下午开始采摘耐储存的蔬菜，周三（六）早 5 点就开始采摘叶菜，以保证新鲜度；配送的蔬菜总量依据协议分为全年累计 100 千克、150 千克、200 千克、250 千克，相应的费用也不同；供应的方式分为配送到家、到农园自取、到取菜点自取，其中配送到家费用为 500 元 / 年，自取则免收配送费。2012 年，小毛驴市民农园的蔬菜配送方式、重量、费用等，详见表 3-3。

表 3-3　小毛驴市民农园常季配送份额类型

家庭人口	每周菜量（千克）	配送频率	送菜次数（次）	送菜总量（千克）	份额菜金（元）	送菜方式及运费
2 人家庭	4	一周 1 次	25	100	2 000	取菜方式：农场自取、取菜点取、配送到家，不同配送方式运费不同（另计）。现有取菜点：农场、苏州街、回龙观、雍和宫、阜成门。
3 人家庭	6	一周 1 次	25	150	3 000	
4 人家庭	8	一周 2 次	50	200	4 000	
5 人家庭	10	一周 2 次	50	250	5 000	

资料来源：《小毛驴市民农园 2012 年 CSA 社员手册》

小毛驴农园为每份蔬菜准备了配送箱，贴上记录成员信息的卡片。农园每周制作《小毛驴市民农园 CSA 简报》，随蔬菜一起配送到市民家中，让不能经常来农园的市民了解园区动态。市民也可通过简报和信息卡反馈信息，达到反馈意见、彼此交流的目的。

配送份额是小毛驴市民农园结合社区互助农业（CSA）推出的一项创新业务。市民参与配送份额的数量，2009 年为 37 份，2010 年为 280 份，2011 年为 460 份，到 2012 年则升为 620 份。

（四）传播乡土文化，打造独具特色的市民休闲体验场所

小毛驴市民农园是对都市型现代农业实现形式的积极探索，是对农业生活功能的深度开发，是对乡土文明和农耕文化的展示与传承。当市民与农园签订劳动份额合同后，就可以随时带家人、朋友到农园打理自己的菜园，参与农业耕作，享受认识自然、亲近植物、体验农耕、分享收获的愉悦。当市民加入配送份额成为农园的会员后，可以定期或不定期来农园参与劳动，体验当农夫的乐趣。与此同时，还知道了自己的食物是在哪里生产的，是何时生产的，是由谁生产的，因此吃起来更放心。亲子社区是 2012 年小毛驴市民农园新推出的家庭农业教育主题活动，家长可以和孩子一起认识植物、认识动物，动手做手工、制作美食、自制木制玩具，或者晒太阳、欣赏风景、享受亲子时光。农园

还是一个宣传教育的公益平台，每年都会组织各种主题活动，如为播种祈祷的开锄节，体验传统文化的端午节、中秋节，庆祝收获的丰收节，与生产者见面的有机市集、成员回访日等，并且对自然教育、都市农耕、食品安全等内容开办相应的课程，使市民与生产者互动，达到在娱乐中长知识、在参与中强体魄、在分享中增友谊的目的。

（五）扩大宣传教育，吸引公众参与

小毛驴市民农园通过对农业多功能性中“教育功能”的挖掘，以农园为载体，配合以田间地头聊天会、社区讲座、消费者交流会、开锄节（有上千市民的参与）、成员回访、农夫市集、社区团购、丰收节、DIY 木工坊、艺术表演（包括绘画、书法、剪纸、合唱团等）等活动形式，开展市民生活教育，探讨食品安全、新型消费文化与健康生活理念，建立农园与消费者之间的信任关系，形成认同生态农业与有机种植的稳定消费群，引导社会沿着健康的时尚潮流和消费方向，建立起对乡土文明与城市发展关系的正确认识，进而推动城乡统筹发展，取得了较好效果。截至 2012 年年底，农园已经得到包括新华社、中央电视台、人民日报、北京电视台等海内外 300 多家媒体的采访报道；接待 1 000 多批包括 300 多位国际友人在内，共约 4 万人次来访，扩大了对外交流与合作。小毛驴市民农园已成为市民了解农业、认识农村、接触农民的平台。

四、小毛驴市民农园的创新

小毛驴市民农园的推出，为北京市休闲农业的发展提供了一个全新的模式，也为其他市民农园的建设提供了一个成功范例。笔者认为，至少在以下 5 个方面取得了突破与创新：

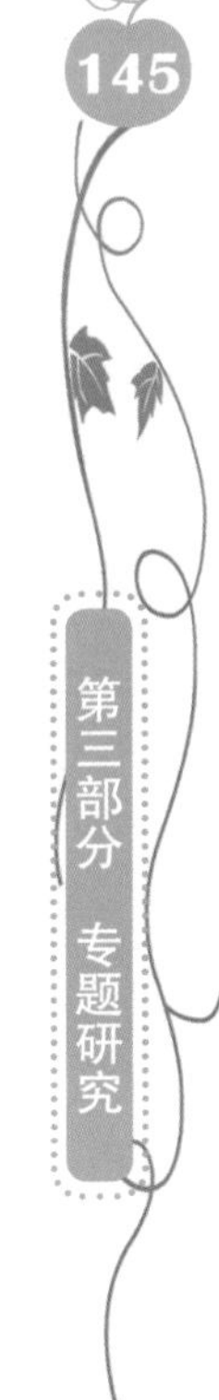

（一）理念创新

小毛驴市民农园在成立之初，就以发展社区互助农业（CSA）为理念，吸引了众多的参与者和追随者。起源于日本、兴盛于欧美的社区互助农业（CSA），是一种回归到为本地社区居民提供健康食物生产的小型农耕模式，农民和消费者互相支持，共担农业生产风险，并共享收益。这种生产者和消费者直接互动、保护环境、生产健康食品的农业模式，是城市可持续发展和市民健康生活的基石。随着我国工业化、城市化进程的加快和环境污染、食品安全问题的频繁出现，远离了农地的城市居民，越来越关注自己的健康和食品安全，对社区互助农业（CSA）的兴趣与日俱增。小毛驴市民农园秉承“人民生计为本、互助合作为纲、多元文化为根”的宗旨，“发展生态农业、支持健康消费、推动城乡互助、走向生态文明”的行动原则，以及“关注乡村、热爱土地、与自然合作、

以土地为生”的指导思想，与人们关注环境、渴望健康、追求和谐的生活态度，是不谋而和的。因此，小毛驴市民农园一经推出，便受到了北京市民的热议和广泛参与。

（二）业务创新

发展租赁农业，把农地租给市民，是市民农园的基础业务，也是德国、日本和我国台湾地区市民农园的经营内容。小毛驴市民农园在提供劳动份额的同时，结合自身实际，推出了配送份额，不仅扩大了经营范围，增加了园区收入，而且创新了农产品直销模式，受到了市民的欢迎。目前，有机农产品在市民心目中的信誉不高，在很大程度上取决于供需双方不见面，产业链长，在产业链两端的消费者与生产者缺乏应有的信任。小毛驴市民农园通过吸收市民为CSA成员，发展配送份额，将自产的蔬菜通过配送网络直接送到市民家里，缩短了产业链，增加了信任度，让消费者吃得放心。随着消费者认可度的提高，小毛驴市民农园在常季配送份额的基础上，相继推出了常季附加份额、冬季配送份额、冬季附加份额等新业务，市民选择的空间越来越大。此外，小毛驴市民农园还根据市民的需求，推出了农业教育、技术培训、社会实践、亲子社区、农夫市集等新的业务内容，收到了良好效果。坚持与时俱进，推进业务创新，形成良性循环，是小毛驴市民农园发展的不竭动力。

（三）管理创新

海外市民农园的单体规模较小，承租户也不多，管理机构与服务内容都相对简单。与之相比，小毛驴市民农园建立了比较精干的管理队伍，制订了较为完善的管理制度，

形成了比较健全的管理体系。

1. 专家顾问团队

聘请中国人民大学温铁军教授等十几位专家学者担任顾问，对小毛驴市民农园的发展方向、重大问题、技术要点等提供咨询，并负责与地方政府进行沟通，协调解决出现的矛盾与问题。

2. 管理团队

由国仁城乡（北京）科技发展中心负责管理，下设小毛驴市民农园运营部、会员部和推广部。该中心是非营利性的社会企业，在业务上接受中国人民大学乡村建设中心指导，旨在“以解决社会问题为出发点，不追求利润的最大化，而是用一种商业形式形成可持续的对乡村建设公益项目的反馈和支持”（严晓辉，2012）。

3. 实习生团队

从 2008 年开始，小毛驴市民农园每年从全国招募 10 个左右的社会青年或即将毕业的大学生来农园实习。他们 3 月份来，11 月份离开，学制 9 个月。实习生一边学习，一边劳动，不仅学习农园经营管理知识，而且参与整个农业生产周期中的各项工作，体验乡村生活。他们不仅是农园工作团队的骨干力量，而且在结业后，为各地输出一批青年农业人才，成为各地发展 CSA 的带头人。

4. 劳动份额社区委员会

为了让市民参与农园的管理，增进劳动份额成员之间的交流，2012 年 10 月，成立了劳动份额社区委员会筹委会，并出台了《小毛驴市民农园劳动份额社区委员会筹委会暂行管理办法》。旨在让市民组织起来，通过自我管理和自我服务，参与农园社区的经营。

上述 4 个团队或机构，相互关联，形成一个有机的整体，保障了农园的规范运作和高效运营。

（四）服务创新

小毛驴市民农园提供的服务，除农用工具、有机肥料、农作物种子、浇水等公共服务外，还提供信息服务，并举办农业节庆活动。

1. 公共服务

小毛驴市民农园设有导览牌、工具室、打谷场、停车场、食堂、田间学校、配菜棚、

木工坊、宣传栏、生态厕所、垃圾分类箱、堆肥池、田间地头茶棚、乡土家园等公共服务设施。承租市民在认领地块并缴纳年费后，可免费利用农园提供的农用工具、农作物种子、种苗、有机肥料、其他农资、灌溉网络，并可及时获得农园技术人员提供的农业技术指导和栽培咨询服务。这比笔者在台湾参观考察市民农园时看到的公共服务项目要多，内容更丰富，服务更规范。

2. 信息服务

为给承租户提供专业、及时的信息服务，建立了小毛驴市民农园网站，编印了《小毛驴市民农园 CSA 简报》《劳动份额入门指导手册》《CSA 配送份额成员指导手册》，设置了宣传栏。

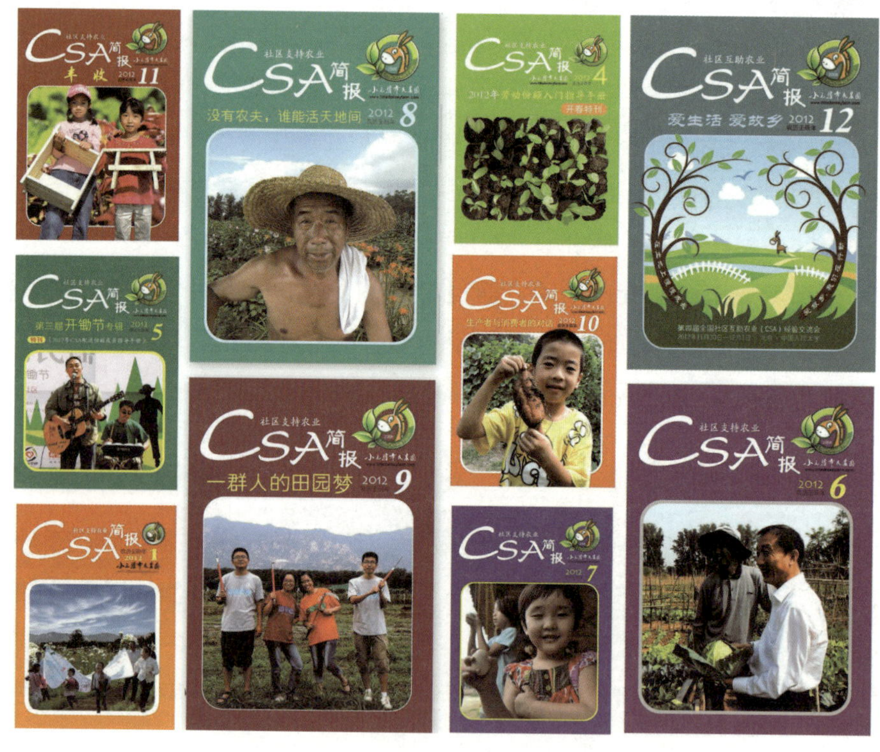

2012 年《小毛驴市民农园 CSA 简报》封面

3. 农业节庆活动

包括春天的开锄节（4 月）、立夏粥（5 月），夏天的端午节（6 月）和秋天的丰收节（10 月）。每个农业节庆活动，既有固定的内容，也结合季节和文化传统，有不同的特色。比如，开锄节突出劳动份额成员开春后到农园来报到、抽签、分地、开耕；立夏粥突出市民自带米豆杂粮等，集体煮“百家粥”；端午节突出包粽子；丰收节突出农产品采收、市集和展览。据笔者现场调查，承租的市民对这些农业节庆活动和农园提供的服务满意度很高。

（五）组织创新

小毛驴市民农园除自身发展外，还通过组织创新，推动生产者联合，推动消费者联合，以及推动生产者与消费者面对面，以实现更大范围、更多层面的城乡联合，互助发展。

1. 推动生产者联合

北京国仁绿色同盟（以下简称“绿盟”）成立于2006年，是国内首个绿色生产合作社的联合体。为了填补小毛驴市民农园除生鲜蔬菜之外的粮油副食空白，支持更多的小农向生态农业转变，2012年10月，农园将绿盟成员生产的农产品作为配送内容，为小毛驴市民农园CSA成员提供代销份额，旨在通过农园与绿盟的合作，在生产型合作组织之间形成联合，进一步整合资源，构建城乡绿色农产品生产网络。2012年12月，在第四届全国CSA大会上，以“市民农业CSA联盟”为基础，小毛驴市民农园发起成立了“生态农业互助网络”，以便在更大范围内促进生产者之间的联合。

2. 推动消费者联合

从2009年起，借助CSA会员群体和社区工作基础，小毛驴市民农园开始尝试发动社区开展共同购买活动。2010年，在回龙观的一群妈妈们发起成立了“回龙观妈妈团”；中关村的一些学生家长们组成了时安健康合作社。2011年，小汤山、芍药居、望京、月坛西街等社区也纷纷开展共同购买型的社区团购活动。通过建立消费者之间的联合，形成“共同购买型”消费合作社，可凭着集体的力量，减少交易成本，降低有机农产品的销售价格，并可更有效地与生产型合作社对接，实现资源合理分配与利用。

3. 农夫市集

农夫市集是欧美流行的农产品销售模式。与普通市集不同，农夫市集的参与者一般是城市近郊的农场或小型加工企业，出售自产当季产品。在定时定点的农夫市集中，市民与农民通过面对面交流，彼此形成一种互相信任的社区氛围，这是普通超市或商店所无法实现的。小毛驴市民农园参与推动的北京有机农夫市集始创于2009年9月，如今每周末两天在市内不同地点举办，对推广生态农业、社区互助农业的理念，支持北京周边小型生态农场的发展，起到了不可忽视的作用，也产生了积极正面的社会影响（钟芳，2012）。

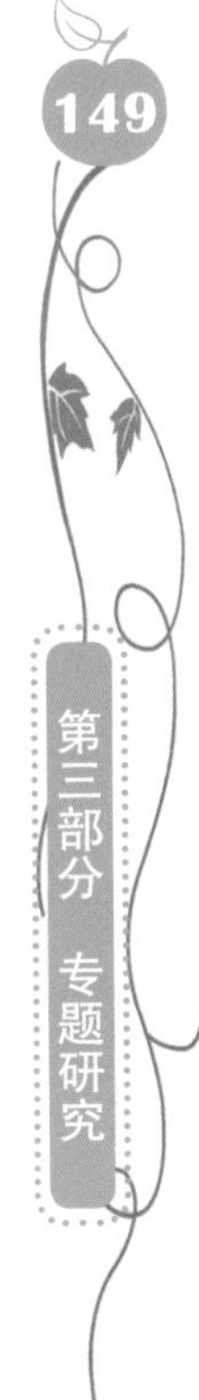

从都市农业视角谈休闲农业产业融合体系构建

陈奕捷[①]

产业融合是区域经济发展理论中的一个概念，其实质是产业一体化。从融合的内在要求来看，指的是由产业纵向关联而形成产业集群。集群中的企业同属于一个产业的上、中、下游，企业彼此间存在着生产过程的投入产出关系，产业链成为维系集群生产与发展的动力，企业作为参与主体，在产业链上占据合适的位置，形成一种相互依存的、合理的分工和协作状态。

一、都市农业的产业融合属性

都市农业作为学术名词最早出现在日本学者青鹿四郎在 1935 年所发表的《农业经济地理》一书中。青鹿四郎给都市农业归纳为 3 个特征：存在于都市或周边地区；集约化很高的特殊形态农业；经济上依附于都市经济。都市农业作为一种新型的农业形态，是伴随着城市化、工业化的高度发展和城市与农村进一步相互融合而产生的、融多种功能为一体的可持续发展农业，其实质是生产力发展到较高水平时，城乡之间差别逐步消失，农业同工业、乃至服务业进一步结合过程中的一种发达形态的农业。

① 陈奕捷，北京市农村经济研究中心资源区划处副处长，中国科学院地理资源所博士生。

（一）都市农业多功能化

都市农业是多功能农业，不仅有经济功能，而且还具有生态、文化、社会诸多方面的功能，这与为城市提供充足的副食品作为唯一功能的城郊农业完全不同。都市农业反映了工业化、城市化和农业现代化高度发展之后，人类对新时代农业的一种期盼和探索，它深刻地表现了城乡关系的新变化，由原来的相互排斥、对立，变为互补、融合。农业的存在，已经成为健全、优美的城市的一种客观需要。

（二）都市农业高度集约化

都市农业高度集约化是农业同工业进一步结合过程中产生的一种发达形态的农业。工农业的融合是一个浅层次向深层次逐渐演化的过程，第一阶段是通过机械力代替人力以及通过化肥改变农业的局部环境，第二阶段的主要特征是农业设施化，第三阶段是通过现代生物技术对动植物生命过程的完全控制，最终实现农业和工业的融合。

（三）都市农业高度市场化

都市农业高度的市场化，使其对第三产业的依存度空前提高。城市往往是一个区域的商业、交通、通信、金融、文化、教育、科技、信息等方面的中心，第三产业相对集中。都市农业对城市经济的依附，很大程度上就是对第三产业的依附与融合。因此，从都市农业的实质内涵可以看出，城乡统筹、产业融合，是都市农业发展的内在要求，也是都市农业发展的终极目标。

《中共中央、国务院关于积极发展现代农业扎实推进社会主义新农村建设的若干意见》（中发 [2007] 1 号）中明确指出："农业不仅具有食品保障功能，而且具有原料供给、就业增收、生态保护、观光休闲、文化传承等功能。建设现代农业，必须注重开发农业的多种功能，向农业的广度和深度进军。"这一政策宣示，正是完整体现了包括都市农业在内的现代农业的产业融合属性。

二、休闲农业的产业融合属性

休闲农业是指依托田园景观、自然生态等乡村环境资源，以农林牧渔生产、经营活动为基础，融合农村民俗文化、农业产业文化、农村现代服务业，向人们提供乡村休闲、农事体验的农业经营形态，是第一产业向第二、第三产业的拓展和延伸，是结合生产、生活与生态三位一体的农业，在经营上表现为集产供销及旅游休闲服务等产业于一体的农业发展形式，是都市农业发展的一个实现形式。

在休闲农业区，农业作为第一产业，一头联系着第二产业，一头联系着第三产业，体现了农村经济中产业结构的调整，即：以第一产业为基础，连接第二产业，发展第三产业。休闲农业的发展壮大，是以产业一体化为理论基础，将农业的产前、产中、产后各部门连成一个统一的部门，各个涉农产业在城乡互动这个舞台上连接起来。可见，休闲农业是都市农业中核心的组成部分，是都市农业中最能体现城乡统筹、城乡互动、产业融合的部分，也是最能体现都市农业发展水平和发展方向的部分。

从北京市的情况看，2008 年北京农民收入突破万元，达到 10 747 元，乡村民俗旅游户和农业观光园共接待游客 2 703.8 万人次，乡村旅游收入达到 18.9 亿元。2009 年全市休闲农业与乡村旅游接待 2 990 万人次，收入达到 21.3 亿元，上了一个台阶，有效实现了农民收入和农村经济发展的双增长。此外，休闲农业还有效改善了北京农业产业结构，使农业生产向第二、第三产业延伸，有效吸引了其他产业的投资商投资休闲农业，促进了北京农村经济的发展和社会的全面进步。

三、休闲农业的产业融合途径

在都市农业的发展框架内，以休闲农业为核心，带动并实现第一产业、第二产业、第三产业的融合，有以下的途径。

（一）休闲农业与第一产业的融合

第一产业就是传统的农林牧渔业，这是休闲农业最根本的产业基础，在都市农业中，就是以籽种农业、设施农业、有机农业为代表的特色、高端、高效、高科技农业产业。休闲农业与高科技农业相结合，产生出科技型休闲农业，就是在高科技农业园区的基础上，增加旅游服务设施和旅游解说系统，开放游客参观、体验，为游客提供了解农业历史、学习现代农业技术、增长现代农业知识等休闲活动，主要类型有教育农园、农业科普基地、少儿乡土教育基地和农业博览园等。

还有一种途径就是利用各地独特的农产品或农业条件而建立起来的休闲农业，用以满足人们猎奇、尝鲜的心理。例如，以色列北部有一个地处沙漠的村庄，人们利用那里独有的沙果（一种极耐旱的水果）发展休闲农业，游客可以在此品尝沙果、做沙疗（一种把身子埋在热沙里治风湿病的方法），这个仅有几百人的村子一年要接待 20 多万国内外游客，其旅游收入远在传统农业收入之上。

（二）休闲农业与第二产业的融合

第二产业在这里主要涉及加工业和建筑业。

休闲农业的兴起，市民走进农村，实地体验、观察到农产品的生长环境、生长过程，从而激发起强烈的购物欲望。除了购买初级农产品之外，深加工农产品、农村手工艺品的市场也甚为可观。除了现场有的看、有的吃、有的玩外，还要有的带。以台湾省南投县信义乡为例，该乡是全省最大青梅产地，面积广达上千公顷，农会食品厂早期以青梅初加工为主，转型酒庄后，研发各种梅酒，陆续开发出“狂野”、“忘记回家”、“长老说话”、“米唱歌”与“山猪迷路”等梅酒产品。这些产品由于融入当地布农族原住民特色，市场反应热烈，不仅成功拓展市场，也发挥稳定梅子价格的作用，避免梅贱伤农，信义乡的休闲农业因此也获得了坚实的产业支撑。通过以“梅子梦工厂”为品牌的系列产品营销，不仅扩大了农产品的销路，而且还大大提高了本地的知名度，吸引了越来越多的游客前来探寻“梅子梦工厂”的庐山真面目，成为全省闻名的休闲农业区。2002 年，梅酒等产品的年销售额约 1 000 万元新台币，到了 2008 年，成长为 4 000 万元新台币。休闲农业与农产品深加工业、农村手工艺品加工业相融合，正是基于游客对旅游六要素中“购”的需求。

建筑业方面，休闲农业的发展需要既保存乡土特色，又具备现代化设施与功能的建筑。这些建筑既不同于传统的农家建筑，也不同于城市的休闲设施，主要包括高科技农业设施、生态餐厅、特色住宿等。由于农村土地使用性质的限制，这些建筑还必须考虑到选址、提高用地效率与新型建材的运用。随着低碳概念的深入人心和休闲农业本身所蕴含的生态诉求，生态建筑、新能源建筑在休闲农业中占有越来越重要的分量。公共设施建设方面，进村的道路，不能简单地看作交通通道，必须按照景观通道、体验通道的要求进行规划建设；村内的道路，也要按照旅游区的标准，沿途设置一定数量的休憩设施、停车场所和公共厕所；农家建筑要考虑发展旅游与休闲产业的需求，整体要保证乡村风貌不被破坏，保留农村的文化符号；用电、用水、污水处理、垃圾处理的负荷，要考虑旅游接待和市民来此创业发展的需求，重点提高农村供水、供电的集约化水平和管理水平等等。可以预见到，随着休闲农业的快速发展，一种既能满足农民的生活需求，又能满足市民休闲、观赏需求，融多种现代理念、采用多种新型材料及设计方法的新型建筑业将会得到较快的发展。

（三）休闲农业与第三产业的融合

根据《国民经济行业分类》（GB/T4754－2002），第三产业是指除第一、第二产业以外的其他行业，包括：交通运输、仓储和邮政业，信息传输、计算机服务和软件业，批发和零售业，住宿和餐饮业，金融业，房地产业，租赁和商务服务业，科学研究、技术服务和地质勘查业，水利、环境和公共设施管理业，居民服务和其他服务业，教育，卫生、社会保障和社会福利业，文化、体育和娱乐业，公共管理和社会组织，国际组织。

在都市农业的框架下，主要是指农村服务业。休闲农业以第一产业为基础，第三产业则是其本质属性，其中交通运输、住宿餐饮、文体娱乐业是其内在的组成部分，这里主要分析休闲农业与其他类型的第三产业的融合。

1. 与信息传输、计算机服务和软件业的融合

休闲产业是信息密集型和信息依托性产业，这一特点决定了信息技术与休闲农业之间的深层次互动关系，两者相结合，将为休闲农业产业发展提供一个充满活力的广阔空间。休闲农业依托于农业，春赏花、秋品果，时令性极强，必须依靠互联网实现信息的快速传递；另一方面，休闲农业依托于大都市的消费市场，消费距离短、频次高、自主化与个性化强，休闲农业企业信息处理量大大增加，需要建立强大的信息网络进行支撑，弥补休闲农业发展在交通和信息等方面的劣势，使得选择性农业营造重点主题、实现产品小众化与消费个性化的契合成为可能。信息化成为休闲农业产业驱动力。

农村当前还是信息技术应用的洼地，但作为社会主义新农村建设和城乡统筹发展的重要内容，农村信息化建设越来越为各方所关注，这也为全面提高休闲农业和乡村旅游信息化水平、加快推进产业转型升级提供了契机。

2. 与文化创意产业的融合

科技创新、文化创意是保证都市农业持续发展的两大引擎。休闲农业的发展，必须

更加主动地与文化创意产业相结合。创意不是对传统文化的简单复制，而是依靠人的灵感和想象力，借助科技对传统文化资源的再提升。农村蕴含着丰富的民俗文化、农业产业文化。这些丰富的“原材料”必须经过文化创意产业的加工，才能发挥出应有的价值，在休闲农业产业的发展中承担起支撑产业文化内涵的作用。例如农村传统手工艺、乡村非物质文化遗产，必须经过文化创意的注入，导入符合现代都市人审美趣味与消费习惯的时尚元素进行再创作与再造，才能获得新生。

可以说，休闲农业与创意农业是互为表里的关系，创意农业的本质就是休闲农业。在创意经济的世界浪潮和新格局下，休闲农业与文化创意产业相结合，催生出创意农业这个概念，就是以科技创新与文化创意相结合，积极挖掘和开拓农村文化生产力在都市农业发展中的巨大潜力和价值空间。

3. 与教育业的融合

在中国，以素质教育为核心的教育改革正如火如荼地开展，创新教育的呼声也越来越高。休闲农业的发展，为青少年的素质教育提供了一片广阔的天地。我们看到，在休闲农业体验活动中，对大自然知识性的探索，是不同群体游客的共同兴趣。人们通过休闲农业活动，对生命之真进行感悟，对生活之善进行体验，对生态之美进行享受。可以说，休闲农业园区是实施自然教育最理想的场地。以我国台湾省为例，台湾教育主管部门颁布“中小学九年课程暂行纲要”，指出农场是自然与生活科技学习领域实施自然教育的场地之一，所以顺应自然教育的需求，休闲农业的教育农园型态是未来值得重视的发展方向。

4. 与会展业的融合

旅游与会展，是密不可分的两个产业。农业会展是以农业和农产品贸易为主要内容，以会议、展览、展销、节庆活动等为主要形式，以一定的场馆设施和展示基地为基础的商贸经济文化活动。大都市郊区的休闲农业园，其本身就是举办农业会展活动的绝佳场所。一方面，休闲农园根植于农业种植、养殖，直接连接着农产品；另一方面，休闲农园的经营面向大都市，也就是面向农业会展业的市场主体。休闲农园还具备一定的餐饮、住宿、会议、展览设施，是乡土与都市的交汇结点。条件具备的休闲农业园区，应该定位为农业的窗口、都市的触角。

在农业节庆方面，以农产品为主题的农业节庆，往往在农产品丰收的季节在原产地举办。如果将这种节庆活动与休闲旅游结合起来，使其不仅仅成为业内人士的市场采购活动，更是成为以本地特色农业产业文化为核心的观光、体验活动，成为“农民的节日，市民的狂欢”，不但能取得更多的经济效益，也在另一方面有利于塑造本地农产品的良好形象，进而不断打造资源品牌，形成新的休闲、旅游目的地。

5. 与公共管理和社会组织的融合

农民是新农村建设的主体，也应该是发展休闲农业的主体。这个主体，更多的是指利益主体。休闲农业的发展，不可能、也不应该排斥城市资本进入。但是如何在城市资本大量涌入的情况下保障农民的利益，就必须要依靠公共管理与社会组织的健全与发展，促使农民联合起来，促进休闲农业的社区参与度。从实践上讲，主要就是建设和强化农民专业合作组织与行业协会组织。农民专业合作社在连接生产与市场，保障农民利益，提高农业产业化水平和农民组织化程度等方面都发挥着重要作用，根据目前的实践和政策支持方向，农民专业合作组织既能够保证农民仍然是休闲农业的利益主体，又能有效地配置资源，以合作促进分工分业，以分工分业促进效率提高，以效率提高促进产业提档升级，最终带动农民增收。行业协会能够协调经营者之间的关系，实现行业自律，并能将业者的利益诉求集中向政府反映，政府也能通过行业协会将自己的声音传到广大企业中。有了组织保证，农民才能在休闲农业的大发展中获得可持续的利益，而不是被逐渐边缘化，外来资本也能在与社区的互动中，获得更和谐的发展空间。

6. 与金融业的融合

银农合作，休闲农业是一个很好的切入点。金融机构可以通过休闲农业企业布放刷卡消费终端，进而将现代化的结算方式引入农村。农村的居民通过对现代化金融结算工具的掌握与运用，进一步了解现代金融知识，从而有利于培养农民的金融意识、信用意识与市场意识，实现休闲农业经营商户信用档案电子化和共享化，提高农户信息应用的便利化水平，突破农村地区现代化金融支付瓶颈，迅速建立农村收单渠道，为大都市郊区农村金融体系、信用体系的构建打下良好的基础，提高都市农业的水平。

7. 与房地产业的融合

产生休闲农业消费行为的心理基础之一是城市居民对喧嚣的都市生活的暂时逃避与对宁静的田园生活的向往。很多休闲农庄、乡村家庭旅馆已经逐渐成为城市居民的“第二个家”。

美国未来学家赫曼将人类社会发展的第四次浪潮称为休闲时代，21 世纪就是休闲时代的开始，而休闲度假型乡村旅游就是基于这种大背景得出的。它是指游客出于休闲度假的目的，长时间住在乡村，体验乡村优美安静的环境和农业文化的度假方式，这就是乡村旅游地产项目。再进一步，随着城乡一体化的进一步深化，“工作在城市，居住在乡村”也会变为现实。随着城乡统筹各项改革的进一步深化，尤其是农村集体建设用地流转政策的进一步明晰，农村地区的房地产开发将会迎来新的高潮。只不过，这种定居式的行为，已经超出休闲农业的范畴了。

四、结　语

都市农业要向产业化、规模化、科技化、市场化、生态化、循环化、信息化、国际化方向发展，最终达到农业增效、农民增收、农村繁荣。休闲农业和乡村旅游重点发展农村观光、农事体验、农耕文化展示、高科技农业展示和生态农业教育、特色农业和健康农业示范园、国家和国际农业博览园、民俗文化村和农家乐、绿色休闲度假村等。休闲农业带动农村各项建设事业的融合，是产业内在的要求，也具备有利的外在条件。因此，休闲农业在产业融合、城乡一体、经济发展与社会进步相融合的大潮中，应该起到核心的组织作用。休闲农业的经营管理人员、规划设计人员，也应该拓宽自己的视野，在这种大融合中获得更加广阔的思路。

“十二五”时期是旅游消费向休闲消费转型的重要时期。面对新的形势，新的变化，我们要全面贯彻落实科学发展观，顺应城乡居民过上更好生活新期待，以推进现代农业和建设社会主义新农村为目标，以促进农民就业增收和满足居民休闲消费为核心，加强规划引导，强化规范管理，完善基础设施，提高人员素质，加快品牌培育，强化公共服务，努力形成“政府引导、农民主体、社会参与、市场运作”的发展新格局，推动我国休闲农业又好又快发展。

加快推进休闲农业与乡村旅游发展，要坚持一体化发展战略，紧密结合现代农业产业，一起规划，一起建设，共同管理，共同经营；要坚持差异化发展战略，充分利用自然生态、生产生活、民俗风情等资源，在生态保护和文化传承上下工夫，突出特色；要坚持优质化发展战略，有效保护耕地，把农业生产过程、农民生活和自然生态作为发展重点，用现代管理和服务改造传统产业，不断提升产业水平和可持续发展能力，不断提高农产品质量；要坚持品牌化发展战略，紧紧依托城市消费圈、景区旅游圈、文化聚集区等，强力推进集群式发展，通过大力发展节会经济，打造区域旅游名牌，引导和扩大消费；要坚持产业化发展战略，统一规划，整合资源，规范发展，同时加大扶持力度，积极引导社会资金投资休闲旅游农业产业，大力推进股份经营、连锁经营等方式，强化市场化运作。

北京都市农业、生态旅游和文化创意产业融合现状分析及思考

耿红莉　郑　莹①

随着北京城市化进程的加快，农业在国民经济中的比重迅速下降，而城市环境问题的日趋突显却加深人们对回归自然的需求。为了充分发挥农业的多功能性，北京提出加强都市型现代农业建设，按照都市的需求，建设融生产、生活、生态于一体的现代化农业。在此背景下，需要对北京都市农业、生态旅游和文化创意产业融合的现状进行系统研究和思考。

一、都市农业发展的必然趋势是都市农业与生态旅游和文化创意产业的相互融合

（一）都市农业、生态旅游与文化创意产业的基本内涵

都市农业是以都市社会经济发展及市场需求为导向，以构建城乡和谐发展的融生产、生活、生态于一体的多功能农业体系为目标，以现代的科学技术、经营管理为支撑，建设依托城市并服务城市的集约、优质、高效和可持续发展的现代农业体系。

生态旅游作为一种强调人与自然和谐统一的积极的旅游方式，给传统的旅游带来了革命性的变化，是最具活力的旅游方式，也是未来旅游可持续发展的方向，具有巨大的发展潜力。20 多年来不论国际还是国内，生态旅游都获得了长足的发展，呈现方兴未艾之势。

文化创意产业是一种在经济全球化背景下产生的以创造力为核心的新兴产业，强调一种主体文化或文化因素依靠个人（团队）通过技术、创意和产业化的方式开发、营销知识产权的行业。英国是最早提出创意理念的国家，也是第一个利用公共政策推动文化创意产业发展的国家。美国是世界上文化创意产业规模最大的国家，而日本是亚洲文化创意产业最发达的国家。中国近几年开始重视文化创意产业的发展，明确提

---

① 耿红莉，北京农业职业学院现代服务管理系副教授、博士，研究方向：休闲农业与乡村旅游管理、农业经济理论与政策；郑莹，北京农业职业学院。

出了国家发展文化创意产业的主要任务，已经将文化创意产业放在文化创新的高度进行了整体布局。

（二）都市农业、生态旅游与文化创意产业的关系

从都市农业的内涵来看，其服务的主要对象是城市。而发展生态城市是城市发展应该坚持的重要理念，因此，都市农业的发展必然要体现其生态价值，必然要求在拓展农业功能的过程中融入生态旅游的理念。另一方面，都市农业消费者需求的不断提高和都市农业蕴藏的文化元素均为文化创意渗透到都市农业中去提供了可能性。因此，根据产业经济学中的融合理论，可以认为，都市农业发展的必然趋势是都市农业与生态旅游和文化创意产业的相互融合。

二、北京都市农业、生态旅游和文化创意产业融合取得巨大成就

自 2004 年北京大力发展文化创意产业和都市型现代农业以来，特别是经过近年来的探索与实践，北京都市农业、生态旅游和文化创意产业的融合已经有了一定的规模，取得了巨大成效，主要表现在以下几个方面：

（一）北京都市农业、生态旅游和文化创意产业融合速度较快，成为新的经济增长点

通过都市农业、生态旅游、文化创意产业融合，发挥北京科技、文化、人才、信息等优势，都市摆脱了北京农业物质资源相对不足的劣势，从而创新了农业的发展模式，推动了郊区产业结构的优化升级，提升了都市型现代农业的发展水平和能力，增强了北京农产品的市场竞争力，彰显出农业与农村经济的发展活力，推进了新农村建设。怀柔区打造的不夜谷、夜渤海、水长城、栗花沟、溪水湾、白桦谷、白河湾、银河谷等8条沟域经济发展带，沟域总长124.8千米，涉及37个行政村、56个自然村、6 601户、16 062人。8条沟建成后，将新建观光采摘园62个，新增民俗村25个、民俗户740户、旅游从业人员4 000人，年接待能力达到360万人，年新增收入2 000万元。

（二）北京都市农业、生态旅游和文化创意产业融合类型多样，分布广泛，模式各异

从种类和数量来看，农产品创意占主导地位，约占创意总数的50%，但从效益与影响来看，农业节庆创意占主导地位。据估计，全市农业节庆创意总收入约占创意农业总收入的71.9%。创意农业园以占全市观光农业采摘园9.2%的数量，接待了全市33.8%的旅游人次数，实现了占全市45.3%的收入。从分布与发展程度上看，表现为区域之间的不平衡，像香草园、红酒庄园、宠物公园等特色创意园在各个区县均有规模大小不一的项目。相对而言，丰台区、大兴区、通州区、怀柔区、平谷区、密云县、延庆县的发展水平相对较高，活动类型较多、形式与内容也较丰富。农业节庆活动在各个区县异彩纷呈，有区县级的，有乡镇级的，也有园区自己搞的，平均每个区县有4～6个，基本上都是依托当地的特色产业和优势产业开展的。如怀柔依托板栗这一主导产业开发了栗花节、虹鳟鱼美食节等，平谷依托桃这一主导产业开发了桃花节，大兴开发了西瓜节，昌平开发了苹果节、草莓节等，门头沟开发了京白梨采摘文化节，顺义开发了农业博览会，通州开发了葡萄节、金秋捉蟹节等，密云开发了鱼王美食节、板栗文化节，等等。

（三）北京都市农业、生态旅游和文化创意产业融合提高了农民增收致富能力，促进了城乡和谐发展

由于都市农业、生态旅游和文化创意产业融合是以市场需求和资源禀赋为出发点的，做到了生产与消费的有机结合，客观上适应了首都现代都市生活崇尚自然与时尚的需求，于是吸引了众多的投资者、生产者、经营者和消费者，使得市民和农民双双受益。单说农民的收益，平谷区大华山镇泉水峪胜泉康汇农产品专业合作社自2004年以来，通过刻模、贴字等技术手段，已经成功开发出“生日”、“贺寿”、“喜庆”、“寿星”、“十二生肖”等晒字桃、异型桃系列产品，鲜桃图案丰富，寓意深刻，着色期仅仅10多天，却成了平谷桃农无限挖掘桃的文化内涵的黄金期，产品深受广大消费者青睐，取得了显著的经济

效益和社会效益。2008 年共生产“寿星老”造型桃 20 万个（折合 6 万千克），奥运福娃等贴字桃 210 万个（折合 63 万千克）。经调查，应用该项新技术生产的 73 万千克“生日礼品桃”，每千克销售价比普通桃提高 4 ～ 6 元，共增收 300 万元，当年被北京市政府命名为十大农产品创新之一。

（四）北京都市农业、生态旅游和文化创意产业融合发展潜力无穷

创意是都市型现代农业、生态旅游发展的不懈驱动力。事实上，北京都市农业、生态旅游和文化创意产业融合的发展，只刚刚迈出了可喜的第一步。通过近几年的探索与实践，打造出一批北京农业产品的品牌，拓展了北京农业的发展思路，提升了北京农业产业的形象与效益，使京郊农业与农村资源得到了新的开发，实现了快速和充分的增值，同时也使农业产业得到了由弱向强的发展。实际上，创意农业把人们对传统农业的基本温饱需求，提升到了对现代农业的休闲娱乐、观光旅游等多种附加值高的复合型需求，实现了农业的增值与增效。而农业的农产品研发、生产、营销、加工和流通，乃至管理的各个环节，对于不同消费者的需求都极具开发价值，从而能更快更好地创造出更加新颖和更加引人入胜的创意产品，进而获得最大的经济效益。

三、北京都市农业、生态旅游和文化创意产业融合尚存在一些问题

（一）融合程度较低

北京都市农业、生态旅游和文化创意产业融合虽然有所发展，但总体看，由于发展时间较短，水平参差不齐，大部分与观光采摘、民俗旅游联合发展，规模较小，融合程度较低。目前，绝大多数项目仅停留在蔬菜和果品采摘，以及品尝农家饭、农家院的活动上，对农业文化的挖掘以及生态环境建设重视程度不够。

（二）融合保障不足

目前来看，北京都市农业、生态旅游和文化创意产业的融合专业人才欠缺，如顺义区的吉祥八宝葫芦火绘，一般完全掌握这门技艺大概需要 3 ～ 5 年的时间，而能满足此要求的人才非常少，因此有大订单也不敢接。此外，都市农业、生态旅游和文化创意产业的融合需要大量资金的投入，而且不能马上看到经济效益，风险较高。农民经济实力较弱，无法承担大额的资金投入和风险，因此需要相关的政策扶持和保障资金来源。

（三）融合特色不明显

北京成型的都市农业、生态旅游和文化创意融合产业虽然很多，如昌平区麻峪房民俗旅游村、房山区十渡镇九渡民俗旅游村等。但是整体来说，融合特色不明显，缺乏地方产业支撑。以 2013 年春节期间昌平的草莓庙会为例，市民消费需求很大，但庙会现场，只有少数几个草莓摊位，其他摆设布置与其他地方的庙会并无太大差别，草莓特色没有充分挖掘和体现。

（四）融合定位较窄

北京都市农业、生态旅游和文化创意融合产业是围绕北京郊区农业服务于市民多样化的需求，提高农业收入而提出的，因此目前北京都市农业、生态旅游和文化创意融合产业功能定位主要是针对满足北京城里人的物质、文化和精神需求。这种市场定位目标具体，市场固定，短期内能取得较好的发展和收益，但是从长期来看，这会限制融合产业的发展水平。今后应该把思维和视野转向“市外”、“国外”，国内、国外两手都抓，使融合产业焕发出新的生机。

四、理清思路，突破北京都市农业、生态旅游和文化创意产业融合的瓶颈

（一）改善支撑环境，加快产业融合

产业融合使得原有产业的产业链与价值链发生迁移，多个产业的产业链与价值链的各环节进行重新组合，这一切的具体过程的发生，需要一个良好的外部支持环境，比如企业的创新精神，知识产权的保护，产权交易市场、信息、技术、法律等服务的支持。在都市农业、生态旅游和文化创意产业的融合中，尤其需要一个良好的环境支撑。此外，产业融合不可避免地要求改变产业管理架构，要尽快形成条块结合的、辐射联系的管理模式，打破部门分割及行政垄断局面，打破部门、行业、城乡的界限，形成统一开放的

市场，在产业间形成合理的经济联系，加快推进产业间的融合进程。

（二）以消费者需求为向导，推进技术融合

市场融合是实现产业融合的必要条件，没有市场融合就不可能有产业融合的形成。由于市场融合带来了更大范围综合性的竞争，增大了竞争的强度，对于优化资源配置，促进创新是至关重要的。因此，必须鼓励企业不断开发新市场，以适应产业融合发展的新趋势。顾客的需求是企业创新的动力，企业要从研究需求出发，推进技术的创新融合。

（三）高标准做好规划，实现科学融合

发展北京都市农业、生态旅游和文化创意融合产业，重要的前提是高标准做好论证、规划、设计和策划工作，切忌盲目上马、生搬硬套、机械拼凑。好的项目、优质产业都需要前期认真的论证、详尽的规划、周密的策划等工作，不能靠“拍脑门”“想当然”“赶时髦”，不能靠形式主义、“面子工程”的一时冲动。发展北京都市农业、生态旅游和文化创意融合产业，一定要凸现自然、人文、环境和谐主题，赋予诗意、赋予情怀、赋予信仰和哲理，不能杀鸡取卵，不能掠夺资源，不能破坏生态和谐。

（四）强化项目和地方特色，体现布局融合

在融合项目开发过程中，经营者要强化特色开发理念，选择具有市场竞争力、最能反映当地乡土文化、民俗风情的产品来发展，进一步提升文化品味和服务档次。不仅如此，北京都市农业、生态旅游和文化创意产业的融合要形成总体布局，各区县充分发挥区域的地方优势，既各具风情，又能体现首都特色。

五、发展休闲农业，实现都市农业、生态旅游和文化创意产业的融合

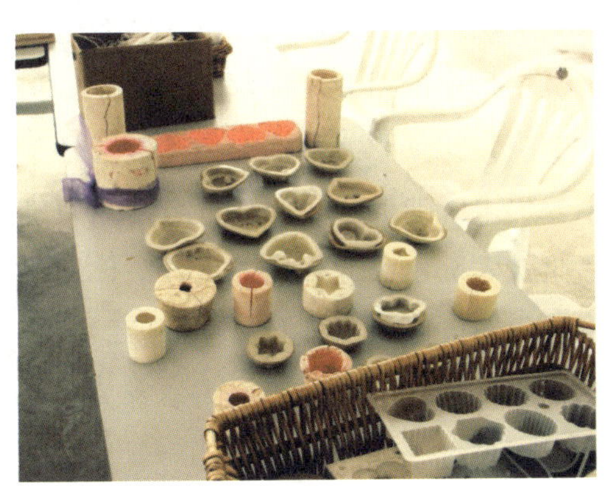

（一）休闲农业的概念及特点

休闲农业是利用农村田园景观、自然生态环境等资源，结合农林渔牧生产和经营、农产品加工、农村文化及农家生活，经过科学规划和开发设计，发挥农业与农村休闲功能，为满足游客观光、度假、体验、推广、示范、娱乐、健身等多项休闲需求，以增进城市居民对

农业及农村的体验、提高农民受益为目的的农业经营形态。

1. 休闲农业体现了农业的多功能性

自古以来，农业资源运用于农业生产，供给人们基本生活所需。但随着农业功能的拓展，农业不仅具有食品保障功能，而且具有原料供给、就业增收、生态保护、观光休闲、文化传承等功能。农业的环境与资源特质，为休闲农业活动的开展提供了最适当的来源。这里所说的农业资源，是指所有能够投入休闲农业活动的农业生产、农民生活、农村生态等要素的“三生”资源。

2. 休闲农业是三次产业融合的新型产业

传统的农林渔牧业的生产称为第一产业，农产品加工业为第二产业，服务业则属于第三产业。休闲农业以农业生产为基础，为游客提供消费与体验活动，同时也将初级产品通过创意加工制造提升其附加价值，最后以旅游业的理念与方法将为游客提供全方位的服务。因此，休闲农业是农业生产、农产品加工和服务业三级产业相结合的农业产业形态。

3. 休闲农业的本质在于人与自然的和谐性

休闲农业发生在乡村地区或者通过规划设计的农村田园景观，自然优美的乡野风景、舒适宜人的清新气候，是城市人回归自然、感受自然、融合自然的好去处。其本质是人们以宽松的心态，通过乡村休闲来领悟人类与自然和谐相处的一种生活方式。

（二）休闲农业发展要求与都市农业、生态旅游和文化创意产业融合的关系

伴随着工业化和城镇化进程的加快，我国休闲农业快速发展。据统计，2011 年全国休闲农业共接待游客 6 亿人次，实现收入 1 500 亿元，安置农民就业 1 500 万人，规模以上企业 2 万户。然而，在取得令人瞩目的发展成就的同时，也存在诸多问题，其中科技含量不足、生态保护不够、产品缺乏创意等问题较为突出。要解决这些问题，除有针对性地进行独立研究外，还需要从产业融合的理念出发进行系统研究。而都市农业中的科技因素、生态旅游中的生态效应以及文化创意产业中的文化创意元素均为休闲农业解决上述瓶颈提供了突破路径。另一方面，休闲农业作为都市农业的重要组成部分，其有别于传统农业的产业形态，为生态旅游、文化创意产业融入都市农业提供了最佳载体，是三者实现融合的重要形式。因此，按照这样的思路，我们可以做出推断，在今后的农业研究领域，“都市休闲农业”、“生态旅游农业”、“创意休闲农业”等可以成为学者关注的焦点。

京郊乡村旅游客源市场特征与需求新趋势研究

——基于延庆县的调查

李　享　袁绪忠　杨伟民　侯晓颖①

为及时了解乡村旅游客源市场特征、变化及旅游宣传效果，以帮助市场精准定位、产品调整，实现科学管理与决策，本研究以延庆县为例，于2012年11～12月分别在5类调查地点，对来过延庆县旅游的国内旅游者进行了分层抽样调查，共获得有效样本1 600份。经检验表明，本调查设计、实施过程及其调查所获得的数据均具有优异的可靠性、可信度及有效性。

一、乡村旅游客源市场消费行为特征

（一）客源市场集中明确，北京市居民为市场主力

本调查表明，延庆县的客源市场主力人群为北京市居民，占73.8%；年龄集中在25～44岁，占总体65%；外省区市游客排在前5位的依次是河北、山东、天津、河南、江苏。

① 李享，北京旅游学院教授；袁绪忠、杨伟民、侯晓颖，北京市延庆县旅游委。

（二）休闲度假成为来乡村旅游者的首要动机

延庆旅游客源市场动机构成集中于“休闲度假”，占总体70%；“民俗文化体验”、“美食享受”及“感受冰雪冬季”动机显示明确，并与延庆的旅游资源特色相吻合。在娱乐活动方面，被访者喜欢的前5位依次是“登山健身”、“溜冰滑雪”、“温泉戏水”、“果蔬采摘”和“自行车骑游”。

（三）“特色”成为延庆旅游食宿关键词

51%的被访者最喜欢延庆特色美食“火盆锅·豆腐宴”，其次是“烤全羊”，占13.8%。55.2%的游客来延庆旅游过夜，31.4%的人喜欢住在“特色度假村”。总结起来，延庆旅游食宿关键词就是“特色”二字。

来延庆旅游者平均停留时间为1.85天，一半儿的旅游者当天往返；停留时间在职业及客源地域方面存在差异，即“管理者”由于商务活动原因，以及外省区市来延庆旅游者都更偏向于较长停留时间。

（四）游客满意度，“比较满意”是主流

本调查从软硬件两个方面考察了游客满意度情况，“旅游资源满意度”、“美食满意度”最高。调查发现，对延庆旅游某一方面的产品及硬件设施满意程度高的游客，那么他对这一方面服务的满意度也相应较高；而对某一方面的服务不够满意的游客，他对该方面的旅游产品及硬件设施等的满意度也不高。如调查显示，“旅游商品满意度”和“购物服务满意度”双双排在最后，满意度“一般”，由于其满意度较低，则购物花费也是各类花费中最低者。

从旅游活动本身而言，软硬件之间是承载与被承载、实现与被实现的关系，即旅游服务以其产品及设施为载体来实现服务，而旅游产品与设施也必须通过服务才能实现其价值。所以提高游客满意度水平，应从旅游产品及设施等硬件建设方面加大投入和更新力度，同时服务水平也要与时俱进，双方面驱动才会更上一层楼。

（五）旅游宣传效果明显，内容与载体须对应市场需求变化

被访者对延庆的“旅游资源”建设印象最好，认同率接近六成；排在第二位的是

“民俗风情”建设，认同率接近一半儿；第三位的是“娱乐体验”建设。

在信息来源方面，“亲友”推介超过 50%，名列第一，第二、第三位分别是“广告”和“旅游宣传部门”推介，在性别、职业和客源地域方面存在差异。在信息载体方面，“网络”载体得到最多的钟爱，达 53.1%，超出位列第二的“电视”载体近 20%。

（六）旅游出行以自驾为主，同时公共交通服务也比较完善、舒适、便捷

在旅游出行方式方面，64% 的被访者来延庆旅游是自驾车，其次是公共交通；旅游者对延庆交通的满意度也比较高，说明延庆公共交通服务体系相对比较完善、舒适、便捷，满足了旅游者的出行需求。旅游者中以“亲朋同游”的形式为最多。

二、乡村旅游消费需求新趋势与对策建议

（一）加强“特色美食”建设，作为京郊乡村旅游产业发展突破口之一

“民以食为天”，所以一部《舌尖上的中国》都能隔着电视屏幕让观者尽“享”美味，人们惊讶于中华饮食文化博大精深的同时，也感叹其宣传交流的不足而“藏在深闺人未知”。

延庆美食亦如此，以“火盆锅 · 豆腐宴”为例，尽管其受到大家喜欢，但在柳沟村的调查表明，旅游人均花费 195.3 元，为 6 个被访企业中最低，也低于总体人均花费 321.9 元的水平，面临经营理念、方法不断更新的问题，特别是如何提升其附加值，不妨考虑从提升其品牌的文化内涵方面下工夫。比如，从延庆柳沟村豆腐的独特性、营养健康价值、历史渊源、制作流程、甚至相关仪式等方面深入挖掘其文化内涵，并在此基础上进行充分的宣传，使豆腐宴本身增值的同时，更带动旅游增长。

延庆拥有充足、丰富多彩的美食资源，游客也希望来延庆体验“美食享受”。然而，调查表明，这两者间的契合度不高。从延庆美食整体来看，亟待进行整合、包装，并运用现代先进的营销途径与载体进行美食专项营销。

从游客旅游动机调查结果来看，“美食享受”动机排在 14 项中的第三位；从游客对旅游资源的偏好角度来看，“特色美食”排在 14 项中的第四位；从美食资源方面来看，目前延庆已有知名特色美食品牌——柳沟村“火盆锅 · 豆腐宴”，以及一系列丰富多彩并富有文化内涵的特色美食资源；从旅游花费的构成角度来看，餐费是所有旅游花费构成类型中最多的；根据游客满意度调查，“美食满意度”在各类中最高，延庆美食口碑好，为发展特色美食旅游奠定了游客心理基础；从宣传内容角度来看，被访者最关注延庆对“特色餐饮”的宣传，被访者最想获取的信息，排第二位的就有“特色美食”信息；调查

表明，延庆最受欢迎的旅游商品是“特色小吃”类，占49%。

从中国人的理念来看，人们更看重“吃”，更愿意在“吃”方面多花钱，以至于“吃”在某些情况下、某种程度上并不单纯是生理需求，而是一种心理需求、情感需求、社交需求，这时的“吃”就是一种休闲行为、娱乐活动及商务公关，只是很难通过本次调查将休闲娱乐行为的餐饮消费从“餐费”中剥离出来。因而，集温饱、休闲、娱乐、商务功能于一体的旅游餐饮——特色美食，应大力发展，及时推进。

（二）针对乡村旅游发展新趋势，进一步做好市场营销提升策划

酒香也怕巷子深。在对旅游者进行延庆美食偏好调查中显示，除了“火盆锅·豆腐宴”和“烤全羊”，游客对包括调查中所列的15种美食在内的、丰富多彩的延庆美食知之甚少。

在对柳沟村的实地调查中发现，除了目前民俗户所提供的标准化配餐以外，游客仍有其他需求，比如，在调查问卷中有一美食叫“傀儡”，几乎所有被访者看到此处都会问起它是什么，在哪里能够吃到，这些需求很多也是民俗户能够满足的。然而，通常情况下，民俗户本身相对缺乏宣传意识，不会主动向旅游者推销与沟通，信息不对称，使供需双方的需求都没能得到充分满足。在电话调查中，一些旅游者反映对延庆的住宿设施宣传不够，查找相关信息存在困难。问卷调查显示，38.1%被访者在来延庆前接触过关于延庆旅游的宣传促销活动。

随着旅游客源市场范围的逐步扩大、数量逐渐增加，也加大了旅游宣传促销活动开展的难度。此外，近年来现代信息传播技术的日新月异发展与普及，同样会使旅游宣传促销活动的受众不断分化。因而今后的发展，既有赖于更大力度的投入，更有赖于开展与时俱进的、明晰的、专业的旅游市场营销策划，明确市场定位，瞄准目标群体需求，创新旅游产品设计。通过实时网络营销策略，比如借助旅游微博发布厅等系统微博聚合平台，或与旅游专业网络媒体、大众传媒等合作，还可以考虑针对先锋旅游者、高端旅游者进行的移动终端营销及数据库营销，扩大品牌影响力。

（三）设计富有针对性的旅游产品，以满足初次及重游者的差异化需求

调查表明，初次来延庆旅游者占35.8%，重游率为64.2%，其中7.2%的被访者来延庆旅游超过20次。根据心理学理论，通常一个行为重复20次以上就会形成习惯，因此，本研究可以视这一群体为习惯性旅游者，即来延庆旅游已经成为他们的生活习惯。

初次和第2次来延庆旅游的群体为不稳定的客源市场，这一市场接近60%，是营销工作主攻对象。来过3～10次的群体占总体的33.4%，可称之为较稳定的客源市场，具有一定的品牌忠诚度。因此，通过延庆旅游品牌进一步的营销，促使品牌价值进一步增

值，进而吸引这一群体并使其对延庆旅游的品牌忠诚度提高。

随来延庆旅游次数的增加，对旅游资源的兴趣点具有越发集中的趋势，即初次来延庆旅游者，对旅游资源的兴趣相对分散，重游者对旅游资源的兴趣就呈集中特点，即山水、生态、民俗锁定重游者对延庆旅游品牌的忠诚。有 59% 的重游者来延庆旅游过夜，48.4% 的初次来延庆旅游者过夜，即来延庆旅游的重游者还具有更强的过夜倾向，因而其停留时间较长，旅游消费支出增加。随旅游次数的增加，被访者更加关注于“延庆整体宣传”及“某个景区特色宣传”，他们的关注更加专业，即重游者是准专业或专业型的旅游者。

从购物方面来看，重游者更喜欢购买“土特产品”和“特色小吃”，而初次来延庆旅游者更喜欢购买“手工艺品”、“景物特色类商品”和“书画制品”。最喜欢购物的是第二次来延庆的游客，来延庆旅游超过 10 次的游客，其购物兴趣明显降低。

对于重游者，尊重和善待是关键词。比如，从精神层面来讲，可以考虑成立游客协会或座谈会，给予多次重游者主人翁的尊重，鼓励他们这些专业型的旅游者对延庆旅游发展建言献策；从物质层面来讲，可以考虑通过免停车费、过路费返券抽奖、年票优惠等活动，善待多次重游者。

（四）文化元素注入山水资源，促进旅游产业内涵提升

从旅游资源的角度来看，调查表明，游客最喜欢延庆的“山水风光”，其次是“生态

环境”，还有“民俗风情”、“特色美食”、“文物古迹”等。

延庆县三面环山一面临水，是首都西北重要的生态屏障，山水风光峻美，生态环境优异。在注重保护的基础上合理开发利用这一宝贵资源，并通过注入环境教育、运动健身等文化内涵、生活元素，使来延庆的旅游者乐享山水、迷醉生态。

随着人们对生态旅游认识的加深，环境教育在生态旅游中的地位日益受到重视，环境教育被视为生态旅游的核心组成要素、必备要素和区别于其他旅游的“试金石”。因而在实践中，无论是在有关生态旅游的认证标准、生态旅游地建设的技术规程，还是在生态旅游的地方标准，无不对生态旅游环境教育给予了特别的强调，或对环境教育义务主体设定了刚性的环境教育义务，或提出了柔性的指导性意见。文化元素明显的生态旅游环境教育作为缓解和解决生态旅游开发与环境保护矛盾的有效途径之一，是旅游业可持续发展的必然要求，有着良好的发展前景。

瞄准游客在旅游景区特定情境下的生理、心理特点，在其最需要的时点、地点，给游客最需要的包括运动、健康、植物、营养等方面的知识点，从而使游客乐于接受这些知识，乐于在景区停留，加深了游客对景区的认知，并会大大激发游客进一步口碑宣传和重游的欲望。

（五）呼吸纯净空气成为乡村旅游新特色

当全国多地陷入“十面霾伏”，空气质量急剧下降时，许多城市居民都迫不及待地想要远离雾霾，摆脱口罩，逃离头顶上的那一片灰色空间，找个可以“吸氧”的好地方。根据北京市环境保护监测中心发布的监测结果，延庆县的空气质量在各区县中处于领先位置。延庆县地处北京市的西北部，上风上水，得天独厚的地质地理资源、生态环境资源及空气质量优势资源，具有不可替代和不可复制性。因而，延庆县应大力宣传其净空气、好生态，吸引游客来延庆进行深呼吸，开展“洗肺游”。

京郊乡村旅游应该是有别于一般都市旅游的“特色”旅游。“特色”乃与众不同也。因而，可以通过培训、讲座、观摩、考察、交流等形式，首先使从业者做到有理念、有追求，才会在经营中更加突出特色、彰显特色、并不断更新特色、创造特色，以满足旅游者不断变化着的个性化需求。因此，走“特色”之路，谋差异化发展，为京郊乡村旅游创造更大提升空间。

关于休闲农业与乡村旅游发展的政策建议[①]

范子文[②]

休闲农业与乡村旅游是北京都市型现代农业的重要实现形式，是旅游业发展的战略空间，是促进农民就业增收的重要载体。为全面贯彻落实《国务院关于加快发展旅游业的意见》（国发〔2009〕41号）和北京市旅游发展委员会等五部门《关于加快推进京郊旅游发展的指导意见》（京旅发〔2011〕93号），推进北京市休闲农业与乡村旅游产业发展，促进农民就业增收，现提出如下建议：

一、充分认识发展休闲农业与乡村旅游产业的重要意义

休闲农业与乡村旅游是贯穿农村第一、第二、第三产业，融合生产、生活和生态功能，紧密联结农业、农产品加工业、农村服务业的新型农村产业形态和新型消费业态。发展休闲农业与乡村旅游，对于转变农业增长方式，创新都市型现代农业发展模式，培育农村新的经济增长点；对于带动农民就地就业，增加农民收入；对于改善郊区农村生活与乡村旅游环境，提升城市居民的幸福指数，促进城乡融合发展等具有重要的意义。当前，郊区发展休闲农业与乡村旅游的环境良好，机遇难得。从国家层面看，《中共中央国务院关于加大统筹城乡发展力度进一步夯实农业农村发展基础的若干意见》（中发〔2010〕1号），明确提出要“积极发展休闲农业、乡村旅游”，《国务院关于加快发展旅游业的意见》（国发〔2009〕41号）对发展休闲农业与乡村旅游提出了具体要求。从北京市层面看，市委、市政府高度重视休闲农业与乡村旅游产业的发展，先后出台了《关于贯彻落实国务院加快发展旅游业文件的意见》及《关于加快推进京郊旅游发展的指导意见》等文件；城乡居民收入逐年提高，人均GDP已接近14 000美元，休闲消费市场广阔；近几年来，通过新农村建设和“5+3”等工程的实施，郊区农村的基础设施显著改善，乡村环境和交通条件明显改观；社会资本也看好休闲产业，古北水镇、希望小镇、汽车营地等一批重大项目相继开工，有望为休闲农业与乡村旅游业的发展发挥龙头带动作用。但从实际情况看，休闲农业与乡村旅游产业发展与市民的需要相比，还有较大差距，存在着布局不合理、一些项目“小散低”、管理水平不高、服务不规范等问题。各地

① 基金项目：北京市哲学社会科学规划重点项目“北京市休闲农业提档升级的对策研究”（10AaG349）。

② 范子文，北京市农村工作委员会调研员，管理学博士，高级经济师。

区、各部门应进一步提高对发展休闲农业与乡村旅游产业重要性和紧迫性的认识，加强协调配合，采取有力措施，破除发展瓶颈，促进郊区休闲农业与乡村旅游上档次、上规模、上水平。

二、休闲农业与乡村旅游产业发展的指导思想、目标与原则

（一）指导思想

以科学发展观为指导，适应农业农村经济发展新变化，顺应城乡居民过上更好生活新期待，以促进郊区休闲农业与乡村旅游上档次、上规模、上水平为目标，以实现集群化、规模化、产业化、国际化发展为方向，以提高经济、社会、生态效益为核心，对郊区休闲农业与乡村旅游加强规划引导，完善基础设施，提高人员素质，创新开发模式，加快品牌培育，强化公共服务，推进规范性建设，提高组织化水平，达到“引进增量、盘活存量、提升质量、增加效益”，使“农业变快乐产业、农村变美丽家园、农民变富裕群体”，最终让消费者满意，让农民增收，让产业发展。

（二）发展目标

休闲农业与乡村旅游的发展目标分为近期目标和远期目标。到2015年，休闲农业与乡村旅游要努力成为横跨农村一二三产业的新兴产业，成为促进农民就业增收和满足居民休闲需求的民生产业，成为突破资源约束和保护生态环境的绿色产业，成为发展新型消费业态和扩大内需的农村支柱产业。“十二五”期间，年营业收入500万元以上的休闲农业与乡村旅游项目数量年均增长20%以上；休闲农业与乡村旅游总收入、人均消费额、从业人员数量，年均增长15%以上；休闲农业与乡村旅游对农民增收的贡献率逐年提高。到2020年，要把北京基本建设成为国际一流休闲农业与乡村旅游城市，成为在国际上享有一定知名度的主题性乡村旅游目的地。

（三）基本原则

1. 以农为本，突出特色

坚持以农业为基础，农民为主体，农村为单元，按照生产、生活、生态相统一，一、二、三产相融合的要求，围绕农业生产过程、农民劳动生活和农村风情风貌，分类规划，合理布局，突出特色，有序发展。

2. 绿色引领，生态为先

绿色和生态是休闲农业与乡村旅游的生命线。要注重保护乡村生态环境、文物古迹、田园景观、文化景观、村落景观、非物质文化遗产和民族民俗文化，坚持山水田林路统一治理，着力把生态优势转化为发展优势，打造低碳、绿色、精致、高品位的乡村休闲产品体系。

3. 合理规划，突出效益

休闲农业与乡村旅游要以市场为导向，以资源为基础，因地制宜，合理规划，有序开发。休闲农业与乡村旅游项目的选择要坚持市场化原则，突出经济、社会和生态效益，实现可持续发展。

4. 部门联动，社会参与

各有关部门通力协作，使政策资源在休闲农业与乡村旅游产业上形成集聚效应，实现“部门联动、政策集成、资金聚焦、资源整合”。同时，通过机制创新，积极引导、鼓励社会力量参与休闲农业与乡村旅游项目的开发建设。

5. 农民受益，成果共享

休闲农业与乡村旅游的发展，要以满足市民需求为出发点，以增加农民收入为落脚点。坚持“以农促旅，以旅带农”，使农业增效、农民增收、农村繁荣，让农民得到实惠。同时，要让市民共享休闲农业与乡村旅游产业发展的成果，切实提高市民的幸福指数。

三、休闲农业与乡村旅游产业发展的主要任务

休闲农业与乡村旅游产业的发展，要按照北京城市总体规划的要求，抓住重大机遇，创新发展理念，充分发挥政府职能，着力调整区域布局，优化产业结构，促进资源整合与聚集，培育具有北京特色、达到国际一流水平的休闲农业与乡村旅游产业体系。主要任务是：

（一）推进资源整合与产业集聚，调整区域布局

通过机制创新，积极推进休闲农业与乡村旅游资源、项目、产业在空间上的相对集中。要经过一段时间的打造，形成近郊区以创意农业、体验农业（如市民农园）为主，

远郊平原以休闲农庄、休闲农业园区为主，山区以沟域经济、乡村旅游带等主题性乡村旅游目的地为主的休闲农业与乡村旅游发展格局。

1. 推进休闲农业与乡村旅游的集群化发展

为解决“小散低”，有效衔接供需，形成规模优势，休闲农业与乡村旅游要走集群化、规模化、产业化发展之路。根据现有基础，资源优势和发展特点，近期应着重规划开发“一环、四带、六区、多节点”，其中“一环”是指六环路以内的地区，包括朝阳、海淀、丰台区，以及远郊平原区县六环路以内的地区；“四带”是指永定河带、潮白河带、通州大运河带、沙河—温榆河带；“六区”是指八达岭十三岭地区、慕田峪地区、云蒙山地区、金海湖地区、十渡地区、灵山百花山地区；“多节点”是指具备一定基础，开发潜力较大，但短期内难以形成较大规模的休闲农业与乡村旅游点。

2. 积极打造主题性乡村旅游带

环绕主要干道和沟域，通过资源整合和整体包装，将民俗旅游村、观光农业园与景区（景点）等串联起来，形成特色明显、资源互补、利益联结紧密、满足游客多元化需求的集群式乡村旅游目的地。同时，对基础条件较好、资源独特、有发展潜力的区域进行整体包装，通过资源整合和利益机制调整，建设观光休闲农业产业区。乡村旅游带和观光休闲农业区要以乡镇为单位打造，具备一定的规模，努力做到“五个突出”，即突出特色，突出整体的包装，突出环境改善与产业发展的融合，突出机制创新，突出农民参与且受益。

3. 促进乡村旅游重大项目落地

要结合沟域经济开发，引进、落实一批休闲农业与乡村旅游重大项目，推动乡村旅游产业聚集发展。要在生态涵养发展区积极发展生态休闲度假项目，构建高起点、高质量、国际一流的“生态休闲旅游度假区”。要搞好房车项目和汽车营地的功能配套，满足游客的多元化需求。大力推动旅游集散特色镇建设，完善旅游配套设施，增强接待能力，形成以小镇文化为核心的特色旅游产品。

（二）坚持发展与提升并重，优化产业结构

创新农业观光园、休闲农庄、农业示范园、民俗文化、农家乐、农事节庆等发展模式，使新颖性、趣味性、文化性、体验性进一步增强，内容更加丰富，特色更为明显。同时，积极发展休闲农业与乡村旅游新业态，打造高品位的乡村精致休闲产品，更好地满足游客的休闲需求。经过一个时期的努力，布局科学、结构合理、服务完善、特色明

显、管理规范的休闲农业与乡村旅游产业带、产业群基本形成，产业结构明显优化，产业地位显著提升。

1. 改造传统业态

要以提档升级为目标，以完善基础设施、注入文化元素、规范服务方式为手段，对老化的休闲农业与乡村旅游经营场所进行改造提升。积极引导“农家乐”向具有地域特色的“京郊人家”和“山水人家”升级换代，提升乡村旅游的接待档次和整体品位。民俗旅游村要结合新农村社区、新民居建设，拉开档次，保留农村文化符号，以适应不同消费者的需要。观光农业园要完善功能分区，搞好标志标识系统建设，丰富游览体验内容，延长产业链条。全面提升农事节庆活动内涵，实现“以节会友、以节拓市、以节富民”。

2. 积极发展新业态

在继续发展乡村酒店、养生山吧、休闲农庄、生态渔家、山水人家、采摘篱园、民族风苑、国际驿站等业态的同时，鼓励各地根据资源、区位、市场条件，积极发展休闲农业与乡村旅游新业态。在怀柔、密云等生态涵养发展区，规划建设不同规模和标准的汽车营地，提供综合服务，满足游客的多元化需求。在房山、延庆、密云等具备条件的地区，可规划建设葡萄酒庄，为休闲度假游客提供独特的高端乡村旅游产品。支持发展

“乡村非遗旅游”，传承北京地方乡土文化。要通过 3 ～ 5 年的努力，使新业态数量稳步增长，逐步成为郊区休闲农业与乡村旅游的主要业态。

3. 延伸农业产业链条

积极开发农业的生活性功能，把农业的传统行业与观光休闲结合起来，延长产业链，打造生产标准化、经营集约化、服务规范化、功能多样化的现代农业休闲产业。积极发展景观农业，改善乡村旅游环境。有针对性地对观光果园进行改造提升，完善功能配套，细化功能分区。特色养殖小区的开发，要引入观光休闲的理念。有条件的地方，要把农产品加工项目建设与旅游结合起来，打造具有观光、教育、科普功能的主题性农产品加工园区。大力发展创意农业，通过产品创意、园区创意、节庆创意、功能创意等形式，提高农业的可赏性、趣味性、参与性。

（三）强化品牌培育，促进产业升级

休闲农业与乡村旅游的发展，要走品牌化之路。要建立休闲农业与乡村旅游产业标准，科学设计评价指标体系，提高市场准入门槛。要通过示范基地、示范村、示范点创建，打造一批有影响的休闲农业与乡村旅游知名品牌。鼓励休闲农业与乡村旅游企业，参与有关国际、国内标准体系的认证，争创名牌。要通过品牌培育，形成一批名牌，达到合理引领休闲消费热点，提升产业影响力、社会认知度和产品知名度的目的。

1. 搞好休闲农业与乡村旅游示范基地的创建工作

以自然生态、田园文化、农耕文明为基础，以诚信经营、提升内涵、保障质量为重点，着力创建一批优势产业突出、发展潜力大、带动能力强的休闲农业与乡村旅游示范基地。组织郊区区县，积极参与农业部和国家旅游局“全国休闲农业与乡村旅游示范县”的创建工作。同时，结合北京实际，开展“北京市休闲农业与乡村旅游示范乡镇”的创

建工作。对于达到标准的，要授予相应牌匾。要通过创建工作，在郊区形成一批知名的休闲农业与乡村旅游集聚区。

2. 积极培育休闲农业与乡村旅游示范点

加快培育一批经营特色化、管理规范化、服务标准化的休闲农业与乡村旅游示范点，形成一批休闲农业特色品牌。要积极组织申报“全国休闲农业与乡村旅游示范点”，启动“北京市观光休闲农业星级园区”的评定工作。

3. 继续开展“北京最美的乡村”、“北京市市级民俗旅游村”的评定工作

市有关部门应根据新形势、新情况，合理设计评定程序，研究完善评定标准，提高评定结果的社会认知度。“北京最美的乡村”、“北京市市级民俗旅游村”的评定，要确保质量，控制数量。在此基础上，积极申报“中国最具魅力休闲乡村”，扩大北京市民俗旅游村的知名度和影响力。

（四）搞好人员培训，提高经营水平

提高休闲农业与乡村旅游从业人员的素质，是改善服务质量、规范服务行为的前提和保证。依托职业院校、行业协会和产业基地，分层、分类开展管理人员和服务人员培训，提高从业人员素质。围绕休闲农业与乡村旅游产业发展的现实需要，科学设置培训内容，创新培训机制，提高培训效果。要建立休闲农业与乡村旅游培训基地，由有旅游

教育和培训资质的学校和培训单位承担教学和培训任务。市、区县两级都要开展多种形式的培训，培训经费列入同级财政预算。到 2015 年，乡村旅游从业人员全部持证上岗，并由旅游管理部门负责监督检查。

（五）有效整合节庆活动，加强宣传推介

加强对休闲农业与乡村旅游资源的宣传推介，有效衔接供需，是休闲农业与乡村旅游市场化的重要一环。要充分利用多种媒体，采取多种形式，切实搞好宣传推介工作。

1. 创新宣传形式

广泛运用互联网、报刊、电视、广播、车体广告等多种媒体和农业博览会、农产品展销会等大型会展，有计划、有重点地进行宣传推介。要精心策划举办各类农事节庆、节会活动，扩大对休闲农业与乡村旅游的宣传。充分发挥各级观光休闲农业与乡村旅游协会的作用，在市民与会员之间当好桥梁与纽带。

2. 整合农事节庆活动

加强对休闲农业与乡村旅游节庆活动的创意策划，使节庆活动的主题更加富有时代特色、形式和内容更加新颖、活动安排更加适合游客的体验感受。要树立全市一盘棋的理念，有效整合现有的农事节庆活动，发挥集聚和规模效应，提高知名度。在此框架下，

各区县、乡镇要结合本地区的特色，依托自身的优势资源，积极开发个性化、差异化节庆活动，努力实现“一节一品”。通过扩大举办层次，提升节庆活动品质，塑造知名品牌，使节庆活动的影响力越来越大，辐射效应越来越强。

3. 鼓励中介公司和服务机构营销休闲农业与乡村旅游产品

增加北京休闲农业与乡村旅游线路推介专柜，实现产品营销的常态化。邀请旅行社踩线，设计并提供针对不同消费群体的乡村旅游团队活动。大力开展“旅游下乡”和“乡村旅游节庆进社区”系列活动，促进城乡互动。鼓励中介机构走进城市社区、单位及学校，宣传、营销休闲农业与乡村旅游产品；及时发布乡村自助游信息，为乡村旅游者提供便捷的预订服务。

四、休闲农业与乡村旅游产业发展的保障措施

（一）加强组织领导

各级政府应建立以农业、旅游部门牵头，相关部门参与的休闲农业与乡村旅游联席会议制度，专题研究、及时协调解决休闲农业与乡村旅游发展中的重大问题。郊区各区县结合当地实际，研究制定休闲农业与乡村旅游发展规划，并纳入本地经济社会发展总体规划。区县农业行政主管部门要安排专人从事休闲农业管理工作。要把休闲农业与乡村旅游产业发展纳入乡镇政府的考核内容。要加强政策研究工作，逐步把休闲农业与乡村旅游场所纳入政府采购体系。要加强对行业协会和中介服务组织的监督管理和政策支持，引导其为休闲农业与乡村旅游有序发展和规范经营搞好服务。

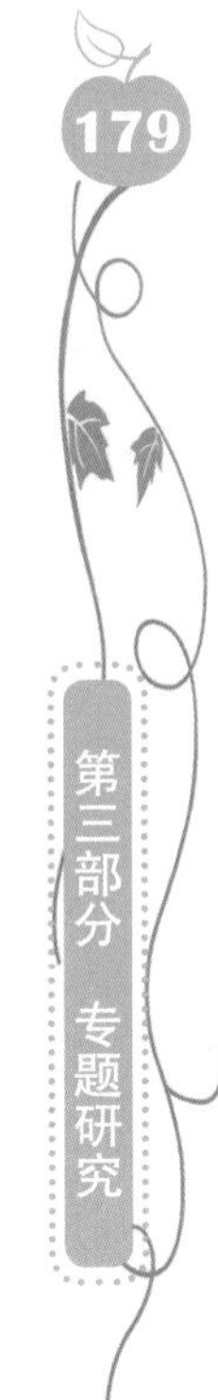

（二）加大投入力度

市财政设立休闲农业与乡村旅游专项资金，用于支持休闲农业与乡村旅游的规划制订、基础设施建设、宣传推介和产业促进等工作。对于休闲农业重大项目、乡村旅游基础设施建设、信息网络建设等给予贷款贴息。对于评为国家休闲农业与乡村旅游示范县（点）、国家休闲农业与乡村旅游四星级及以上的单位、中国最有魅力休闲乡村，分别给予相应奖励。

市各有关职能部门应加大对休闲农业与乡村旅游在基础设施建设、产业结构调整、促进就业、人员培训等方面的资金投入。市支农资金、市旅游产业发展专项资金、沟域经济开发资金，应向休闲农业与乡村旅游倾斜。要将休闲农业与乡村旅游的公共基础设施建设，纳入当地基础设施建设计划，予以支持。

郊区各区县政府应设立休闲农业与乡村旅游发展专项资金，主要用于休闲农业与乡村旅游的提档升级、重大项目的落实到位、新业态的发展和乡村旅游环境的建设等。

（三）强化金融信贷支持

鼓励金融机构为休闲农业与乡村旅游产业发展提供信贷支持，简化审批手续，适当扩大担保物范围，满足休闲农业与乡村旅游产业发展过程中的融资需求。积极利用村镇银行、农村资金互助社、小额贷款公司、商业银行和农村合作银行分支机构等多种融资渠道，为乡村旅游项目提供担保。拓展外商投资乡村旅游的领域，完善利用外资模式，以规模较大的乡村旅游项目为载体，争取国外金融机构提供中长期优惠贷款，通过转让项目特许经营权、抵押收费权等方式吸引外商投资。

（四）落实好相关优惠政策

认真落实国家有关兴办休闲农业与乡村旅游的税费优惠政策。妥善解决休闲农业与乡村旅游产业发展的用地问题，对其涉及的非农建设用地，在其选址符合土地利用总体规划的前提下，依法办理用地手续。鼓励各类经营主体通过对废弃园地、林地、荒地、荒山等进行开发整理，盘活集体存量土地发展休闲农业与乡村旅游项目。鼓励和支持各类资本以协作、参股、合作、独资、土地入股等多种形式参与建设。

（五）促进机制创新

鼓励区县、乡镇一级建立休闲农业与乡村旅游行业协会，促进规范管理，增强行业自律。推广密云县集中洗涤床上用品的做法，积极搭建服务平台。有条件的村，要在自愿的基础上，把民俗旅游户组织起来，成立乡村旅游合作社。区县有关部门、乡镇政府要加强对区域内民俗旅游户和休闲农业与乡村旅游企业的公共服务工作。要积极搭建技术服务平台，引导教学科研单位创新、集成和推广休闲农业与乡村旅游技术成果，建立技术体系，增强技术支撑保障能力。

第四部分
典型案例

北京农田观光季的探索与实践

为践行北京都市型现代农业发展要求，探索综合开发农业生产、生态和生活功能途径，2011 年，北京市农业技术推广站筹办了第一届北京农田观光季活动，取得了圆满成功。2012 年，又举办了第二届北京农田观光季活动，以“以农造景、以景带旅、以旅促农、农旅结合、协同发展”为理念，致力于从农田景观开发、观光园区推广、行业交流培训 3 个方面，促进北京休闲农业的提档升级发展。

一、第二届北京农田观光季活动的主要内容

（一）开展农田景观建设现状调研、规划指导和农田景观开发技术研究、示范建设，为观光季活动提供优质的观光点

1. 开展了农田景观现状调研及规划指导

针对北京平原农田和农村，以及山区沟域的景观现状等情况进行了调研，先后完成了《北京农村农田景观建设现状问题及发展建议》《北京山区景观农业支持沟域经济发展需求》等 2 个调研，为开展农田景观的开发技术研究工作确定了方向。协助京郊部分区县，从景观休闲的角度，开展了农业景观建设发展规划，形成了《北京市农村农田生态景观存在问题和建设对策》和《北京山区景观农业发展需求分析调研报告》，以及《长沟镇产业景观一体化规划》《房山长周路景观农业规划》《良乡镇休闲农业发展和景观农业建设》《房山十渡平峪村景观农业规划设计》《北京怀柔后安岭隐仙山庄养生旅游景观规划》《密云石城镇农田景观综合示范镇建设方案》。

2. 建设景观作物品种展示基地

2012 年，在延庆艾官营村建设了 400 亩的景观作物品种筛选与展示基地，先后引进了作物品种 432 个，建立了以丰产性、观赏性、抗逆性和商品性为指标的品种评价体系，筛选一批适宜在北京地区种植和发展的景观作物品种，为开展景观建设打下技术基础。

3. 开展景观作物品种筛选及栽培技术研究

针对向日葵、油菜、薰衣草等 3 种主要的景观作物，在规模农田镶边、农田缓冲带种植、闲置地景观遮挡和覆盖、坡地景观栽培、沟路林渠景观种植、沟域景观营造等利用方式下，开展了品种筛选试验，筛选出各类品种 28 个，为农田景观的建设提供了丰富的品种资源。同时还进行了配套栽培技术的研究，总结形成了冬油菜、春油菜的栽培技术要点，为农田景观的建设提供了技术支撑。

4. 开展了农田景观建设和栽培模式探索

总结提出了“秋播油菜 + 夏播油葵”景观栽培、彩色向日葵主题景观栽培、“冬小麦 + 冬油菜”间作景观栽培、油菜大地景观栽培、“春播油菜 + 夏播油葵”轮作景观栽培、“冬油菜 + 青贮玉米”轮作景观栽培、农田艺术造型景观栽培、湿地保育景观栽培、植物缓冲带景观栽培、坡地景观栽培、林下景观栽培、乡土民居景观营造等 12 种栽培模式，为农田景观的建设提供了参考。

5. 开展农田景观的建设示范和技术服务

建设了延庆艾官营山间别薯观光园、密云石城云梦花香观光园等农田景观综合示范点，继续为房山长沟水岸花田、延庆千家店百里画廊、密云雾灵西峰彩葵园、朝阳蓝调庄园等观光点提供了技术服务。其中，山间别薯观光园种植各种薯类品种 113 个、花卉类 75 个、蔬菜类 69 个、特色杂粮类 68 个、葵花类 30 个、蓖麻 20 个、玉米 20 个、中药材 16 个、油菜 16 个、草莓 5 个，为市民呈上了以作物为主题的视觉盛宴，为延庆的休闲观光提供了新的亮点。石城云梦花香观光园在石城捧河岩沟域全长约 10 千米的区域内，应用了 10 套农田景观模式、12 项农田景观建设技术，营造了上茬油菜、下茬向日葵的整体大地景观效果，打造了 7 个景观节点，有效带动了当地民俗旅游的发展。房山长沟示范点上茬打造了千亩油菜花景观，为房山长沟国际长走节和房山长沟花田音乐节两大活动提供了壮美的景观背景；下茬种植向日葵 4 000 余亩，同时在大面积种植油葵的基础上，规划出专门的区域，集中展示收集到的各国向日葵品种 40 余个，在农田及周边规划出亲子游戏区、葵花迷宫区、特色餐饮区、DIY 涂鸦区、外景婚纱体验区、房车体验区、露营体验区、创意市集区等嘉年华活动要素，打造了全市首个大面积的向日葵嘉年华游乐园，让普通农田成为了市民休闲、农民增收的多功能场所。延庆千家店百里

画廊引进了油葵种植，丰富了品种和产品类型；引进了花卉景观种植，增添了景观的多样性；开展了高产竞赛活动，有效提高了向日葵的单产。密云雾灵西峰彩葵园和朝阳蓝调庄园应用了冬油菜和春油菜景观建设模式，丰富了园区观光的内容，同时也使园区的开园时间得以提前，为园区的经营和盈利创造了条件。

（二）举办了形式多样的活动，丰富了观光季的内容，增加了观光季的互动性和参与性，扩大了观光季活动的影响力

1. 开展了农田观光点的征集和遴选，增加了观光点的数量，丰富了观光的内容

活动面向全市进行了观光点的征集，农田观光点数量达到 54 个，较上年度增加了 26 个，类型包括观光农田、采摘果园、农业园区、合作社等，丰富了观光季的内容和类型。

2. 举办了面向市民开展的征集或比赛活动，增加了观光季活动的参与性、互动性和趣味性

举办了农田观光使者招募、农田观光使者采风、农田观光主题征文、农田观光摄影大赛、农田观光博客大赛、观光季活动 LOGO 征集等活动，增加了观光季活动的参与性和互动性。其中，农田观光使者招募活动，共招募到在摄影、旅游、美食等方面有一定影响力和号召力的摄影爱好者、知名旅游博主或文学爱好者共计 120 名；组织观光使者到密云石城云梦花香、怀柔九渡河月牙湾、朝阳蓝调庄园、密云人间花海、怀柔香草世界、延庆四海四季花海、房山长沟向日葵嘉年华、密云新城子雾灵西峰彩葵园等观光点进行了 8 次采风活动；观光季征文活动收到来自全国各地的诗歌、散文等有关农田和农村主题的作品 160 余篇；博客大赛吸引了来自新浪、搜狐、网易等主要门户网站的 60 名博主参与，共发表农田观光主题博文 85 篇，博文阅读数达到 220 784 次，评论和转载数达到 4 936 次，达到了利用网络手段为市民传递观光信息的目的；农田观光季摄影比赛共收到参赛作品 3 000 幅，摄影作品覆盖了北京郊区油菜花、向日葵、薰衣草、万寿菊等多种观赏性农作物，展现了一个多彩魅力的京郊农田景观；观光季活动 LOGO 征集，共有来自全国各地的 148 名设计者提交作品报名参赛，收到作品 150 余项。

3. 开展了农田观光攻略的制作和网络云推广，向市民有效传递了农田观光的信息

《白河峡谷里的油菜花静静开》《怀柔月牙湾，花间一段歌》《40 分钟行板，如歌的香草》《山谷里一场紫色的邂逅》《萃取阳光与快乐的力量》及《雾灵西峰，油菜花与向日葵同场争艳》等 6 个农田观光攻略，在 5 大门户网站上进行了发布，同时在 30 个论坛进行云推广。截至 2012 年 12 月 31 日，网络总访问量达 2 593 万次。

（三）举办了观摩培训、考察和论坛，促进行业间的交流和相互学习，提升行业水平

开展技术培训 6 次，组织观摩 15 次，观摩培训 1 720 人次，组织到外埠观摩 2 次。通过组织技术培训、现场观摩和考察，积极引导观光点利用农作物的产前、产中和产后 3 个阶段的生产特点，开发相应的活动或产品为前来休闲观光的市民提供服务，多渠道增加农民收入。此外，还举办了第二届北京景观农业产业创新发展论坛，邀请行业内的知名专家、学者、行业领头人等，开展关于景观农业发展的主题报告和研讨，为农田观光点的从业者们提供理论指引和经验借鉴。

二、第二届北京农田观光季活动的主要成效

（一）活动的带动性更强

通过北京农田观光季，带动观光点举办了石城云梦花香文化节、长沟花田节、韩村

河天开花海观光节、长沟世界葵花游园嘉年华、长沟稻菽节等地方性节庆活动，丰富了观光季的形式，强调地方的参与，使观光季做到“季中有节，节节成季”，增强了活动的带动性。

（二）宣传体系更健全、更独立

在新浪、搜狐、腾讯、蚂蜂窝等网站开通了北京农田观光季的主题博客、微博、QQ等，搭建起自媒体宣传平台，形成了“报刊 + 电视 + 旅游网站 + 自媒体平台”的宣传推广体系。

（三）活动关注度和受重视度更高

2012年，北京农田观光季活动被列为北京市京郊旅游重点任务之一。北京市农委、市农业局的相关领导多次出席观光季活动，对活动进行了指导；北京电视台、农民日报、北京晨报、北京日报、北京晚报、京华时报、京郊日报等媒体进行了报道；新浪网、搜狐网、新华网、远方网等媒体进行了相关的报道和网络转载。在农业部主办的首届全国休闲农业创意精品推介活动中，北京农田观光季荣获华北东北分赛区文化创意金奖、全国总决赛文化创意优秀奖。

（四）活动成效更大，效益更好

从活动成效来看，与2011年相比，2012年观光点的接待人数增加46.5%，接待收入增加22.4%，活动成效更大。

三、第二届北京农田观光季活动的主要经验

（一）制定了农旅结合协同发展的工作思路

北京农田观光季活动以普通农作物为主线，在开发其生产功能的同时，积极开发其文化及观赏价值，基于旅游的视角对农田进行开发，并积极与专业的旅游网站和美食网站进行合作，通过推出农田旅游攻略和乡土农产品采摘攻略等手段进行推广。

（二）建立了以市民和农民为共同服务对象的推广模式

北京农田观光季活动以满足市民生活需求为出发点，以满足农民增收就业需求为落

脚点，为市民提供休闲观光点、观光信息等服务，依托北京市农业技术推广站的技术力量，为观光点提供技术指导、培训、观摩等服务，多方位满足了都市型现代农业的发展要求。

（三）采取了线上和线下同时开展的宣传推广方法

北京农田观光季活动招募了一批爱好旅游、热衷美食、乐于与人分享，具有较高人气的网络达人作为农田观光使者，线下经常组织他们到农田观光点进行采风体验，并把他们的照片、文字、博文等在线上传播。通过观光使者的发散作用，带动更多的市民前去农田观光点观光休闲。

（执笔：北京市农业技术推广站　朱莉、王忠义、李勋）

房山区着力打造“四季房山·大美田园”

按照首都高端制造业新区和现代生态休闲新城功能定位要求，房山区将以生态休闲观光为核心，大力发展景观农业，打造“四季房山·大美田园”生态休闲美景，深度开发农业的生产、生活、生态、示范、展示、休闲等功能，加快推进传统农业向都市型现代农业转变，实现农业与旅游、一产与二三产业的融合发展，打造京郊农业休闲观光目的地。

一、强化规范引导，推动景观农业科学有序发展

（一）规划指导

规划韩村河、长沟、十渡、张坊等10个乡镇建设景观农业2万亩，分季节种植油菜花、葵花、菊花、薰衣草、二月兰、芍药花、石竹等不同品种，根据不同地域资源禀赋、功能定位、产业基础和发展前景，重点打造“二带、两湖、三线、四园”，形成房山景观农业发展总体空间布局。采取点、线、面相结合的方式，合理选点，特色引导，创新发展，确保全区景观农业的规范有序推进。

（二）政策扶持

加大政府引导力度，出台《房山区景观农业发展指导意见》。按照依法、自愿、有偿的原则，积极探索租赁经营、土地入股等多种形式，建立健全土地承包经营权的流转机制，促进景观农业的规模开发、集约发展。采取财政投资、集体出资、社会融资等形式，积极筹措资金，专项用于对景观农业项目的扶持和工作的考核奖励。

（三）科技支撑

积极争取市有关部门的支持，区农口相关单位和部门加强景观农业发展模式、品种的研发，实行农科教、产学研相结合，积极探索新途径，开发新功能，建立新模式。加

大新品种、新技术的示范、推广力度，并积极发展以农技推广部门为主体、农民专业合作组织为补充的新型农业服务组织作用，加大农民科技培训力度，为全区景观农业发展提供智力科技支撑。

（四）模式创新

着力打造长沟“水岸花田”、韩村河“上方花海”、周口店“迎风花谷”、十渡“绿野花海”、张坊爱琴海薰衣草庄园、琉璃河古桥河苑等一批景观农业新亮点，构建“沟路林渠景观农业、山坡梯田景观农业、农田田园景观农业、梨园花海景观农业、登山赏花（叶）景观农业”等不同景观农业发展模式，使单纯的农业资源变成农业景观，成为旅游资源，形成新的经济增长点。

二、统筹城乡发展，努力构建景观农业建设新格局

（一）整合资源，打造观光休闲产业带

整合提升农业优势产业资源，与休闲产业相融合，建设景观农业产业带，实现产业升级，形成有一定影响力的区域品牌。重点打造琉璃河梨花观光休闲产业带、长沟“城市之外、水岸花田”景观农业产业带、韩村河“上方花海”景观农业产业带、周口店黄山店登山赏叶观光产业带、十渡山水文化休闲观光产业带、张坊磨盘柿薰衣草观光休闲采摘产业带、蒲洼高山菊花松林休闲观光产业带等具有区域特色的休闲观光产业模式，推进区域经济发展。每年打造5个区级最美乡村、5条最美乡村路、5块最美农田。

（二）融入文化，拓展产业发展内涵

借助于农业景观优势，深度挖掘区域文化特色，把花田与文化有机结合起来，让市民在观赏优美田园美景的同时，领略当地文化的魅力，适时举办花海摄影、焰火表演、篝火晚会、婚俗婚

庆、健身讲座、笔会交流、亲子娱乐、户外野营、果园采摘、美食小吃、农家乐、特色农产品展示、旅游推介等乡村旅游综合活动项目，充分展现龙乡大地文化特色，且年年有不同，年年更丰富，让市民在休闲观光之余，陶冶身心，释放情怀。

（三）包装推介，举办特色农业节庆活动

大力推动城乡交流，展现景观农业资源，促进农业休闲观光产业发展。每年都要举办琉璃河梨花文化节、长沟花田音乐节、韩村河天开花海观光季、周口店黄山店登山节、十渡山水文化节、青龙湖槐花节等系列活动，节节各不同，季季有看点。还组织“赏农田景观房山游”、“相约房山自驾游”、“城乡互动和谐游”等系列主题观光休闲旅游活动，推出30个精品观光采摘园、10条特色景观农业休闲旅游线路、100户农家特色美食趣味采摘。

三、把握发展方向，推动景观农业可持续发展

突出经济功能，与区域经济发展相结合。景观农业建设的目的是繁荣和发展农业农村经济，在充分考虑其景观价值和生态价值的同时，更要充分考虑其社会价值。通过扩大对外宣传和推介力度，实施资源与资本对接战略，以花为媒，以景引人，以情招商，吸引大企业、大资本，投资本地区，推动区域经济发展。

（一）突出生态功能，与生态文明建设相结合

紧密结合平原造林、山区造林、矿山修复等生态工程，创造人与自然和谐的良好生态环境。以景区（点）周边、公路沿线为重点，种植花草、树木，大力发展林下经济，进行绿化美化，利用人文历史、民俗古迹、旅游景观，辅以园林绿化，结合发展特色农

业田园景观，形成独具一格的、高品位的生态景观带、休闲娱乐场所。在追求经济效益的同时，更注重社会和生态效益，在保证农民增加收入的基础上，实现经济、社会和生态效益的统一。

（二）突出创意功能，与农业科技相结合

依托现代农业技术，不断丰富景观作物品种，打破结构单一、花色单一、季节单一现状，把景观农业做活、做强、做出创意。充分应用美学、艺术学、生态学等学科的基本原理和方法，将农业与农耕文化、景观与造型艺术相结合，使其成为具有高品位、特色化、艺术化、文化型的新型创意农产品，促进农产品由实用功能型消费向文化审美型消费转变。

（三）突出文化功能，与品牌建设相结合

充分挖掘区域特色农业的文化底蕴，把文化与农业、文化与景观有机结合，不断融入文化内涵，建设的农田景观以及开发的农业产品应备受市民青睐，打造亮点，创出品牌。适时策划一批休闲观光农业大型节庆和游乐活动，举办具有浓郁地方特色的农事节庆活动和乡村旅游，串点连线，成片开发，扩大对外影响力，带动农业观光旅游业发展。

（四）突出休闲功能，与旅游景区相结合

坚持景观农业布局与旅游景区相结合，成为景区旅游产品的有力补充，促进景观农业常态、有序发展。与此同时，充分发挥市场导向性作用，鼓励多元投资景观农业建设，建立多渠道、多层次、多元化投资体系，引进企业实体，走企业化之路，积极探索政府、企业、农民3方共赢模式，使企业盈利，农民增收，政府满意。

（执笔：房山区农委　朱文生、刘文新）

延庆县整合资源建设“四季花海”沟域

延庆县总面积 2 000 平方千米，其中山区 1 320 平方千米，占 66%。“十二五”时期，总体目标定位是全面建设环境优美、生态宜居、富裕文明、幸福和谐的绿色北京示范区，把山区沟域作为新的战略增长极来打造。经过规划、整合、完善等环节，完成了高水平、高创意、具有较强操作性和可实施性的“四季花海”规划方案。规划以发展特色花卉产业为主，打造独特的大地景观，最终形成以花卉产业为核心、生态旅游业为主导、循环农业为特色的新型农村经济结构，实现“一三互动、二三互送、三三互融”的产业发展模式。

一、基本情况

四季花海沟域位于延庆县东部山区，涉及刘斌堡、四海、珍珠泉 3 个乡镇，总面积 375 平方千米。沟域内环境优美，空气清新，水资源丰富，拥有九眼楼、凤凰驼、西沟里原始次生林等众多自然景观，以及珠泉喷玉、齐仙岭等历史文化遗迹，并积极打造了泉水香鸭、世外桃源等特色民俗户，旅游业得到快速发展。近两年来，在市委、市政府的领导下和各相关部门的大力支持下，延庆县坚持以保护生态环境为前提，以加强基础设施建设为重点，以发展特色产业为核心，以促进农民增收为根本，高标准规划、大力度推进，四季花海沟域经济建设取得了明显的效果。

二、具体做法

为统筹做好四季花海沟域的建设工作，成立了由县主要领导任组长的四季花海沟域建设领导小组，提出沟域建设要切实遵循四项原则，重点实施“六大工程”。

（一）遵循四项原则

1. 坚持政策集成、资金聚焦、部门联动的统筹原则

县财政设立 3 000 万元专项资金，用于支持四季花海沟域建设。同时，充分整合资源，把产业发展、生态建设、流域治理、基础设施、公共服务设施、新农村建设以及文化、体育等相关政策和项目有序向四季花海沟域倾斜，提供良好的资金保障。制定相应的沟域经济招商引资政策，积极引进社会资本，形成集聚效应。已引进绿茵溪谷乡村酒店、四季花海国际颐养园等 10 余个社会投资项目，总投资额达到 2.5 亿元。

2. 坚持农业产业结构调整和打造优美大地景观相结合的原则

积极推动农业产业结构调整，把发展花卉作为主要产业，并纳入到《北京市花卉产业 2008 ～ 2015 年发展规划》，不断探索创新花卉产业运行机制，实行镇政府引导、以花卉生产企业和花卉种植大户为经营主体、花卉科研院所为外部技术支撑、农民合作组织为纽带、广大农户广泛参与的产业发展模式。在四季花海整条沟域的可视范围内大面积种植各种花卉，打造大尺度、高品位的花海景观，促进一产向休闲农业、观光农业、创意农业的拓展和延伸，实现由单一生产型农业向生活型农业和生态型农业转变，使一三互融、农旅互动。

3. 坚持环境整治和改善农村生产生活条件相结合的原则

把环境综合整治作为沟域经济建设的重点，按照 A 级景区标准，根据“清、拆、整、理、联、绿、美、精、特、全”10 字方针，加强农村环境综合整治，彻底改变农村脏、乱、差的环境面貌，形成优美的生态观光休闲环境。开展生态文明示范户评比活动，引导农民树立良好的环境意识，让优美的大地景观、整洁的村庄环境为农民提供良好的生产生活条件，建设村容整洁、乡风文明的美丽乡村，为实现四季花海大景区的建设目标和招商引资奠定良好的环境基础。

4. 坚持发展特色产业和农民增收致富相结合的原则

大规模发展特色产业，在开发经济价值的同时，进一步增强休闲、观光和体验功能。

结合全国旅游标准化示范县创建工作，提升民俗户的综合服务水平，满足广大游客的休闲观光需求，让农民获得更高的收入，从而达到增收致富的目的。在发展特色产业的过程中，依托农民专业合作社，充分发挥农民的主体作用，利用农民专业合作社通过土地流转实现花卉的统一种植和管理，企业定单收购、加工，形成“公司＋合作社＋农户”的产销模式，农民实现租金、佣金和股金“三金”收益。

（二）实施“六大工程”

坚持一流标准，实施“六大工程”，推进四季花海沟域建设。①整合3个乡镇和相关部门在沟域的项目，以配合沟域的规划与建设，重点启动菜食河流域地表水源治理项目、绿色通道工程、森林健康经营等重点工程；②依托四海镇的花卉产业基础，继续扩大花卉规模，在3个乡镇47千米沟域的可视范围内重点形成9个花卉观赏园区，种植品种总面积达到1.3万亩；③加快推进四宝路拓宽改造工程，高标准建设旅游综合服务中心、停车场、观景台，完善自行车骑游线路、登山步道、园区观光步道等基础设施和旅游公共服务设施建设；④以绿化美化、拆违拆旧、外立面整治、垃圾分类、生态文明户创建为主要内容，按照A级景区标准大规模开展环境综合整治工程；⑤以高端休闲度假和养老养生为方向，积极吸引大型投资机构进行投资建设，并促进已达成意向的项目尽快落地建设；⑥利用电视、报纸、网络等媒体，建立市场信息平台，进一步提高四季花海沟域的知名度和吸引力。

三、取得的成效

（一）山区生产生活环境明显提升

结合沟域的产业发展和生态环境特点，大规模推进环境整治，开展“景观化建设”。已拆除私搭乱建1.1万平方米、清理柴草垃圾8万方、改造沿线村庄墙体外立面1.3万平方米，完成公路两侧及地被绿化美化44万平方米；修建14处生态停车场、13处沿线观景台、6处环保公厕；完善观光步道、骑乘路线10万平方米，道路升级改造50千米；对15个村实施垃圾分类、创建生态文明户340户，建设了村容整洁、乡风文明的美丽乡村，为农民提供了良好的生产生活条件。通过大规模的环境整治和生态提升工程，沟域沿线环境得到极大改善，呈现出“树在村中、村在林中、绿色掩映、树木相连”的景象。

（二）大尺度大地“花海”景观初步显现

按照A级景区标准，大规模开展拆违拆旧、镇区改造、绿化美化等工程，彻底改变农村脏、乱、差的环境面貌；加大旅游基础设施建设力度，精心建设生态停车场、观景台、观光步道、骑乘路线，对珠泉喷玉、九眼楼等景区景点进行升级改造；对主要景观、产业、村庄节点等进行设计、创意和打造，在整条沟域的可视范围内大面积种植具有经济价值和观赏价值的作物，重点形成了万寿菊、百合、玫瑰等9个花卉观赏园区，花卉种植总面积达到1.3万余亩，打造出了北京乃至华北地区尺度最大、最具震撼效果的大地花海景观。

（三）社会知名度明显提升

广泛利用新闻媒体进行宣传报道，深化四季花海品牌。积极建设留香谷香草园，成为年轻情侣婚照圣地；策划举办“畅游四季花海、醉享画里乡村”首届休闲赏花季等活动。中央电视台的教育、农业频道，北京电视台的四海漫游、京郊大地、这里是北京等栏目，北京交通台连线直播相继对四季花海进行了报道；北京日报、中国旅游报、北京晨报、北京晚报等10余家报社刊发了照片和文字。搜狐、网易、千龙等各大网站、博客刊登转载关于四季花海的信息、照片近5万条，扩大了四季花海知名度，越来越多的市民走进四季花海。四季花海与百里山水画廊“遥相呼应、沟连闭合”，初步实现了打造东部山区环形沟域经济产业带的发展目标。

（四）农民收入明显增加

花卉产业规模的不断扩大与发展，把花卉产业从单一的种植观赏、出售初级产品向精深加工延伸，提高产品附加值，实现了花卉产业经济效益的最大化。整条沟域接待游客70万人次，沟域内花卉产业年综合收入4 550余万元，带动农民就业1 900余人。花卉产业在开发经济价值的同时带动了乡村旅游产业的发展。推出自行车骑游、地质科普游、花卉观光游等旅游产品。同时积极打造了17个特色民俗村，263个民俗户，推出一系列特色餐饮，进一步增强了休闲、观光和体验功能，成为游客食宿的主要目的地。总之，四季花海逐渐

成为全市沟域经济发展的新亮点，也成为山乡农民增收致富的“生态金廊”。

四、发展展望

下一步，四季花海沟域将在原有基础上提档升级。

（一）继续巩固花卉产业

在稳定规模的基础上，引进新品种，科学种植、提高深加工能力、确保花卉产业的可持续发展。

（二）进一步做大沟域旅游产业

按照旅游标准化示范县的各项指标要求，加快旅游咨询服务站、导识系统建设，完善四季花海沟域旅游服务体系。以打造中国自行车骑游第一县为契机，深度开发自行车骑游等生态旅游产品。以旅游休闲产业为导向，推动一产向三产融合，加大农业产业结构调整力度，发展创意农业，切实把农产品转化为旅游产品。加大招商引资力度，引进旅游休闲、健康养老等社会资本共同开发沟域，推动沟域经济发展再上新台阶。

（三）进一步推动民俗旅游发展

把发展民俗旅游作为促进农民增收致富的重要举措，在适度扩大规模的基础上，重点在推动民俗旅游村户升级上下功夫。按照民俗旅游标准的要求，认真开展星级评定，在民俗符号、特色餐饮、环境卫生等方面加强对民俗旅游村户的精细化指导，切实建设一批精品民俗村户，满足游客的多元化需求。

（延庆县农委　供稿）

北京鹅和鸭农庄创建一流的绿色生态休闲农庄

北京鹅和鸭农庄有限责任公司成立于1998年，注册资金1 000万元，位于风景秀丽的怀柔区桥梓镇，占地2 326亩。历经10余年的发展，已成为集农业观光、餐饮住宿、休闲娱乐及会议拓展于一体的综合型绿色生态休闲农庄。2010年被评为国家AAA级旅游景区，2012年被评为“全国休闲农业与乡村旅游示范点”，也是中央及北京党政机关会议定点单位。

一、基本情况

鹅和鸭农庄以自然风光为依托，大部分面积被树林和果园所覆盖，包括梨园、桃园、苹果园、李子园、杏园等。游客春季可以赏花，秋季可以摘果，就在严寒的冬季也有丰富的娱乐项目，堆雪人、打雪仗、滑雪圈，大棚采摘等。农庄先后建立了数十个农业大棚，棚内种植了菌类以及各类绿色蔬菜。除了现有的娱乐项目，如骑马、射箭、游泳、卡丁车、真人CS等，农庄还建有动物观赏区，有鸡、鸭、鹅、兔子、驴、马、孔雀、鸵鸟、大雁、野猪等。

农庄具有一定的接待规模和较强的接待能力。在住宿方面，有3个住宿区，林间木屋、河边别墅、豪华邮轮等风格各异的客房，共240多间，能同时容纳500多人住宿。在餐饮方面，拥有3个室内就餐区、2个室外就餐区，共有1 200个餐位。中西相结合的餐饮风格，实在的农家饭菜，纯正的西式自助餐加烧烤，满足了中外游客的不同饮食需求。

农庄现有员工总数150人，其中服务人员110人，大部分来自当地农村，促进了当地农民的就业。

二、经营管理

农庄以发展观光休闲农业为特色，修建了农耕园和动物观赏区。以“鹅和鸭创意文化之旅”为主题，将农耕、养殖文化与旅游相结合，吸引了大批的游客。农耕园以发展绿色养殖为主，种植了各种菌类和绿色蔬菜，产品安全、健康卫生。从乡村酒店到春季邮轮，再到西部娱乐区，每个区都可为客人提供休息、用餐、住宿、娱乐等服务。农庄的厕所分布均匀，除了客房内的厕所，每个休息区域、餐厅均有公共厕所，并且厕所整洁卫生，有专职人员定时打扫、维护，报修之后能及时维修。有符合环保标准的污水处理设施。

农庄经历10余年的发展，工作制度完善。每个员工人手一本员工手册，每个岗位职责分工明细，人员配备齐全，各个接待环节协调有序。销售部、市场部、客房部、餐饮部、娱乐部、后勤部等部门分工明细，配合良好，无旅游投诉和事故。

农庄十分注重安全生产工作。有健全的安全应急预案，如《安全生产应急预案》《地质灾害紧急疏散专项应急预案》《治安案件专项应急预案》《防火专项应急预案》《防汛专项应急预案》《交通事故处置预案》《食物中毒应急预案》《停车场安全保障工作应急预案》等安全应急方案，并且积极落实。在10余年的经营过程中没有出现过重大事故。

三、网上商城

2012年10月，鹅和鸭农庄凭借自身优势，在原有基础上，建立了“鹅和鸭网上商城”，主营农庄及周边农户的土特产品、绿色蔬菜水果、粮油调味、肉乳制品等。鹅和鸭网上商城分为几个部门，分别是：技术部、设计部、后台部、销售部（售前部和售后部）、库管部、配送部等，各部门各司其职，运转有效。通过建设网上商城，不仅将鹅和鸭农庄的农副产品，而且将北宅村及桥梓镇周边，甚至怀柔区内的特色农副产品进行网上销售、配送，有效增加了农民收入，活跃了城乡经济。

四、经营效果

近几年，鹅和鸭农庄发展平稳。年接待游客由2010年的10万人次，上升到2012年的18万人次/年；从业人数由2010年的120人，增至2012年的160人；观光休闲农业收入由2010年的1 188万元，增至2012年的2 434万元；纳税总额由2010年的80万元，增至2012年的102万元。

（北京鹅和鸭农庄有限责任公司　供稿）

北京华坤庄园用生态与绿色诠释和谐之美

长城下，古道旁，往昔烽火狼烟的塞外战场，华坤人用智慧和汗水打造出了一个群山环抱、碧波荡漾、奇瓜异菜、鸟语花香的生态庄园。夕阳下，千年古烽火台就像一个历经沧桑的老人，见证着这里日新月异的变化。酒坊、豆腐坊、香油坊、米坊、垂钓池等这些可以让人感受和重温那古老而又原态的生活过往。蒙古大营的咧咧旗帜，俄罗斯风情的木楼，向游人展示了充满神奇而又浪漫的异国风情。生态与绿色诠释自然与生命的和谐之美 .

一、基本情况

北京华坤庄园位于延庆县境内，紧邻八达岭长城。占地近 500 亩，交通便利，京藏高速（八达岭高速路）62 出口东行 4.5 千米即可到达。它是一座以绿色生态为主题的休闲农庄，以现代种植业、养殖业为主，有全国独一无二的 2 008 米瓜廊，以及特色餐饮——全瓜宴。4 栋豪华别墅，152 间装修别致的客房，3 栋俄式风情木楼，多个设施完备、风格各异的会议室，独具特色的中西餐厅、风味餐厅，十几种健康、时尚的休闲娱乐项目，给了游人更多的选择。

二、经营理念

随着工业化的发展，城市污染严重，生活压力不断增大，人们越来越向往拥有青山绿水、清新空气及宁静的环境。华坤庄园以纯生态、养生为主题，致力于以休闲农业为主要内容，建设农村原生态的景观，提供绿色饮食、清静自然的环境，打造京北一处集旅游度假为一体的农业庄园。

在庄园建设过程中，以原生态的文化为基调，以绿色环保为基础，以农业生产和乡村生活为依托，以农耕文化为核心，利用田园景观，将传统农耕文化与现代休闲体验巧妙结合，为游客提供乡村生产、生活、休闲、体验以及住宿、餐饮等服务，较好地满足了中高端游客的需求。

三、经营内容

（一）特色的生态餐饮

庄园在大力发展有机农业种植的基础上，开发具有庄园特色的餐饮文化。庄园设有可同时容纳百人用餐的自助餐厅，可提供 400 人同时用餐的特色宴会厅和十几个各式特色的餐厅包房，再加上 10 座极具蒙古风情的蒙古包，可为游客提供良好的就餐环境。同时，庄园绿色有机农业种植所产出的特色时令瓜果，以及一些特色养生蔬菜，如食用大黄、养心菜、黄秋葵、羽翼甘蓝等，为特色餐饮经营提供了丰富的食材。另外，为了体现原生态，自建了酒坊、豆腐坊，发展柴鸡、珍珠鸡等特色禽畜养殖，自建养鱼池 3 座，力争让来庄园的各个层面的消费者都能吃得舒心。在菜系选择上，庄园以特色精致农家菜为基础，以全瓜宴为特色，以烤全羊、烤包子、烤馕等为补充。

（二）舒适的住宿环境

庄园建有特色各式客房 152 套，包括 4 星级标准客房、欧式独体别墅、俄式木质别墅，力争让客人享受舒适、整洁、优雅的住宿环境和管家式的贴心服务。

（三）丰富多样的娱乐项目

为了让游人能享受到远离城市的喧嚣，达到身心的放松，庄园也根据自身的特点设置了一些娱乐设施和项目。

1. 发展农业娱乐

主要有采摘、垂钓。特菜种植区分为观赏区、采摘区，种植了 100 多种特色有机蔬菜，如秋葵、食用大黄、朝鲜蓟、水果、玉米等。天池垂钓区，水面近万平方米，池塘景观化设计，沿途种有绿植、花草，建有木制拱桥，成了钓鱼爱好者的天堂。2 008 米南瓜长廊，更是视觉盛宴。瓜廊内种植了 200 多种瓜果，沿途设有文字介绍，夏季漫步其间，在避暑纳凉的同时，又能了解农业知识，令不少市民特别是摄影爱好者留连忘返。

2. 体验原生态生活项目

推碾子、水井打水，体验农村生活，这些看似简单的休闲项目，反而吸引了生长于城市里很多小朋友和青

少年的眼球。

3. 康体娱乐项目

主要有爬山、KTV、台球、乒乓球、羽毛球、棋牌等。庄园内有一座古寺庙遗址，建于山顶。现寺庙已不见踪迹，只有一座荒山，记录着沧桑历史。很多游客，都会选择清晨来此爬山，俯视园区美景，也能欣赏到延庆县城核心区域全貌。每到夜晚，游客可与庄园的专业演出团队，在篝火旁表演互动。另外，2012 年又设立书画苑、华坤博物馆等，供客人参观游玩、鉴赏品味。

四、经营管理

庄园按照科学管理、造福一方的宗旨，为延庆周边闲置劳动力提供了 100 多个就业岗位，为他们提供了一个实现自我价值的平台。同时，这些员工也为庄园的发展建设付出了辛勤的汗水。庄园定期组织员工培训，不仅提高了服务质量，也提升了员工的整体素质，其中一部分员工已成长为基层管理者。

为解决污水问题，庄园投资自建中水处理站，处理过的污水变为中水，可以直接用于养鱼、灌溉，这样既节约了水资源，降低了成本，也有效保护了庄园的环境。同时，养殖业也为庄园有机农业的发展提供了丰富的肥料来源。近期又试点引进了太阳能等节能设施，旨在营造出一个集绿色、生态、环保为一体的生态产业链。

华坤庄园的发展，吸引不少媒体前来采访报道。北京电视台的京郊大地、CCTV–7 的乡约栏目，北京交通台，新京报、北京青年报、精品购物指南等报纸，对华坤庄园进行了宣传报道，效果较为显著。此外，还在延庆县城内摆放有影视宣传灯箱，庄园自己也有网站，可提供在线预定服务。

细分市场，实施贴心服务。华坤庄园自 2009 年 5 月 1 日正式对外营业以来，一直注重细节服务。建立客人个人档案，记录个人偏好，如房间朝向、茶叶品类等。在客人再次入住时，庄园能够较为准确地为客人提供个性化、人性化的服务。此举深受客人欢迎，维护住了一批较为稳定客源市场，回头率较高。目前，华坤庄园有一批较稳定的中高端客户，其中集团客户约占 65%，散客约占 35%。

华坤庄园的努力，终于结出了硕果。2012 年，华坤庄园被中国旅游协会休闲农业与乡村旅游分会评定为全国休闲农业与乡村旅游四星级园区。

（执笔：北京华坤庄园　姜丽娟）

康顺达建设百瓜争秀的“瓜呱世界”

2012 年，北京康顺达农业科技有限公司制定了园区发展规划，以发展休闲农业为主线，整合优势资源，按照星级标准，提升园区综合设施水平和服务能力，进而以品牌优势赢得市场。经过一年的努力，康顺达生态园经过国家相关部门和专家委员会的评审，被认定为全国休闲农业与乡村旅游四星级园区。

一、确立和培育特色农业品牌

康顺达生态园地处密云县河南寨镇平头村西，毗邻潮白河东岸，土质沙化，适宜种植瓜果、花生和果类、根茎类蔬菜。如何塑造一个既利用本园区优势资源，又能凸显休闲农业特性且个性鲜明的生态园区？经过公司上下创意研讨，最终确定了以西瓜、甜瓜为主打产品，以休闲农业为发展方向，建设百瓜争秀的“瓜呱世界”生态休闲园。

为保证产品品质和园区的品牌形象有一个质的提高，聘请了京津冀闻名的蔬果种植专家进行指导。康顺达的西瓜采用了北京农科院的种植技术，充分利用当地昼夜温差大、土壤含砂质的特点，优选北京农科院的专利产品，种植早春礼品小西瓜，皮薄约 1.5 毫米，瓜瓤红润，吃在口里又甜又脆，加上“纸皮西瓜”的别称，游客很喜欢。康顺达的甜瓜是北京农科院多次获奖的产品，是一个风味高雅、种植技术要求较高的品种，甜度达到 17%。目前，能在冬季和早春种植此品种甜瓜的基地仅农科院基地和康顺达基地两家。在实际种植过程中，采用吊蔓种植，一棵秧只接一瓜，享受“独生子女”待遇，不施化肥，不撒农药，原汁原味，甜度比普通瓜要高出两三个甜度，2012 年康顺达“独生子女瓜”成为媒体争相报道的热点。

为了扩大影响，在县、镇政府的支持下，于 2012 年 5 月 16 日举办了“密云康顺达西甜瓜采摘节”，打开了局面，形成了北京南有“大兴西瓜节”，北有“密云康顺达西甜瓜采摘节”的格局。

二、建设和配套休闲农业设施

园区最初的定位是设施农业。为发展休闲农业，更好地满足游客的需要，2012 年，对休闲旅游设施进行了配套建设。

（一）完善交通设施

园区内修建了大型停车场，停车场容量能充分满足游客接待量要求，停车场标志规范、醒目，绿化美观，与景观环境协调。在从市区到园区沿途道路两旁，设置大量路标，方便游人前往，并在北京市旅游委的支持下，在园区设立了北京旅游康顺达咨询处，方便游客了解密云及周边景点。

（二）改进游览条件

建成大型温室百瓜廊，集中体现康顺达瓜呱世界特色，成为园区标志性景物区，供游人拍照留影。在园区内增加景观指示牌 40 块，设计造型贴近农业特色，艺术文化氛围显著提高，有效地指引游客参观和采摘。尤其是针对种植的各种作物进行详细介绍，游客从中可了解一些农业知识。增设农业科技展厅一座，配有相关展示设备，让市民特别是中小学生能够直观地看到农业生产中的“科技”，达到科普的作用。增设游客凉亭 6 座，供游客休息用。修缮和铺设游客景观路 1 000 米，方便游客旅游和采摘，感受直观的农业环境。增设路灯照明系统 49 盏，除照明外，也方便游客夜晚游玩。

（三）配套食宿设施

建成一座 400 平方米的游客自助餐厅，方便游客采摘蔬菜后进行烹调，提高参与体验的乐趣。正在建设中的培训中心 10 000 平方米，提供客房 120 间，星级住宿标准间，24 小时热水，独立卫生间，配备相应的客房设备和娱乐设施。

通过完善接待服务设施，康顺达生态园可供游人四季采摘，养殖区可以垂钓、捡鸡蛋鸭蛋鹅蛋，开心农场可供个人、集体认耕，还可接待团体观光、会议和农事体验活动

等，休闲农业特色已初步形成。

三、加大管理和市场推广力度

随着游人的增多，我们认识到，必须加强园区管理。健全园区内部管理规章制度，投诉处理及时、妥善，档案记录完整。管理层全部取得有关部门要求的资格证书，80%以上的员工进行了专业培训。初步形成了康顺达的服务特色，即对客人不仅礼貌、热情、友好、一视同仁，而且表情自然、服务亲切、微笑服务。园区内环境卫生，保持干净整洁，无污水、污物，无乱堆、乱放、乱建现象，建筑物及各种设施设备无剥落、无污垢。

加大对康顺达休闲农业品牌的宣传和推广。2012 年，在中央电视台、北京电视台、旅游卫视、人民日报市场专刊、文汇报、北京晚报、北京青年报、北京人民广播电台，光明网、中青在线、新浪网、乐途网等 24 家媒体和网站，共推出 10 多个关于康顺达的电视报道、30 多篇平面报道，提高了康顺达品牌的知名度。

通过以上工作，康顺达取得明显的经济社会效益。2012 年，康顺达以特色瓜果为主打产品，在北京市场独占鳌头，多次在有机食品展、绿色食品展上赢得国内外客户的青睐，销售收入 3 000 余万元，持卡会员 2012 年净增 2 000 余人，园区全年接待游客 10 万余人次。通过“公司 + 合作社 + 农户”，带动周边 30 多家农业合作社，近 4 000 户农户发展瓜果、蔬菜种植，农户亩均收益实现 3 000 多元。

（北京康顺达农业科技有限公司　供稿）

依托皇室农耕文化打造“京西稻耕读文化园”

2012 年是京西稻耕读文化园向社会全面推广跃进之年，社企合作的北京大道农业有限公司，在国家级京西稻标准化示范区及京西稻文化科普休闲园的基础上，利用地处上庄翠湖湿地旅游集聚区和海淀高科技园区的地理优势，针对海淀区知识分子聚集的特点，将京西稻传承的农耕文化、皇家养生休闲文化、生态文化进行提炼和衍生，推出体验式耕读休闲旅游的文化模式，大力开发适宜休闲体验的生态田园景观，精心策划独具民俗特色的农事节庆活动，深入挖掘弘扬底蕴深厚的皇室农耕文化，拉近了城市居民与土地的距离，密切了城乡居民的关系，使历史、文化、乡村、田园有机结合，演绎出了京西稻全方位服务市民的产业模式，显著提高了京西稻耕读文化园的影响力和知名度，取得了较丰硕的成果。

一、基本情况

京西稻耕读文化园位于海淀区上庄镇西马坊村，在原京西稻文化科普休闲园的基础上提升建设而成的。园区占地面积 1 600 亩，其中京西稻田 650 亩，生态林地 950 亩。配套有集餐饮、住宿、休闲于一体的稻香小镇，提供认养体验、农产品初加工与配送一站式服务的快乐农庄，以及消夏避暑生态林休闲区。

经过 4 年的努力，由北京大道农业有限公司和西马坊水稻合作社共同开发经营的京西稻耕读文化园，已经成为国家级京西稻标准化示范园区，取得了环保部颁发的有机农场（转换期）认证，区级非物质文化遗产认证，2012 年京西稻礼品“皇家粮仓”荣获北京第九届礼品银奖，成功通过资格评审，率先成为全国青少年儿童食品安全科技创新实验示范基地，园区还有幸成为中国红学会曹雪芹研究会的分会场。文化园已成为海淀区高校和科技产业园区的白领周末休闲放松的后花园，全年接待游客 5 万余人，总收入 2 000 万元。

二、做法与成效

（一）全面打造与京西稻文化相关联的生态旅游设施

随着京西稻品牌知名度的提升及其影响力的扩大，越来越多的游客已经不满足家中品尝“京西稻米香，炊味人知晌，平餐勿需菜，可口又清香”的京西贡米，而想亲临稻海田园，深入品味京西稻历史文化，体验钓蟹摸鱼的乐趣，分享春种秋收的喜悦。为此，亟需开发休闲体验式旅游设施。

1. 建造“稻香小筑”

投资300万元，在京西稻供水渠沿岸修建了一排近1 000平方米的度假木屋，全部安装地暖、空调、宽带和有线电视，而住宿则采用了东北6平方米的阖家大炕，既满足了高档舒适的住宿需求，又不失田园风格。每家小筑前还有10平方米菜园，使一家人能枕着稻浪入睡，听着布谷鸟的叫声苏醒，亲自采摘带着露水的蔬菜，做自助早餐。全年接待住宿5 000人次。

2. 修建二十四节气粥棚、餐饮中心和多功能厅

二十四节气京西稻免费施粥一直是文化园的农事节气活动。为了接待更多的游客品尝京西稻，公司特地投资30万元修建了大柴锅粥棚，并配合游客品尝皇家养生菜和体验上庄民俗餐饮的需求，修建了800平方米的度假餐厅、400平方米的烧烤园区、200平方米的林下凉棚、200平方米的多功能厅，可满足游客餐饮娱乐需求。

3. 修建豆芽房、面包房、鲜米屋

针对游客对磨豆子、生产纯天然豆浆、豆腐、豆芽的体验要求，快乐农庄开放了豆芽房、面包房、鲜米房，让客人亲自体验产品初加工的乐趣。此外，快乐农庄引入中国农业大学有机豆芽生发技术后的科研产品，完全回归20世纪60年代的豆芽生发方式，使豆芽成为公司生态食品的招牌。

4. 修建小动物园、钓鱼塘、小菜园、儿童游乐园和拓展基地

回归田园接地气是文化园的宣传中心。为了让家长、孩子、学生各得其乐，公司投资100万元修建了小动物园等娱乐设施，对小菜园和小动物采取年度认养的方式，使周末休闲旅游成为劳动旅游、科普旅游、智力旅游。

（二）依托农事开展丰富多彩的节庆活动

1. 全年常规活动

周六日“米市”，皇家贡品及各地特产大集；周六日儿童科普乐园主题活动；二十四节气京西稻养生粥；四季主题餐饮，其中第一季度为火锅美食季，第二季度为皇家养生美食季，第三季度为上庄丛林农家美食季，第四季度为京西稻稻田美食季。

2. 主题活动

2012 年 5 月 27 日，举办文化园第二届京西稻插秧节，包括祭天、春耕表演，稻田摸鱼、插秧比赛和环湖自行车大赛，吸引 5 000 多游客参加。10 月 2 日，公司秋季运动会，包括搬南瓜、亲子跳、抽赖皮、推铁圈、包粽子、粘糖葫芦等具有乡村情调的休闲体育项目。10 月 22 日，第二届京西稻收割节，包括丰收表演、皇帝赐粥、市民收割比赛、丰收大集、小吃一条街。

3. 特色活动

在一季度，有腊八品粥日，米市优惠供腊八米，免费喝“慈禧腊八粥”。在二季度，有“种子节”，提供各种菜种、花种、小鱼苗。在三季度，有农庄相亲大会。在四季度，有京西稻鲜米节，米市优惠供应京西稻，打米糕，京西稻大粥棚免费喝新米粥。

4. 拓展相关产业链

通过“三个结合”，延长产业链。① 与草编业结合。在西马坊村里建立了京西稻草编工艺坊，发展以稻秆等秸秆为原材料的草编手工艺品，使秸秆等废弃物得到了再利用，同时作为大米包装、工艺品来销售；② 与美食结合。稻香小镇餐饮中心研发了皇家美食和上庄乡村美食两个系列的文化产品，其中叫花鸡和御田蟹是与皇室文化和京西稻生态种植紧密联系的美食代表，玉米饽饽和菜根香则再现了西马坊村乡村饮食的特色；③ 与米酒酿制业结合。以京西稻为原料，发展京西稻特色系列米酒酿制加工业，拓展了京西稻种植产业链，进一步提升了产业附加值。

5. 多渠道宣传

除了利用电视、互联网、广播、报刊、户外投放广告等常规媒体宣传外，公司还签约科影厂，由公司投资筹拍大型纪录片《京西稻》。公司的快乐农庄每周派出 3 次生态农产品大篷车，深入 12 个社区和 3 所大学，广泛宣传耕读文化园和快乐农庄的健康食品定制、宅配到家的服务理念，收到了较好的效果。

三、经验与体会

（一）理清思路，全面营销

以京西稻文化集聚人气，以休闲度假园积累口碑，以快乐农庄定制直供健康农副产品打造美誉，保留乡村符号，植入历史文化元素，加大农业休闲和乡村旅游的文化内涵，以文化园区活动和快乐农庄社区营销为切入点，多方合作，精心准备，全力打造，统一宣传，形成了建设合力，促进了园区的建设运营。

（二）城市社员与乡村社员同乐，调动村民积极性

采用京西稻农事节庆活动与村民文化活动相结合的方式，调动了村民参与活动的积极性，使村民了解到文化园的建设为自己提供了更多的商业契机，激发了村民的自豪感，加快了农民思想意识转变的步伐。同时，明确农民是产业发展最终受益的主体，项目的发展最终目标是实现促进农民增收，从而调动了农民的积极性，为顺利实现京西稻从传统种植业向休闲农业与乡村旅游业的过渡发展，奠定了基础。

（三）以快乐农庄城市会员营销积累基本客源，形成口口相传的连锁效应

快乐农庄是公司的生态农产品种植、筛选、配送中心，除了公司本部种植园的产品，还集合上庄地区的有机蔬菜、水果、蘑菇种植等 8 家基地，以及全国 78 家特产基地的产品。农庄采取城市会员定制、农庄直供、从田间到餐桌封闭物流的服务方式。随着城市会员规模的不断扩大，带动了园区休闲和乡村旅游的发展。同时，78 家特产基地也将成为大道农业的连锁加盟旅游基地，这种与经营挂钩的度假模式已显示出奇特的效应。

（北京大道农业有限公司　供稿）

民俗旅游村

东辛屯村依托特色餐饮文化发展乡村旅游

东辛屯民俗旅游文化村位于大兴区青云店镇，西邻历史悠久的青云大集，东接150余亩大回城果桑园，北面是亦庄经济技术开发区，临近104国道，占地320亩，距北京中心城区仅25千米，交通便利。全村共有170户，630口人，耕地930亩。该村的特色项目有“老娘”手擀面、地道农家菜品、民俗文化活动、垂钓、农产品及民间手工艺品展销等。

一、东辛屯村的由来

东辛屯村是古镇青云店所属的一个古村落，村里的老人们常说“先有东辛屯，后有青云店”，这个历经沧桑的小村庄伴随着几百年的风风雨雨，流传着一个又一个的古老传说，激励着一代又一代的东辛屯人。据考证，东辛屯村起初名为“管头村”，原址位于今天的大回城西口，凤河北岸。清朝初年，朝廷为皇家建设围场，在凤河南岸为南海子皇家苑囿修建海子墙，管头村从此迁移到凤河以南，落户于东辛屯现在的位置。海子墙修好以后，在东南方向设有一门，名曰“迴城门”，位于今日大回城村附近。人常说“一门必对应一屯”，管头村从此改名东辛屯，为迴城门屯兵之用。清朝灭亡以后，南海子皇家猎场遭到破坏，附近的百姓捡走破旧的古城砖，有的建造房屋，有的建造棚舍。随着新农村建设的步伐加快，现代化设施的不断完善，这些老城砖也被深深埋藏在东辛屯这片故土，积淀着灿烂的东辛屯古村文化。

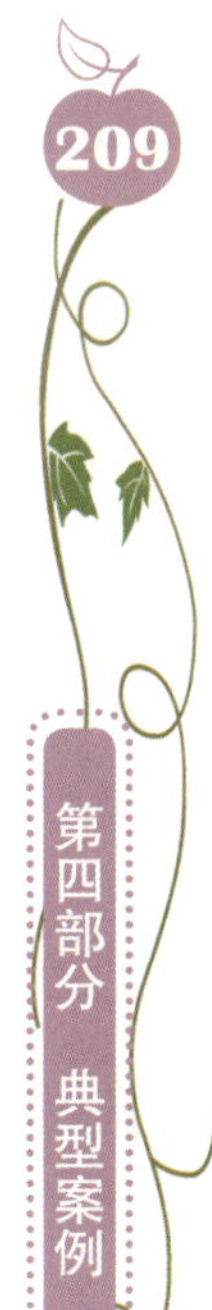

二、东辛屯“老娘”手擀面的由来

东辛屯人自古就有手擀面制作的传统，女人们更是个个心灵手巧，制作出的手擀面不仅劲道，富有嚼劲，而且风味独特，色香味俱佳，尤其是传统秘制的“八卤八码”，远近闻名，八方来客，必点手擀面吃。东辛屯手擀面名曰“老娘”手擀面，又称娘娘面。说起给面赐名的人，您应该不会陌生——大清朝雍正皇帝。

相传在大清朝雍正年间，青云店镇吴家出了一位贵妃娘娘，深受皇上的宠爱，人称“吴娘娘”。吴娘娘自嫁入皇宫后，每天吃的是山珍海味，燕窝鱼翅，时间长了，就没了胃口，再加上思念家乡的父母，饮食日渐减少，身体逐渐消瘦，精神不振。雍正皇帝知道后急忙来到后宫探望，问吴娘娘：“爱妃想吃什么？想要什么？”吴娘娘回答说：“想念小时候娘给做的手擀面了。”雍正听罢后，哈哈大笑，立即派人去京南青云店请老岳母入宫看望吴娘娘。吴娘娘的老母亲本是东辛屯人，受村里的影响，从小便会擀得一手好面，长大成人后嫁入青云店老吴家，并生下了这位贵妃娘娘。吴娘娘就是吃着老娘做的手擀面长大的。当吴娘娘吃了母亲做的热腾腾、香喷喷的手擀面后，立刻神清气爽，精神焕发。雍正皇帝见状很好奇，也吃了一碗老岳母做的手擀面，边吃边连连称赞：“好面、好面！”见到皇帝女婿夸赞自己做的手擀面，吴娘娘的母亲立刻跪拜在皇帝女婿面前说道：“臣妇的娘家东辛屯村家家都能制作出美味可口的手擀面，八方客人到我娘家村作客都要品尝，恳请万岁给我娘家村的手擀面赐个名吧！”雍正听罢，略一思索，随即说道：“既然老岳母做的面条这么好吃，就叫‘老娘手擀面’吧！”

据考证，吴娘娘一说确有其事。青云店镇志记载：“吴氏祖籍吴国始祖，世居江苏。事在大明万历年间，择吉地于青云店购良田而居焉。至第四代吴良柱时，其有一女，名平陵，以女优得选入宫，即大清雍正皇帝之妃。”如今的东辛屯民俗旅游文化村传承了传统手擀面制作工艺，越来越多的农家妇女加入到手擀面制作的队伍中，被大家称为“老娘”手擀面。

三、东辛屯村积极培育乡村旅游产业

东辛屯民俗文化村内环境整洁，鸡犬相闻，民风淳朴，街道宽阔，民俗文化浓厚，且家家户户均会擀得一手好面。2012 年，在青云店镇党委、政府“一村一品”的政策引导下，东辛屯村决定发挥当地优势，以“文化搭台，面条唱戏”，将原来单一的农业种植村打造成集休闲、餐饮、垂钓、观光、住宿为一体的民俗文化村，积极发展乡村旅游产业。

东辛屯民俗文化村的农户，户户都会做手擀面，配有八卤八码，且食材均源于该村

自产的无公害蔬菜、石磨面及农民自榨的花生油等。由村委会对民俗户实行统一的标准化管理，对从业村民进行统一培训，确保配套设施与服务的规范化、标准化。

经过半年多的探索经营，东辛屯民俗村已初具规模，拥有民俗接待户 16 户，可同时接待游客近千人，解决了 70 余名农村“4050”人员的就业问题。目前，东辛屯村的经营已逐步走上正轨，慕名而来的游客络绎不绝，民俗户日均接待量在 30 人以上，从业人员人均年收入达到 4 万元，是当地农民年收入的 2 倍之多。

东辛屯民俗村以面为缘，以民俗文化为背景，不断地挖掘、开发新的旅游产品，并推出消夏“二伏面”、“手擀面”杯乒乓球大赛、“多彩假日”、“庆丰收迎重阳”、“捏饺子大赛”等系列文化活动，受到了游客的欢迎。下一步，我村还将建造趣味迷宫等多项娱乐设施，开发民俗婚礼等项目，扩大经营范围，逐步走出一条“户户搞旅游、人人都参与、农民当老板”的民俗旅游发展路子。

（执笔：大兴区青云店镇东辛屯村　李彪）

车耳营村打造海淀山后高端休闲旅游节点

车耳营村坐落在海淀区西北部苏家坨镇域内，位于凤凰岭自然风景区南线。错落有致的农家小院，飘香的果园，蜿蜒的山脉，构成了一幅世外桃源般的山村景象。全村户籍人口340人，面积9 506亩，绿色植被覆盖率达95%，净化空气的纯度是市区的5倍，负氧离子的含量是市区的150倍，可谓天然氧吧，享有京都绿肺、自然大空调之称。车耳营村拥有丰富的历史文化内涵，村内坐落着仙人吕祖洞、诚信关帝庙、千年迎客松、北魏石佛遗址、黄普院和雄伟神秘的金刚石塔等文物古迹，吸引着各方游客。

2000年，车耳营村依托自身得天独厚的自然条件，尝试发展民俗旅游，让前来的游客有的玩、有的吃、有的住。启动初期困难重重，村民对发展民俗旅游顾虑重重，相互观望不敢尝试。为了打破僵局，村干部带头挂牌，引领示范，率先开展旅游接待。村干部还带领全体党员与村民代表到怀柔、平谷等地的民俗旅游村参观考察、交流学习、获取经验。到2012年，车耳营村的民俗旅游接待户已从最初的5家，发展到了50余家。

除了提供“住农家院、品农家菜”之外，车耳营村还大力挖掘民俗文化，开展了丰富多彩的民俗文化欣赏活动和果品采摘，包括小车会、跑驴、大秧歌等民间歌舞花会，以及3月底至4月初的杏花节，5月底至6月初的鲜杏节，5月中下旬至11月底的果品采摘节，力求为游客提供更多的参与性项目。

剪纸是车耳营村的一大特色。自2007年“北京乡村特色手工艺品推介会”后，车耳营村的剪纸受到了市区相关部门的高度重视，村内剪纸能人多次参加“艺人下乡传手艺、农民在家学技能成果展”的巡回展出，以及市级手工艺能人大赛，作品多次获奖。为了进一步提升车耳营民俗旅游村的文化内涵，让剪纸成为传统文化输出的载体，车耳营村在村文化大院内开设陈列室，展示村民优秀原创剪纸作品，并成立了协会组织，吸引手工艺能人加入。不仅如此，剪纸艺术的兴起还带动了雕刻、十字绣、手编等其它手工艺创作的发展，车耳营村的民俗内涵更加丰富，来村参观体验的学院及社会团体逐年增加。2012年国庆期间，车耳营村承接了国际旅游节部分任务，5户俄罗斯家庭来到车耳营村体验中国的传统民俗文化，使得我村民俗户的经营理念和服务意识得到有效提升。

为了做好民俗旅游接待，使之成为全村经济的增长点，车耳营村从领导班子到普通村民，都将培训学习视为进步发展的不竭动力。村委办培训，村民爱培训。近几年，多次举办了电脑培训班、“艺人下乡传手艺、农民在家学技能”培训班、民俗旅游英语培训班等。车耳营村还牵手北京外国语大学，吸纳接待国外学子来村体验中国乡村生活。2012 年 11 月至 2013 年 3 月，车耳营村组织民俗旅游接待户参加厨艺和面点培训，课程完成后每户接待家庭都将有一至两名学员拿到国家承认的中级厨师和面点证书。

有付出就有回报。经过多年的努力，乡村旅游有效拉动了区域经济的发展，全村年收入达到 1 500 余万元。车耳营村也多次荣获殊荣，2008 年被评为“北京最美的乡村”，2011 年荣获“全国文明村”称号，2012 年车耳营村又被海淀区定为新农村推进试点村。随着新农村建设进程的推进，车耳营乡村旅游的发展必将更加规范，规模不断壮大，将成为海淀山后地区的高端休闲旅游的重要节点，为北京市民和中关村科技园区的高端人才提供良好的度假环境。

（海淀区苏家坨镇车耳营村　供稿）

土地流转起来：助推平峪村乡村旅游提档升级

平峪村位于房山区十渡镇西南，村域面积 35 平方千米，全村共 711 户、1 903 人。近年来，该村拓宽视野，引导村民由低效的传统农业向高效的旅游农业转型，利用先期流转的 500 亩土地，在拒马河畔建起“田园超市”，农户年均增收 5 000 元。2012 年 9 月，该村再次流转 1 000 亩土地，拟于 2013 年重点建设婚纱摄影项目，进一步促进农民增收。

一、主要做法

（一）创新思路，选准发展突破口

平峪村两委班子结合兄弟村近年来凭借十渡品牌吃香旅游饭的现实，深入反思本村存在的差距和潜能，客观分析自身的比较优势，即地域广阔、拒马河河道长（11.5 千米）、临近去往野三坡景区重要通道及群众迫切盼望增收。在此基础上，选准通过土地流转发展旅游农业，推进差异化竞争，进而分享旅游饭的突破口。

（二）对比算账，调动村民积极性

由于受传统观念束缚，村民最初普遍担心土地流转后自家收益无保障，存在抵触情绪。为此，村两委干部深入村民家中，逐户宣传流转后土地的用途、综合优势及预期收益，并与农户自家种植小麦、玉米的亩效益进行对比。同时，村两委还组织党员干部和村民代表，现场参观了解其他村土地流转后的规模经营情况，有效消除了村民的思想顾虑，进而坚定了通过土地流转发展休闲农业的信心。

（三）坚持原则，保障操作规范化

做到“四个坚持”。① 坚持依法。村经联社与村民签订土地流转合同，在合同中明确规定，将来经营过程中不改变土地性质和村民收益权。② 坚持自愿。村民在自愿的基础上，将土地流转给村经联社，促成连片规模经营休闲农业。③ 坚持有偿。村集体按照每年每亩土地 600 元的标准，对相关农户进行补偿，比村民自己经营的收益高出一倍。④ 坚持透明。村两委在村内公开土地使用去向、补偿标准及办法，打消村民的疑虑。

（四）依次动员，党员干部做表率

在推进土地流转工作中，该村两委班子带头将自家经营的土地先流转出来，并严格执行“两委班子成员流转在前，得租金、拿分红在后”的规定。党员和村民代表也积极行动，在率先完成自家土地流转的同时，主动做通亲戚朋友的思想工作，有力保障了土地流转工作的速度和质量。

二、取得的成效

（一）有效改变了传统农耕观念

平峪村村民通过参与经营田园超市，亲身体会到休闲农业的产品多样性、热销度和高效益，与传统农业的产品单一、滞销和低效益形成鲜明对比，引导村民自觉改变了传统的农耕观念，真正从思想深处接受并支持发展休闲农业。2012 年 9 月，十渡镇计划在平峪村重点打造婚纱摄影基地，在村民自愿的基础上，该村仅用 21 天即完成了 1 000 亩土地流转。

（二）村民和集体实现了双增收

土地流转前，平峪村村民通过传统经营，每年亩效益 300 元左右，而在土地流转后，村民每年可一次性获得每亩土地 600 元的补偿费，还可通过年终分红及就业进一步增加收入。

（三）促进了旅游综合开发

平峪村通过兴办田园超市，使游客可以采摘、品尝葡萄、樱桃和黄瓜等应季果蔬，方便人们体验乡野田园生活乐趣，吸引了大量游客，并促成了沿线 11.5 千米拒马河河道的旅游开发，为本村民俗旅游提供了大量客源。休闲农业与乡村旅游已成为平峪村的主导产业。

（房山区十渡镇平峪村　供稿）

组织起来：合作社引领柳沟村乡村旅游升级

柳沟乡村旅游专业合作社的成立，旨在树立柳沟新形象、塑造旅游高品位，积极引导和鼓励柳沟民俗户组织起来，不断挖掘开发现有旅游资源，着力提升民俗户的管理运营水平，逐步实现乡村旅游的品牌经营和产业化发展。

一、柳沟村基本情况

柳沟村位于延庆县井庄镇，距县城 15 千米，110 国道 3 千米。该村属于半山区，东邻燕羽山，西靠九龙山，民风淳朴，自然景观秀丽。村域总面积 5.73 平方千米，其中村庄面积 0.35 平方千米。全村 402 户，1 150 口人，耕地面积 2 663 亩，果园面积 1 654 亩。

自 2003 年始，柳沟人依托村内资源，本着挖掘历史文化、丰富乡村文化、融入旅游文化的思路，对资源进行了有效整合。修建了仿古项目，并在传统火盆锅的基础上，对豆腐进行开发，做出美容养颜的黄豆豆腐、滋补养肾的黑豆豆腐、清热祛火的绿豆豆腐，创出“凤凰城—火盆锅—农家三色豆腐宴”。2004 年 10 月，成立了井庄镇民俗旅游协会，规范管理，积极开展宣传、培训等一系列工作。经过 8 个年头的发展，柳沟乡村旅游产业取得了辉煌的成绩。

2006 年开发的柳沟乡村旅游专供酒——“柳下醉”，被国家轻工业协会评为优质产品；2007 年“火盆锅 · 豆腐宴”，被市农工委评为“京郊新农村建设十大创意”奖、京郊十大金牌农家菜，其中接待户闫和花被评为“京郊十大金牌”民俗户；2008 年，柳沟在被评为京郊 A 级旅游景区后，又荣登北京市乡村旅游专业村、“北京最美的乡村”之列。从最初年接待游人不足万人、收入10多万元，发展到2012年接待游人56.51万人次、收入突破2 938.74万元。柳沟村已进入京郊乡村旅游专业村之列，成功打造了享誉京郊大地的特色旅游品牌。

二、柳沟乡村旅游专业合作社情况

北京井庄柳沟乡村旅游专业合作社2012年5月16日成立，注册资金3.4万元，设理事3名，其中理事长1名；设监事3名，其中监事长1名。首批共有34户加入合作社，其中，接待就餐的5户，接待住宿的14户，同时接待就餐和住宿的15户。合作社社员累计能接待2 000人同时就餐和400人住宿。2012年，社员共接待游客7.5万人次，实现旅游收入35.25万元。

三、柳沟乡村旅游专业合作社的运营实践

（一）管理制度，是合作社运行的基础

1. 制定章程

为进一步健全合作社内部服务设施，及时为社员提供服务，使合作社的工作有章可循，规范化发展，按照“完善组织、创新机制、自主管理、共同受益”的方针，研究制定了《北京井庄柳沟乡村旅游专业合作社章程》等制度，对入社成员、组织机构的职权和责任、财务管理、民主管理做了详细的规定，经成员大会讨论通过，并一致表示认真执行。

2. “三会”制度

合作社设置理事会、监事会及成员代表大会。理事会负责合作社的经营及对民俗户的规范化管理。监事会负责对制度的执行情况、成员的管理情况，以及对民俗户等级评定进行监督。成员代表通过成员代表大会，共同参与合作社的经营管理，从而形成一套完整的议事、监督机制。

3. 财务管理制度

合作社建立财务管理制度，为每个成员设置好账户，记载成员接待游客的情况，并

由会计负责，公开合作社财务状况，对推进合作社持续健康发展具有重要的促进作用。

（二）实施措施，是合作社发展的保障

柳沟乡村旅游专业合作社自成立以来，学习借鉴其他合作社的成功经验，并结合自身实际情况，实施了一套符合自己发展理念的工作措施。

1. 按照乡村旅游标准化体系的要求，实行“六统一”管理

“六统一”包括统一价格、统一菜单、统一床单被罩、统一服装、统一接待、统一管理。“六统一”的工作方法让接待户告别了独立经营的接待模式，社员间形成合力，共享资源，让柳沟村的乡村旅游接待向更规范的模式迈进。

统一价格、统一菜单。对就餐和住宿两项服务内容，通过社员大会分别制定统一价格和菜单，这样可以杜绝出现个别社员的宰客现象，也防止了游客因为菜品不同的投诉。这样做，既保障了游客享受到的利益和服务质量，又杜绝了社员间降价的恶意竞争。

统一床单被罩、统一服装。延庆县是2011年国家旅游标准化试点县，柳沟是县里的试点之一。通过政府支持，经社员大会讨论决定，为每个住宿接待户配送带有合作社LOGO的床单被罩20套，为接待户服务人员统一配发民俗服装10套。统一的民俗形象，让柳沟合作社成员的接待上了一个新台阶。

统一接待、统一管理。柳沟村的游客接待量在逐年递增，2012年游客接待人数达到67万人次，其中大型团队接待量有了明显增加，接待户独立接待压力骤增。合作社通过统一接待、统一管理，可同时接待2 000人的大型团队就餐，既增进了接待户间的相互协作，相互团结，也促进了柳沟村乡风文明的发展。

2. 在县镇领导的帮助下，与其他农民专业合作社建立了合作关系

柳沟村的资源匮乏，在“吃、住、行、游、购、娱”六要素中，只能满足游客“吃”与“住”的需求，其他要素确实有些困难。通过与山间别薯生态庄园、大庄科蜂产品、四海菊花茶、小丰营绿菜园、广积屯广茂永发蔬菜等合作社的联系协商，把柳沟的人气与其他合作社的资源进行捆绑，实行社社联合发展。例如，山间别薯生态庄园为合作社接待户提供免费门票，为柳沟招揽更多游客；合作社为游客免费发放门票，

为山间别薯生态庄园送去大量游客，解决了其产品积压的问题。

3. 打造柳沟特色旅游产品

柳沟游客接待量一直稳步提升，但是游客平均消费水平却没有得到提升，没有柳沟自己的特色商品是降低游客购买力的一个重要因素。2012 年下半年，柳沟合作社提出了自己的设计方案，采用柳沟注册的 LOGO，推出了具有柳沟文化的特色产品包装。计划 2013 年结合柳沟乡村旅游咨询站建设，将柳沟特色产品销售中心打造为“北京礼物”特色商店。

总之，柳沟乡村旅游专业合作社的发展，主要着眼于服务设施升级、服务意识提升、带动周边地区及其他行业共同发展。以党的十八大精神为指引，以“北京人的周末养身地”为发展方向，整合产业、文化、服务等相关内容，健全乡村旅游产业链，发展果品采摘、中药材种植、花卉种植等绿色养生产业，完善旅游要素，从细节提升，促进集体经济和村民收入共同增长。

四、柳沟乡村旅游发展展望

按照“三线、一园、一区、一核心”的产业布局，在继续打造柳沟乡村旅游品牌的前提下，发展柳沟及周边各村的休闲农业产业，把柳沟建设为延庆东北部区域旅游休闲中枢。完善村内基础设施和公共服务设施建设，开展综合环境整治，提升旅游接待档次、丰富旅游活动内容。全面发展柳沟沿线休闲观光带，打造“柳沟沟域经济带”。为下一阶段发展都市型现代生态农业，发展具有特色的沟域经济以及低碳经济创造了良好的条件。对沿线两侧 3 ～ 8 米空地，进行设计、整形，分片种植丁香、连翘、榆叶梅及宿根花卉等进行连接，以增强沿线环境美感；打造南老君堂玫瑰园、柳沟连翘园精品观光农业、柳沟沿线板蓝根、玫瑰景观农业。

（延庆县井庄镇柳沟乡村旅游专业合作社　供稿）

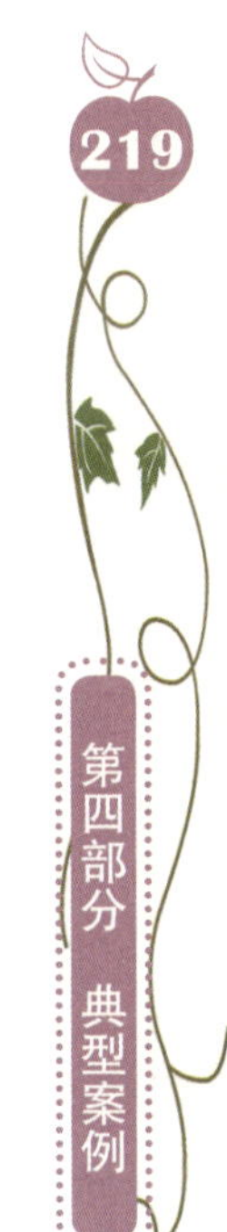

古北口村盘活旅游经济

古北口村位于密云县东北部，地处长城脚下、潮河之滨，是北京的东北大门、长城上的重要关口。古北口历史悠久，旅游资源丰富，有蟠龙山长城、令公庙、财神庙、药王庙、长城抗战纪念馆、九曲黄河阵等10余处人文景观。古北口村有5个自然村，460户，1 060口人。2012年全村农村经济总收入3 870万元，人均劳动所得14 974元；民俗旅游综合收入1 030万元，年接待游客13万人次，民俗户最高收入达60多万元。

汇聚人文历史、民俗旅游、自然生态资源于一身的古北口村，2008年被市委农工委评为“北京最美的乡村”，2011年被农业部评为“中国最具魅力休闲乡村”，是北京市第一个获此殊荣的村庄。2012年，古北口村“九曲黄河阵”项目在农业部举办的华北东北地区休闲农业创意精品大赛中荣获文化创意优秀奖。

2012年，古北口村采取有力措施，大力发展休闲农业与乡村旅游，取得了显著效果，初步形成了支部引领、合作社带动、群众响应的良好局面。

一、创新发展模式，规范民俗旅游市场

为规范乡村旅游市场秩序，切实实现密云县“一个民俗村就是一个乡村酒店”的构想，古北口村于2012年6月成立了河东村民俗旅游专业合作社。合作社成立后，创建了“党建＋合作社＋社员户”的发展模式，以及“合作契约、制度管控”的管理模式。在发展上，党支部为合作社提供坚实保障，促进合作社发展；合作社为社员尽职尽责服务，带动社员发展，确保社员得到实惠。在管理上，与社员户签订《规范经营协议》，建立起统一策划、统一宣传、统一接待、统一分配客源、统一价格、统一结算的模式，契约合作精神深入人心。同时，合作社制定了定期检查及停业整顿等制度，严把食宿安全关，

对食宿卫生不达标的社员户坚决执行停业整顿制度。运用这样的模式，古北口村成功接待了北京十二中师生 1 200 人，并建立农学基地；同时，接待了北京八中怡海分校、北京科瑞有限公司等学校和企业团体约 30 余家。所有团体均由合作社统一接待，再分配至各社员户，有效遏制了社员户间恶意比价压价、欺客宰客的现象，真正实现了乡村旅游接待的规范统一。

二、运用信息化手段，提高管理水平

古北口村自成立旅游专业合作社后，积极发挥合作社职能，不断提高自身管理水平，致力打造现代化、科学化、规范化的休闲旅游度假乡村，营造祥和有序的旅游氛围。① 制定电子档案。合作社通过实地走访摸查，将 110 户社员的个人基本情况、社员接待能力、餐饮特色等信息收集起来，录入电脑，形成了电子档案，既方便合作社日常管理，又提高了为社员服务的效率；② 运用网络资源宣传民俗旅游。合作社成立后，加强推广宣传，将社员户的信息收集归纳后，集中上传到“古北口村旅游网”和新浪微博上，增加了古北口村民俗旅游信息量，方便了游客咨询。村里的网络后台由两名大学生村官操作管理，随时更新发布合作社提供的社员户接待信息；③ 逐步提高社员户信息化水平。古北口村构想从社员户到合作社逐步实现全程信息化网络服务办公，从食宿的预定、取消、等候到就位均由电脑操作，社员户将接待信息录入子程序上传至合作社的母程序，合作社通过反馈信息全程掌握调控。为此，2012 年村合作社

为每户社员配发了电脑，通过培训，向社员普及电脑知识，使其掌握基本操作技能，实现合作社信息化服务办公的第一步。

三、制定发展规划，提升民俗接待档次

为实施“一个民俗村就是一个乡村酒店”的构想，古北口村在县农委、旅游委及有关单位的支持下，制定了民俗旅游发展规划，深入挖掘古北口特色满蒙文化，实施了民俗户改造等一系列工程，恢复了明清风格民俗特色街，改善了村内旅游环境。坚持规划先行，抓住古文化特色，稳步发展民俗旅游事业。①实施了床上用品统一洗涤配送。为民俗户发放了高档床单、被罩、被褥、枕芯、防滑垫、餐具等用品。②打造古御道特色商业街。几年来，先后实施了改水、建停车场、改建仿古水冲式厕所、修建游步道、对40余户民俗户进行外观仿古改造、翻建游客中心、修建仿古戏亭等工程。③建设标志标识系统。为方便游客辨认查找，为民俗户统一设计制作了风格、材质、规格一致的门头牌匾、房间号、提示牌等标示标牌，改造标识导示系统144处。

四、加强培训，转变群众经营意识

为了提高古北口村民俗经营户的服务水平，加强经营意识，2012 年，村合作社对 110 户社员进行了为期 20 天的集中培训。培训内容包括英语、厨艺面点、礼仪、餐厅服务管理等，并对参与培训的学员进行了考核，对通过者颁发了培训合格证书。在 2012 年 10 月县旅游委和人力社保局共同举办的民俗餐饮大赛中，古北口村民俗户报名积极踊跃，共有 90 名社员参加了比赛，并取得了优异成绩。

此外，为了开阔经营户的眼界，合作社组织社员外出参观学习，找自己的差距，学习别人的长处，不断提高社员的经营意识。通过培训、外出参观、参加比赛等，社员户规范了接待行为，转变了思想观念，提高了服务意识，从而变被动为主动，发展乡村旅游的积极性更高了。

五、丰富旅游项目，促进休闲农业与乡村旅游协调发展

几年来，古北口村从实际出发，依托村内独特的资源优势，改善旅游环境，丰富旅游项目。① 在全村范围内实施了路面硬化、河床治理、安全饮水、公厕改建、污水处理等多项工程，实现了村庄硬化、绿化、亮化和美化，为群众开办民俗创造外部条件。在东关东西队、二寨生产队建停车场、改建水冲式厕所、在道路两侧种植观赏植物；沿正门至纪念馆河床修建一条游步道，新建景区正门游客接待中心一处，在长城纪念馆前新

建旅游商品店一座。基础设施的不断完善，改善了旅游环境，方便了游客出行。② 建设完善观光采摘园。随着娘娘庙的建成，来南关的游客增多。为搞好南关的旅游配套，完善了南关福寿生态采摘园的基础设施建设。福寿采摘园占地 60 亩，园内种有桃树、李子树、枣树、杏树、梨树等各种果树。建成后将实行标准化管理，具有展示、休闲体验、教育等功能。

在发展休闲农业与乡村旅游的历程中，古北口村坚持“不等政策、不拖时间”，按照“每年办件事、几年办成事”的发展理念，求新、求变、求突破、求跨越，不等不靠，真抓实干。经过几年的发展，古北口村发生了翻天覆地的变化，民俗接待户从最初的 5 户到现在的 110 户，民俗旅游家庭纯收入从 5 000 元增长到现在最高的 60 万元。村庄变美了，村民实现了就地就业，生活富裕了。下一步，古北口村将带领合作社成员，继续开拓创新、勤奋工作、戒骄戒躁，维护好现阶段取得的各项成果，推进休闲农业产业与乡村旅游稳步健康发展。

（密云县古北口镇古北口村　供稿）

乡村旅游商品开发

曹氏风筝工艺坊发展之路

曹氏风筝是国家级非物质文化遗产。为探索文化传承与文化旅游产业发展共赢的模式，2007 年，曹氏风筝工艺坊在海淀区上庄镇李家坟村成立，面积 450 平方米，主要从事纯手工和半手工风筝的生产制作，得到了社会各界的高度关注。海淀区委、区政府、上庄镇党委和政府对曹氏风筝的保护和传承工作非常重视，近几年来投资对工艺坊进行改造，提升了“曹氏风筝”品牌的综合竞争力，树立了以“曹氏风筝”为核心的文化旅游品牌，完善了工艺坊功能布局，使工艺坊成为“曹氏风筝”传统文化旅游产品的示范、展示、体验、销售中心，不但传承和宏扬了乡村民俗文化，而且有力推动上庄地区文化产业的启动，为都市农庄增添了文化内涵，也为地区群众增添了就业岗位。

根据“新农村、新旅游、新体验、新风尚”的发展理念，坚持科学发展观和可持续发展原则，申请注册了上庄曹氏风筝的商标，部分代表作品取得了专利。以乡村资源为依托，以市场为导向，以休闲为主题，将曹氏风筝开发与乡村旅游产业发展有机结合，创新发展机制，丰富旅游产品体系，增强对游客的吸引力，使乡村旅游成为李家坟村发展的新动力，李家坟村也在努力建设成为适宜度假、休闲和居住的社会主义新农村。

一、大力开发挖掘民俗文化，成为转移农村富余劳动力的“新平台”

曹氏风筝生产不存在季节性问题，挖掘、保护、传承曹氏风筝民俗文化旅游项目，

让悠久的历史、动人的寓意、瑰丽的色彩、独特的情趣，以及民间的风俗习惯、文化特点、道德风尚和宗教观念，随着曹氏风筝的开发而走进人们的生活。通过开展大师亲自指导教学、游客参与生产、现场制作等活动，参与的人们越来越多，逐步成为参与、互动、体验、动态的民俗休闲文化旅游项目。工艺坊成立 5 年多来，销售收入逐年增加。工艺坊组织编写的《曹氏风筝制作工艺》在“北京市农村成人教育优秀自编教材和多媒体课件评选活动”中获得一等奖。

二、乡村民俗休闲游，成为带动文化创意产业发展的“新龙头”

乡村休闲旅游产业已成为农民增收的重要支撑点。该村已建了 10 户艺术家庭，着力挖掘家庭和社会两个资源，为学生提供实践、体验、探究的没有围墙的大课堂、大舞台，深受学生欢迎，得到了家长好评。

为传承曹氏风筝文化和制作技艺，有意识地开展了培训。通过专家授课，讲练结合，成果展示，培养出一批“曹氏风筝”传人。经过培训的村民，了解了风筝历史文化，掌握了曹氏风筝制作技艺，传承了非物质文化，解决弱势群体就业，实现了就业增收。

三、多样化销售方式，成为促进和谐村镇建设的“新载体”

坚持多种方式销售。既有自销，也有代销；既有批发，也有零售。积极响应中共中央“中国文化走出去”的号召，残疾人制作的“京燕”风筝被谭晶赠送给了罗伯特威尔斯，使曹氏风筝飞向了世界。以销售带动生产，曹氏风筝实现了传统手工技艺、传统文化展示与观光旅游业发展的有机结合，实现了非物质文化遗产的商业化和产业化。从长远来看，有可能在李家坟地区培育一个以曹氏风筝为主体，综合民间手工技艺产业发展的集聚区，带动更多的村民就业增收，促进当地社会的和谐与稳定。

四、有一定知名度的民俗文化，成为促进新农村建设的“新支点”

随着社会组织服务民生行动对项目宣传力度的加大，提升了曹氏风筝的知名度和品牌竞争力。在创先争优活动中，海淀区上庄地区民间工艺文化发展中心认真贯彻落实区委、镇党委相关部署，以核心区建设和城乡一体化发展为契机，以推进曹氏风筝产业化为载体，积极开展文化活动，获得了一批荣誉称号，如被命名为妇字号基地，中国社会组织评估等级 4A，北京市社会组织先进单位，全国休闲农业创意精品大赛华北东北赛区产品创意银奖，首届中国农民艺术节优秀作品及优秀项目，政府购买服务社会组织公益

项目大赛“公益之星”，海淀区首届文明市民学校艺术节二等奖，“北京礼物”创意产品征集大奖赛优秀奖，并成为“北京礼物”候选产品。

五、教育培训，成为培养残疾人及农村实用人才的“新熔炉”

以“农兴、农强、农发展；民心、民意、民富贵”为工作主线，迎合当今市场消费的多样化、多元化的需求，走民俗文化产业道路，以“曹氏风筝工艺坊”为教育平台，在打造出了集艺术价值和商品价值于一体的曹氏风筝精品项目的同时，培养造就了能带动周边农民转移就业增收致富的实用人才。以“精品项目培养实用人才，实用人才培育精品项目”为工作思路，着力打造一支有文化、懂技术、会经营的高素质农村人才队伍，培育一批有活力、能竞争的上庄品牌，为农村富余劳动力特别是残疾人劳动力转移就业探索出了一条可行的路子，使其重放异彩、后继有人。曹氏风筝这种乡村旅游商品从而成为传承和宏扬民族民俗文化的载体。

（海淀区上庄地区民间工艺文化发展中心　供稿）

妫川豆塑诞生记

北京妫川瑶工艺品有限公司从 2005 年始，致力于地方特色旅游纪念品的研发、推广，开发出传统工艺与现代表现手法相结合的系列手工艺品——妫川豆塑。妫川豆塑一经问世，便受到市场欢迎，并多次获奖，为丰富北京地区旅游纪念品、传承地方传统文化、带动农民增收致富做出了贡献。

一、基本情况

公司经理周晓芬，1975 年生于北京市延庆县，毕业于首都师范大学中文系，曾在海淀区任教 6 年。为了实现自己的创业梦想，带动家乡农村劳动力就业，毅然辞掉稳定工作，回到延庆创办了妫川瑶工艺品有限公司。

北京妫川瑶工艺品有限公司总部设在延庆县延庆镇，现有厂房 300 平方米，生产车间 3 个，专业设计师 2 人，技术工人 18 人，农民加工户 10 户，年产豆画 1 万幅，产品包括 5 大类题材、100 多个品种。妫川豆塑做工精致考究，富含深厚文化底蕴，通过美术与雕塑相结合的艺术形式形象地弘扬中国古典文化和地域文化。妫川豆塑已进入天意、红桥、官园等批发市场，并在北京潘家园设固定批发销售点一处，另外还有 20 个经销商销售该产品。妫川豆塑被众多公司、机关单位选为会议礼品或馈赠礼品，成为北京地区一个极具发展潜力的旅游纪念品品牌。

二、经营特色

（一）产品新颖奇特，具有创意性和文化性

妫川豆塑使用天然谷物作画，新颖奇特，做工考究，具有较高的文化品位，是中国民间手工艺品中的一朵奇葩。它的最大特点有三：① 天然豆粒塑造人物形象。豆本为食用，豆塑画却取豆子为原材料做工艺品，利用豆子天然的形、色、纹塑造不同的人物形象，古可塑昭君、黛玉，今可塑贝克汉姆和姚明；可塑老北京的锔匠、鼓书艺人，也可塑当代新型农民；可塑人物，亦可以塑造动物。② 农民手工画作为背景。源自农民的手工画，似拙却自然，似艳却热烈。与天然豆粒相结合，散发浓郁的乡土气息，可谓巧夺天工。③ 将中国文化蕴含其中。中国文化博大而精深，在工艺品中注入中国古文化、民俗文化、民族文化，增加工艺品的文化内涵，提升工艺品的厚重感，发扬中国千年文化。

昭君出塞的气魄，独钓寒江雪的凄冷，拳打镇关西的侠义，锔盆锔碗的风俗，阿西跳月的优美舞姿……融入了文化的妫川豆塑，令人回味无穷。

（二）“公司＋农户”的生产模式，带动更多农民就业

“公司＋农户”的生产模式是指公司在生产任务繁重，无法完成预定生产目标时，由经过公司培训的农民在家里完成一定量的产品生产，公司再按照合同价格回收产品。之所以选择这种生产模式，主要考虑是：①公司初创，业务量不稳定，没有能力雇佣大量固定工人。②农户中的成员，尤其是妇女往往不能长期到外打工，他们需要给老人孩子做饭，农忙时还必须忙田里的事情，但是她们又渴望每月有些收入。“公司＋农户”的生产模式能够满足农村妇女足不出户在家里就能挣钱的愿望。③妫川豆塑作为延庆特色工艺产品，可以给农户带来新的收入。她们在为工作室加工产品之余，可以利用这样一技之长，给民俗游人群提供可以带走的纪念品。④妫川豆塑与民俗旅游的一个结合点就是“体验式制作”，即让游客在吃农家饭之余，亲手制作豆塑画。游客自己动手，体验制作过程是现在非常流行的一种消费趋势，所以北京妫川瑶工艺品有限公司将在民俗旅游村不断地开展培训，教更多的民俗户学习制作豆画。⑤农村的富余劳动力多，“公司＋农户”的形式，可以带动农民就业增收，也可以为公司的进一步发展壮大提供人力资源保障。⑥农民有手艺，农村有传承百年的民间绝活，但是囿于农村的封闭性以及农民资本有限性，使藏于民间的绝活手艺逐渐失传。“公司＋农户”，无疑能够让藏于民间的绝活通过公司运作发扬传承下去。

（三）通过举办农民培训班，为农民就业、创业创造机会

公司从 2006 年开始，已经与农委、妇联、旅游局联合举办了 8 期豆塑制作培训班，培训农民 800 余人，并在香营、花盆等村挑选 20 名农村巧娘，进行重点培养。经过培训的农民，大部分已在公司车间或自家炕头进行豆画制作。先后为 100 妇女提供就业机会，人均年增收 1 万元左右。

（四）采用多维一体的营销模式

一个公司的出路，主要在市场。在开拓市场上，公司采取多条腿走路的做法。① 传统的营销模式。与北京地区多家商场和旅游景点合作，共同销售妫川豆塑产品，把产品先铺开，抢游客的眼球。② 直接把产品销售到终端客户。积极寻求大的公司、单位，争取成为他们的礼品供应商。③ 利用计算机网络上的贸易平台寻找客户。我们不仅在中文贸易网站上作推广，比如国内有名的阿里巴巴贸易平台；同时我们还设专人在英文贸易网站上作宣传推广。在英文网站上的推广，能够直接让国外的客商了解我们的产品，突破了传统营销模式在空间上的局限，大大拓展了产品销售的范围。通过网络我们获得过来自印度、澳大利亚、德国客商的订单。经过几年的努力，公司建立了相对稳定的客户群，销售额也逐年提高，为公司的下一步发展打下了良好的基础。

三、获奖情况

近年来，公司设计的妫川豆塑系列画作为文化创意产品和旅游纪念品，在各种大赛中多次获奖。比如，2006 年 12 月，荣获“2006 红螺杯北京乡村旅游商品设计大赛金奖”；2007 年 11 月，荣获“第六届北京旅游商品设计大赛铜奖”；2007 年 12 月，在 2007 年度“京郊行行有状元”宣传评选活动中，被评为“京郊农村建设十大创意”；2008 年 8 月，在“情系奥运 · 中国妇女手工艺品展”中，获得优秀组织奖；2008 年 6 月，荣获延庆县“巾帼科普杯”手工艺品大赛特等奖；2009 年，在市委组织部、市委农工委、市农委主办的乡村旅游产品展示推介活动中，《福娃》等立体豆塑荣获最受观众欢迎的产品；2009 年，在“北京礼物”创意产品征集大奖赛暨第七届北京旅游商品设计大赛中，产品“结缘豆艺”系列作品之—北京民俗系列，荣获优秀奖，并成为“北京礼物”候选产品。

公司总经理周晓芬也因研发、推广妫川豆塑被有关部门授予多项光荣称号。

2007 年 2 月，被授予 2006 年度“京郊农村自主创业先进个人”光荣称号；2008 年 2 月，荣获“2006 ～ 2007 年度北京市‘三八红旗’奖章”；2008 年，被授予“妫川巾帼创业之星”光荣称号。

四、发展展望

为了将妫川豆塑这一特色手工艺品打造成为旅游纪念品品牌，形成较好的经济社会效益，几年来，公司在材质处理、生产管理、宣传营销等方面进行了精心研究和大胆创新。① 通过物理、化学等手段，解决了谷物脱皮、虫蛀问题。② 探索“公司 + 农户”的生产经营和管理模式，使更多的农民特别是农村妇女参加生产制作，为农民致富增加一条新路。③ 加强与旅游主管部门合作，积极参加旅游部门组织的市场调研、作品设计评比等活动。④ 大力开拓市场，在现有门店、代销点的基础上，拓宽扩大销售渠道，重点打入友谊商店、燕莎商城、多家五星级酒店，扩大对外宾的营销。⑤ 加强与新闻媒体的合作，扩大在电视、广播、报刊和网络等主流媒体的宣传。这些举措，增强了公司的生产经营能力，提高了公司的知名度，产生了较好的经济社会效益。

妫川豆塑用三两颗豆子塑造一个人物，用三两个人物讲一个故事，用一个故事展现一段历史、一方民情。妫川豆塑要用小豆子，走出一方大天地。

（北京妫川瑶工艺品有限公司 供稿）

四季青镇培育休闲农业品牌

四季青镇位于北京市海淀区西部，在西北四环路与西北五环路之间，为三山（香山、玉泉山、万寿山）所环绕。总人口 28.5 万人，其中农业人口 3.2 万。2008 年年底，海淀区政府提出在四季青镇域内，依托香山风景区的定位，在旱河路两侧打造约 6.6 千米、面积为 3 000 余亩的“一河十园”都市农业观光产业带。其中，“一河”指旱河，“十园”指旱河周边及沿线的 10 个农业观光园区。旨在更好地实现一产向三产的转移，培育休闲农业品牌，提升农产品价值，为新农村建设提供产业支撑。

一、基本情况

四季青镇农业面积 3 236 亩，其中果树种植面积 1 933 亩。共有日光温室 250 栋，钢架大棚 65 栋，连栋温室 16 718.4 平方米，保鲜冷库 1 655.11 立方米。所有园区均实现了标准化生产，100% 获得无公害认证。果林所樱桃观光采摘园和双新观光采摘园完成了有机转换，并获得了市级示范园的称号。不少园区使用可降解塑料袋和农用地膜，施用有机肥料；通过自制取暖设备，把枯枝烂叶变废为宝成为了燃料；采取小管出流自动化设备和光伏发电；为了提高土地空间利用率和土地附加值，我们尝试架式栽培，发展林下经济种植菌菇。在建设中，我镇高度重视科技化、信息化技术的运用，有 2 个观光园采用物联网设备，能对温室进行 24 小时的温度、湿度等数据的监控，并通过 221 信息平台及时将信息回传，方便专家和市民通过网络直接观察园区生产情况。

二、主要举措

（一）以科技做支撑，不断延长产业链条

在果品种植方面，始终采取科学化建设、标准化种植、规范化管理，使该地区的果

品得到了广大市民的认可和喜爱。为保证果品质量，打造品牌，四季青从引种、育苗、技术服务等方面入手，在以往的农业种植经验的基础上，紧紧依托区域内丰富的科研和人才优势，与北京农科院、北京农职院等科研单位建立了长期的技术和人才交流机制，不断加大果品的改良和推广力度。我镇不仅引进了草莓、葡萄、蓝莓、苹果等北方水果，还通过设施化栽培，引进了木瓜、火龙果、枇杷等一系列南方水果，真正做到了“人无我有、人有我精、四季有果”。四季青的果品在社会上具有较高的知名度，樱桃、草莓等果品在全国和北京市的相关比赛中获得多个奖项。

（二）以文化为驱动，一产三产深度融合

按照“一产带三产、三产促一产”的思路，发展休闲农业。在“一河十园”产业带上，已建有高科技产业云集的玉泉慧谷；具有地方特色的一品香山、四季御园、大寨村、七叶香山德国啤酒屋等餐饮中心；尤尼克斯羽毛球健身馆、玉泉体育广场等体育配套设施；玉东、丹青圃、玉泉、平庄等郊野公园；苗族文化博物馆、李墨林劳模生平事迹展、“万山红遍”红色收藏展等文化传承展馆；马奈草地、徽派建筑坦博国际艺术中心等文化创意产业项目。正在建设的项目有：具有浪漫色彩的玫瑰谷、时尚高雅的红酒庄园等。这些项目极大地丰富了现代农业的内涵，满足了不同层次消费者的需求。

（三）以活动当平台，促进都市农业的宣传推广

为宣传推广“一河十园”，近年来成功举办了18届樱桃节、5届草莓节、5届京西御稻插秧节、收割节和以“香溢四季、情传五洲”为主题的第七届中国草莓文化节暨中国精品草莓擂台赛。西山采摘观光园的开心农场、绿色果品观光园的南果北种等也得到了市民的好评。CCTV-1、CCTV-新闻、CCTV-7、BTV-1等众多媒体聚焦四

季青，宣传四季青，提高了我镇休闲农业的知名度。

三、发展成效

四季青的农业不仅生产农业产品，而且生产生态产品，是生态、社会、经济效益相统一的休闲农业基地。

（一）生态效益

四季青都市型现代农业充分发挥其洁、净、美、绿的特点，坚持低碳节能，营造优美宜人的生态景观，改善自然环境，维护生态平衡，提高生活环境质量，充当都市的绿化隔离带，防治城市环境污染，成为城区边上的休闲农业带。

（二）社会效益

四季青休闲农业发展坚持以解决当地农民就业为前提。几年来，通过培训促进就业、上新项目扩大就业、转岗安心稳定就业等途径，吸引本地农民实现了就业和再就业。仅发展休闲农业，就安排了 570 多人就业，而且农民收入逐年提高。

（三）经济效益

四季青镇在发展都市型现代农业过程中，坚持思想引领，科技武装，特色创新，通过优化农业发展方式，建成了各具特色的观光采摘园。据统计，2008 年接待观光游客 1.5 万人次，果品收入 600 多万元；到 2012 年，接待人次攀升到 10 万，果品收入达到 2 500 多万元，4 年间收入翻了两番。

（海淀区四季青镇政府　供稿）

金福艺农番茄联合国的市场拓展与品牌建设

金福艺农农业科技集团有限公司位于通州区台湖镇，依托京城得天独厚的条件，长期以来与相关农科院校保持合作关系，依靠科技、创新，改变传统种植方式，首家应用现代农业物联网技术及保障农产品生产安全的“4S”绿色植保防控体系，创建以艺术为灵魂、以科技为支撑、以食品安全为准则，打造以“四品”（品种要新、品质要好、品牌要响、品味要高）为目标的园区品牌。同时，金福艺农运用农业创意思想，在园区内集中推出上百种世界特色番茄，成功打造番茄联合国主题园，在每年举办大型番茄文化节，探索出了一条现代科技农业市场拓展与品牌建设之路。

一、发展概况

金福艺农自创建以来，每年都有质的飞跃。近年来，又培育了呱呱园、七彩辣椒园、金福艺农渔汇等主题园项目，让人们体验全新的感受。金福艺农外郎营创意农业生态园，将融合军事农业、研发农业、艺术农业、休闲农业等形式，力图打造成北京市创意农业高端示范项目。位于通州区大运河森林公园内的金福艺农休闲农庄，将会为更多的游客提供吃、喝、玩、乐、住、行、游等服务。

金福艺农已发展成为一家集观光采摘、餐饮住宿、休闲娱乐、科普示范等为一体的综合配套大型现代农业都市生态旅游景区，成为全国数字农业物联网响亮品牌，先后被认定为“京郊设施蔬菜无公害生产技术推广星级示范园”、“全国设施蔬菜标准园”、“青少年科技农业发展教育基地”、“全国休闲农业与乡村旅游五星级园区”、“全国休闲农业与乡村旅游示范点”等称号。未来，园区还将建成国内最大的农业物联网程控中心，成为全国学生长期农业趣味性科普教育及实训基地。

二、主要措施

金福艺农依托通州新城建设，顺应市场需求，科学大胆决策，发展特色旅游。

（一）个性化定位

金福艺农集团公司将“融艺术于农业、享健康快乐生活”的理念应用到园区建设和企业发展中，在北京建设世界城市和通州建设国际新城的时代背景下，顺应市场需求，根据番茄独有的特点，大胆筹建了“番茄联合国”，打造出个性化农业主题园区。

（二）科技化支撑

园区自创建以来，坚持将引进与科技创新有效结合。总规模由原来的 100 亩扩建到 5 000 余亩，其中主园区番茄联合国占地约 3 000 余亩、外郎营创意农业生态园占地约 1 000 亩、黑龙江省漠河县园区占地约 1 000 余亩。主园区番茄联合国几年间迅速成长为生产和经营农业产品的现代化高科技知名企业，并全面实现采摘、休闲观光、餐饮、会议、住宿、文化、艺术一体化，达到一产和三产的融合发展。园区将数字化设施农业与特色文化艺术相结合，全力打造出一个大型的现代化农业都市生态旅游景点。

（三）多元化发展

番茄联合国坚持农业与旅游相结合，走多元化发展之路。主要内容包括：打造现代科技特色农业，一园一品、一园多元；创建国内最大的农业物联网程控中心，重点打造全国学生长期农业趣味性科普教育及实训基地，发展国内农业科普教育品牌基地和实训品牌基地；全年为游客提供各类特色蔬果采摘、品味特色水果文化；常年开办农事项目拓展娱乐活动，提高游人农事创意乐趣；吸引百名顶级艺人，传承民间传统文化；提供特色养生农家饭菜，感受“现代化自助采摘式”绿色菜园中最新鲜菜肴的制作，品味时尚奇特西式铁板烧私房菜；宁静优雅的农家客房与别墅，让游客尽享休闲农庄惬意生活；宽敞明亮的休闲会所，环境恬静优雅、新颖独特的园林建筑风格，为客户与游客会友、健身、商务交往及净化心灵提供场所；会所后园大面积绿色广场，专为举办大型活动而布置的场地，并在此可举行浪漫的婚礼、户外野餐、放映露天电影等；常年举办番茄文化节日，丰富市民京郊旅游生活。

（四）多角度宣传

2011 年 5 月 26 日，金福艺农成功举办了北京市唯一一个以蔬菜命名的番茄文化节，并展出近百种番茄，深受市民喜爱。2012 年 4 月 26 日，成功举办第二届番茄文化节，让更多的市民游客在丰富多彩的节日快乐中享受园区百种番茄采摘乐趣。通过举办番茄文化节，不仅让小小的番茄为市民带来无尽的喜悦，而且丰富了市民的膳食营养，增强了人们对番茄文化的认识，满足了现代都市人到京郊旅游，享受吃、喝、玩、乐等休闲消遣的生活需求。

三、发展成效

休闲农业的发展，乡村旅游业的兴起，有力地促进了农村居住环境、经济环境的快速改变。番茄联合国园区年接待游客 30 万人次，旅游总收入 3 000 万元。

（一）促进农民就业

金福艺农集团公司现有员工 600 余人，其中导游员 20 余名，专业技术人员 40 余名，包括博士 1 人、硕士 4 人、本科生 38 人。在员工中，80% 为当地农民，解决了农村剩余劳动力的就业问题。仅 2 000 平方米的番茄菜馆，就向社会提供了 130 个就业岗位，促进了周边农民的就业。

（二）促进职工增收

伴随着园区的快速发展，员工的收入也有所增加。从 2009 年到 2012 年，职工年收入平均每年增加 8 000 元左右。

（三）促进新农村建设

随着番茄联合国知名度的提高，旅游产业体系的初步形成，不仅园区建设发展很快，效益每年上一个台阶，而且带动了周边区域经济发展，促进了新农村建设。

（北京金福艺农农业科技集团有限公司　供稿）

城乡互动打造樱桃幽谷品牌

樱桃幽谷是北京甜利农果品产销专业合作社持有并重点打造的品牌。2012 年樱桃幽谷的樱桃丰产，前来采摘的游客周周爆满，较往年提前一周摘完。很多喜欢采摘水果的北京市民都知道了樱桃幽谷，他们中很多人也成为樱桃幽谷的品牌传播者，很多媒体人表示樱桃幽谷“突然”火了。樱桃幽谷这个品牌正在被越来越多的人关注着。

一、合作社成立的背景

樱桃幽谷位于北京市顺义区龙湾屯镇山里辛庄村，总占地 1 000 亩，又称“千亩樱桃园”。但樱桃实际种植面积为 500 亩，由山里辛庄村的 53 户果农承包种植。因其三面环山，独特的山前小气候使得这里樱桃的成熟时间较其他园区提前一周左右，“北京露天

第一熟”的评价由此得来。2005 年由龙湾屯镇政府包装打造，达到了市级观光采摘园的标准，那个时期樱桃主要靠政府采购，对外市场始终没有打开，而园区对外宣传曾用过“龙湾屯镇樱桃谷”、“山里辛庄村樱桃谷”、“樱桃谷”、“千亩樱桃园”等，名称并不统一。随着种植技术的提高和盛果期的到来，樱桃产量逐年增高，单纯依靠政府采购已不能解决樱桃的销路问题。从 2006 年起，果农们就决定成立合作社，进行市场化运作，帮助大家解决一家一户分散经营遇到的困难和问题。2008 年 4 月，正式注册成立了北京甜利农

果品产销专业合作社。

二、合作社建设的目标

合作社成立的初衷是实现统一经营和销售，解决樱桃的销售问题。随着销售渠道的拓宽和经营理念的提升，合作社的建设目标是打造“樱桃幽谷”品牌，利用先进的技术和完整的理念，调整农业产业结构；通过技术培训和交流，提升社员的整体种植与服务水平；结合乡土特色，发展休闲农业，最终实现产业全面发展、社员利益稳步增长的目标。

三、合作社发展历程

（一）蹒跚起步

合作社创立时，53 户农民每人出股金 500 元，出资总额共计 26 500 元。合作社成立之初，仅瞄准政府采购市场，销路较窄。为打开市场，主要做了两件事：一是进行宣传和包装。2009 年对外统一名号“樱桃幽谷”，设立了“樱桃幽谷”网站，并利用所有免费的信息平台发布各项信息。二是进行品质提升，为社员的樱桃做有机认证，2010 年取得认证资格。

（二）品牌化运作

1. 注册商标

2010 年申请注册“樱桃幽谷”商标，与镇政府宣传部沟通统一了名称，有利于形成品牌效应和影响力。

2. 集中宣传

利用网络媒介，构建立体化营销。

3. 策划项目

2010 年，成立小野人亲子活动基地，策划组织特色农业休闲主题活动。2011 年，整合周边旅游资源，推出打包旅游服务产品，着手研究樱桃酿酒。2012 年，致力打造山里辛庄村——“美丽的花果山村”。

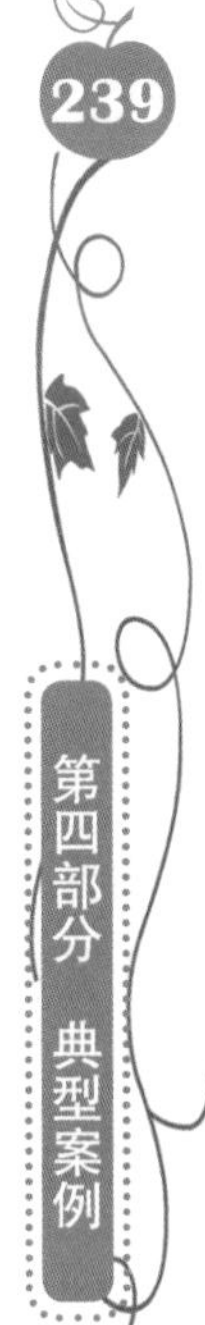

（三）发展壮大

随着运营的稳步入轨，合作社规模逐渐扩大。除樱桃外，山里辛庄村还种植梨、苹果、桃，周边村子的农户也申请加入合作社。到 2010 年 1 月，合作社社员总数达到 203

户，注册资金总额达到 4.15 万元。这部分资金，每年在采摘节前，可用于开支；在采摘节后，再从交易额中提取部分补足。2012 年，合作社新建了景观门楼；在昌金路山里辛庄村段主要路口，建立了巨型水果造型，以扩大宣传，促进销售。

（四）回馈社员

合作社的社员都是农民，他们的思想意识、生产技术等都跟不上快速发展的需要，为此我们有计划地开展了培训、外出考察等活动。在农闲季节，请生产、营销、食品安全、法律、休闲农业等领域的专家学者到山里辛庄村给社员进行培训。比如，2011 年 12 月 28 日，为社员们开展主题为“农产品营销与 CSA 模式探索”的讲座；2012 年 11 月 6 日，合作社组织 23 名社员到双河果园参加樱桃树形改造培训；2012 年 11 月 12 日，甜利农合作社林果业乡村大讲堂在山里辛庄村开讲。

四、合作社举办的推介活动

为了提升农产品附加值，近年来合作社一直在探索发展休闲农业，通过休闲旅游，带火农产品销售。围绕“红色文化、绿色消费、都市生活、乡村休闲——打造‘醉’快乐的樱桃采摘节”，举办了一系列促销活动，让市民认识到，山里辛庄村是一年中至少值得来 3 次的“美丽的花果山村”。

樱桃幽谷 www.yingtaoyougu.com

红色文化 绿色消费 都市生活 乡村休闲

北京顺义龙湾屯镇樱桃幽谷2012年观光休闲农业旅游时历表

活动开展时间	活动主题	活动特色	可采摘农作物	可搭配游览景区	周边配套餐饮
3月31日至5月1日	小松树快长大	义务植树播种绿色	野菜	北京鲜花国际港	艳阳天大酒店
	千树万树果花开	赏花踏青惬意之旅	野菜、香椿	汉石桥湿地公园★	安利隆山庄酒店
5月15日至7月1日	山里辛庄 醉红五月	摘矿泉樱桃、品樱桃纯酿	野菜、香椿、杏	地道战遗址纪念馆★	焦庄户农家饭
	粽情端午	采摘樱桃、DIY粽子	樱桃、杏	安利隆度假山庄	刘福饭庄
	麦海狂欢	扎稻草人创意大赛	杏	七彩蝶园	
8月11日至9月8日	葫芦艺术之旅	学习民俗葫芦烙画工艺	桃、李子	顺鑫绿色度假村	
9月22日至10月5日	会说话的苹果	科普类农业特色体验	酥梨、红薯	平谷石林峡	
10月20日至11月4日	秋的收获	摘苹果、拔萝卜、挖红薯	苹果、红薯、萝卜	平谷京东大溶洞	

备注：1、带★为免费景区；2、以上活动时历仅供参考，出游请提前预约；3、我方活动策划人员为您提供策划服务；4、所有主题活动以集体形式的一日游为主，如客户有需求也可策划两日游；5、咨询电话：010-60462756。

樱桃幽谷 www.yingtaoyougu.com

北京顺义龙湾屯镇樱桃幽谷 2012 年观光休闲农业旅游时历表

（一）赏花踏青，亲子植树活动

每年 4 月，山里辛庄村的各种果树相继开花，其中樱桃幽谷内樱花盛开时的气势恢宏，昌金路南侧千亩梨花海洋让人仿佛置身仙境。这种纯自然的生态景观，没有城市公园里的喧嚣，对市民极具吸引力。其实，开展市民赏花活动，是为果实成熟后的采摘做铺垫，而在春天的植树节期间，很多市民愿意来山里辛庄村参加义务植树活动，不仅绿化美化了村庄，而且也能带动当地旅游业、餐饮业。

（二）粽情端午，樱桃似火，奏响“红色”之旅

在端午节期间，围绕樱桃采摘举办了“粽情端午樱桃似火”的红色之旅活动。此项活动的举办，可给樱桃采摘园、农家院带来直接的经济效益。

（三）甜利农水果采摘季

让游客知道樱桃幽谷不是只能摘樱桃，而且可以摘杏、李子、桃、梨、苹果等。山里辛庄村的果树总面积达 4 000 亩。这个主题活动是对钟爱采摘的游客推出的，在此期间通过宣传让游客认识到“什么季节吃什么果，甜利农合作社能提供各种水果采摘服务”。

（四）特色创意体验系列活动

1. 打造“会说话的苹果”

所谓打造“会说话的苹果”，就是利用无害、无毒、有图案的字帖，在红富士苹果解下纸袋、贴上字帖后，经过 10 余天的日照，苹果上的图案就形成了。

2. 体验“秋的收获”

活动内容以采摘苹果为主，结合其他农作物的生长周期，安排拔萝卜、挖红薯等趣味农事体验活动。采摘苹果时，游客满树找自己喜欢的人物、生肖、吉祥话苹果，让采摘也趣味十足。午餐时，参加活动的游客，如果喜欢酒的话，还可以品尝一下用樱桃酿的酒。

3. 联袂“八宝”，增添乐趣

与吉祥八宝合作社合作，在生态一日游中融入火绘葫芦工艺制作体验与参观活动。这样一方面可弘扬民俗特色工艺品，另一方面可丰富生态游的旅游项目，实现双赢。

五、取得的初步成效

通过组建甜利农果品产销专业合作社，促进果农联合，带动果品销售，樱桃幽谷被评为北京市“市级观光采摘示范园”。2008 年 5 月在“北京市名果擂台赛”中获二等奖；同年，获得“奥运优质果品”的称号；2009 年，获得顺义区樱桃擂台赛一等奖；2010 年，在北京精品樱桃擂台赛上荣获金奖；2012 年，在全国休闲农业与乡村旅游星级示范创建工作中，被评为“三星级”示范园区。

（一）提升了农民自我发展的能力

北京甜利农果品产销专业合作社是真正由农民自己组织、不断发展壮大的合作社，通过机制的不断创新和自我突破，提升了农民的自我发展能力，更增加了社员之间的凝聚力。

（二）解决了社员果品的销售问题

合作社在成立之初，就是为销售樱桃。经过几年的发展，樱桃幽谷的樱桃不仅没有滞销，而且通过吸引游客前来采摘，卖出了好价钱。至今，不仅樱桃不愁销售，梨、苹果、桃等果品也卖得很好。

（三）增加了农民收入

在合作社成立之前，樱桃的销路不畅，收入不稳定。到 2012 年，年收入 15 万元以上的樱桃种植户已占五成以上。通过成立合作社，山里辛庄村的社员们实现了增收致富，还培育了樱桃幽谷品牌。

（执笔：北京甜利农果品产销专业合作社　杜娟）

大兴西瓜节以瓜为媒富裕农民

以瓜为媒扩内需，节庆旅游促增长。近年来大兴区西瓜节秉承"以瓜为媒、广交朋友、宣传瓜乡、富裕农民"的宗旨，以"我们的新区、您的未来"为主题，本着"创新办节理念、突出节庆氛围、突出市民参与性和互动性、全力打开新区旅游之门、提升旅游品质、打造旅游精品"为主线，创新西瓜节活动内容，加大媒体宣传力度，在努力做好旅游接待服务工作的同时，积极吸引市民参与，从而达到了展示瓜乡、促农增收、拉动内需的目的。在2012年西瓜节期间，全区旅游接待人数累计37.75万人次，实现旅游综合收入2 274.86万元。旅游重点镇游人如织，庞各庄全镇10天接待游客13.5万人次，收入1 200万元；安定镇10余天接待游客突破20万人次，总收入超过500万元。

一、开幕式立足创新

第24届西瓜节开幕式的策划活动从前期开始，区委领导就亲自参与策划、亲自组织相关部门共同研究讨论，实现了西瓜节开幕式的创新。① 运作模式创新。在区委、区政府主要领导亲自指导下，确定"我们的新区、您的未来"这个主题；改变以往只靠一家公司策划、实施的做法，甲乙双方共同实施活动方案，极大地提高了西瓜节的办节水平，也锻炼了队伍；根据大家的意见，组织多次讨论，使西瓜节在艺术方面加以提升和充实。② 运行机制创新。第24届西瓜节，积极引入企业联办支持的机制。中国移动大兴分公

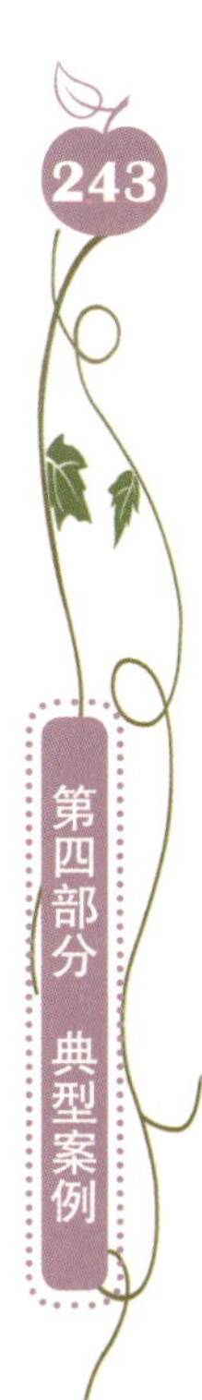

司、安吉信移动房车有限公司、星光影视园等企业的积极参与，不仅提供了物质支持，而且为第 24 届西瓜节开幕式增添了色彩。③宣传传播手段创新。大兴区区委的大力支持下，大兴区充分利用全媒体等科技手段，加大对外宣传的力度。在西瓜节期间，大兴区先后接受了北京电视台新闻栏目、四海漫游栏目、北京电视台财经频道、《北京日报》《首都食品安全报》《新京报》、新华网电视访谈、最美中国网采访，在北京国际旅游博览会现场直播间接受访谈，以及城市零距离访谈等，实现了全媒体宣传，极大地扩大了西瓜节的宣传效果和社会影响力。

二、举办大型新区成果展

在西瓜节期间，大兴区举办了以移动房车为载体的大型新区成果展览，形式新颖、独特，吸引来自全国各地众多游客参观、体验。

（一）工业成果展

以“衣、食、住、行”等多种体验形式，展示大兴区南部高技术制造业和战略新兴产业聚集区成果，涉及北京奔驰、北汽新能源汽车、京东方、麦邦、冠捷科技等参展企业近 40 家，参展产品 400 余件，让参观游客大开眼界。

（二）农业成果展

集中展示新区都市型现代农业发展成果，大兴梨、有机蔬菜、特色肉鸽、黑花生、桑葚果汁、创意西瓜、造型西瓜、玻璃西瓜、盆盆菜等特色农副产品参展，打造大兴区农业科技品牌。会展期间，大兴区培育的盆盆菜很受市民欢迎。通过此次农业成果展，进一步扩大了“大兴农业”品牌效应，拓宽了大兴区优质农副产品进入高端市场的路子。

（三）文化成果展

以古琴为核心，展示传承传统文化。古琴演奏者现场示范演奏，讲述古琴的结构、古琴的文化内涵与人文精神、古琴的演奏技法等，让观众观摩琴师演奏指法和古琴名曲，让市民了解古琴文化。

（四）旅游商品展

分为北京礼物展览和大兴礼物展览，分别展示北京礼物精品、大兴礼物获奖作品和部分优秀作品，其中北京礼物店展出的鸟巢水壶、水立方茶具、老北京特色礼品，大兴礼物店展出的特色手工艺产品、金丝岩彩画、宫廷扇等，令众多游客赞不绝口。

三、旅游活动多头并进

为了吸引游客观光采摘，我们创新服务理念，采取多种形式吸引市民观光采摘。① 走进田园一日游活动。向城六区旅游部门和市级机关工会发放“大兴旅游诚邀函”和各价值 1 万元采摘票，邀请六城区居民持票游新区、过瓜节。城区 300 名游客通过体验大兴区的以“一工、一农、一餐”为主线的旅游线路，才知来大兴交通很便利，大兴好玩儿、好吃的很丰富。②“北京百名导游讲大兴”。西瓜节期间，邀请城里导游以讲故事的方式宣传大兴，展现导游风采。自 3 月份开始，共有来自全市旅行社导游员、景区园区讲解员等近 80 多人报名参加。通过预赛，有 58 人进入复赛，20 人参加决赛。同时，向市民免费发放涵盖全区文化遗迹、名人传说、风土人情等多方面的一百多个故事组成的《这里是大兴》旅游故事集。③ 美丽大兴摄影活动。2012 年 5 月 15 ～ 17 日，在王府井金街举办了美丽大兴旅游摄影展。5 月 29 至 6 月 1 日，在南海子公园进行了第二次展览。通过 200 多名摄影爱好者走遍大兴每一个园区拍摄的 2 750 张照片，让广大市民更全面地了解大兴，认识大兴，走进大兴。

四、全国西甜瓜擂台赛受关注范围广

为了推动大兴区西瓜生产向安全、优质、高效方向发展，弘扬西瓜文化，提高广大瓜农的科学管理意识和标准化生产水平，增强西瓜产品的市场竞争力，宣传大兴西瓜，大兴区组织了第二十四届北京大兴“中坤杯”全国西甜瓜擂台赛。2012 年的擂台赛共有来自北京、天津、浙江、河北、山东、新疆等 11 个省（区、市）及地区的 361 名种瓜能手参加比赛。此次擂台赛设大型西瓜重量奖、中型西瓜综合奖、小型西瓜综合奖、甜瓜综合奖、新品种奖、生产艺术奖、优秀奖、组织奖 8 个奖项，前 4 个奖项分设冠、亚、季军。最终，来自北京市大兴区庞各庄镇南李渠村的宋宝森先生以单瓜重 27.15 千克夺得大型西瓜重量奖冠军。

（大兴区农委　供稿）

镇域休闲旅游

密云县巨各庄镇打造“酒乡之路”

密云县巨各庄镇立足重点镇和非水源保护区的发展优势，结合自身资源现状，深入贯彻落实建设密云县建设绿色国际休闲之都的号召，加快实施镇域“三区一带”发展战略，沿新密兴路沿线，打造一条集一、二、三产业融合发展的“酒乡之路”精品葡萄酒庄产业带，稳步推进农业产业化、工业规模化、农民就地城镇化。葡萄产业带各项基础建设已初具规模，一个独具特色的精品农业典范正在京郊大地悄然崛起。

一、总体规划

酒乡之路定位于将巨各庄镇打造成以葡萄酒庄产业带为主题，集精品农业、农产品加工业、旅游休闲、文化创意发展于一体的精致乡村生活的体验地、国际休闲梦想的实现地。酒乡之路产品开发的方向主要是：休闲度假旅游，项目内容包括：葡萄酒文化修学之旅、科普体验；葡萄观光采摘、欧式乡村生活主题、精致农产品集市体验；葡萄及葡萄酒主题节日、传统乡村节庆民俗、美食美酒体验；户外体验（野营、登山、越野、山地自行车、马术等）。

酒乡之路的规划格局为“一轴、一带、三区”：①“一轴”即由张裕爱斐堡国际酒庄景区主入口至镇域最东端，构建总长 15 千米的景观主轴，以简洁、起伏、节奏感的方式布置新旧密兴路之间的绿地系统，营造大气、壮观的氛围，引导人流进入酒乡之路。②“一带”即沿新密兴路两侧，建设 10 000 亩的鲜食和酿酒葡萄种植园、5 ～ 8 家城堡酒庄及主题村落等，形成“一条龙式”的系统化葡萄产业聚集带。新密兴路两侧大面积的不同品种葡萄种植园连成一片，或高低起伏，呈梯田式，或横平竖直，呈阵列式，和两侧连绵起伏的山脉组合在一起，形成壮观而美丽的葡萄沟谷景观。酒庄散落布置在密兴路两侧，粗糙厚重的建筑与宽阔浩瀚葡萄种植园构成一幅幅优美画卷。③“三区”即沿新密兴路规划布置 3 大重要功能区，包括综合配套服务区、产业发展技术服务区、精致乡村生活体验区，作为葡萄产业带不断提升的动力。

二、主要做法

为做大做强酒乡之路，实现产业融合发展，重点开展以下工作：

（一）整合提升旅游品牌

面向全国公开招标一流规划策划机构，对巨各庄镇旅游品牌进行重新策划、全面提升。从旅游主题口号和形象标识征集、旅游品牌整体策划两个方面开展工作。

（二）强化项目调度管理

强化政府的指导作用，将旅游项目建设作为全镇的工作重点，列入全镇科学发展综合考核范畴，加强日常调度，半年组织现场观摩，年终进行绩效考核，考核结果纳入综合表彰内容。建立多元化的投融资机制，鼓励社会资金投向乡村旅游开发。加大乡村旅游项目招商引资力度，把旅游大项目纳入全镇招商项目库，给予重点推介。充分发挥区域性旅游集散中心协调推进小组作用，对项目建设过程中遇到的困难和问题，及时协调规划、国土等成员单位解决，确保项目建设进度。

（三）全方位提升品味档次

把重点放在旅游强镇、旅游特色村、休闲农业旅游示范点、星级农家乐以及开心农场和采摘园区的标准化建设上，以标准化带动规范化，推出一批基础设施完备、接待服务规范的乡村旅游示范点，在面上推广，以点带面，推动乡村旅游提档升级。

（四）强力做好宣传推介

整合资源，包装产品，策划推出具有巨各庄镇特色的精品乡村旅游线路，进行重点推介。充分利用政府掌握的公共资源，在车站、高速公路路口以及城市出入口等显要位置设立生动、形象的旅游形象宣传牌，让过往游客过目不忘。与周边乡镇、主要客源地区探索建立旅游营销相互代理机制，发挥同城效应，真正让巨各庄

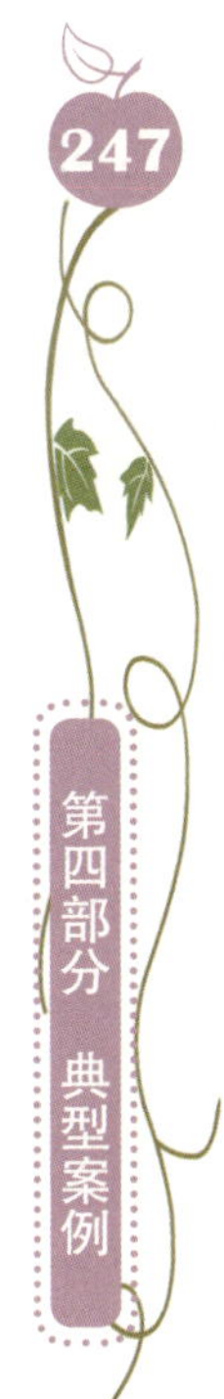

镇乡村旅游走出北京，走向全国。

三、工作进展

（一）基础设施建设全面推进

拓宽建设潮东路，总投资 4 000 万元，道路全长 1.1 千米，路面宽 12 米，同时包括绿化照明工程。

（二）一批环境提升项目陆续开工建设

采取多种措施，提高环境质量。①投资 600 万元的酒乡之路流域治理工程已经完工，涉及前厂、康各庄、牛角峪、久远庄等村。②投资 5 000 万元，对酒乡之路进行深度绿化，绿化面积约 1 600 亩。③投资 3 000 万元的蔡家洼玫瑰情园主体工程全部完工，栽植玫瑰 20 余万株、薰衣草 10 余万株，建成接待亭、步行道、景观小品等；占地 1 500 亩的精品花卉观光园土地已平整完毕，并栽种精品玫瑰、薰衣草及观赏树木，建设绿地景观和旅游综合配套服务设施；在蔡家洼路口、霍各庄新老密兴路交汇处等部位规划建设的 16 个景观节点，已建成 10 处；完成文化墙油饰 1 100 平方米，酒韵公园和 25 000 米的铁艺围栏。④投资约 6 000 万元的东白岩村整体改造提升工程已全面启动。

（三）酒庄建设项目取得实质性进展

截至 2012 年年底，投资 30 亿元的张裕国际葡萄酒城项目即将签订商务合同，近期将进行土地一级开发；北京中冶美利国际贸易有限公司投资 11 亿元的国际风情酒庄项目正在进行选址和规划设计；大连海昌集团投资 10 亿元的波尔多酒庄项目正在规划设计之中，同时注册了红酒销售公司；北京尚达信投资管理有限公司红酒销售中心项目，已经进入起草商务合同阶段。

（四）配套服务设施开始建设

酒乡之路核心区内建设集中服务区和大地景观结点工程已全面开工。大地景观、花海市场、绿地停车场、服务用房、旅游导示标识正在加紧设计。酒乡之路起点建设游客接待中心和标志性建筑工程也已启动。

（五）强化管理，初步形成产业发展模式

建设葡萄生产基地，培育产业链。① 成立葡萄产业协会。新注册成立的巨各庄镇葡萄产业协会已投入运营，镇里统一聘请的葡萄专业技术人员不定期到田间地头进行培训服务，各村的农科员也逐步发挥出作用。② 完成酒乡之路的品牌注册，保护酒乡之路的专利以及提升品牌的知名度。③ 在前厂、牛角峪等 11 个村新发展鲜食葡萄基地近 2 500 亩，基地规模累计达到 5 000 亩，其中酿酒葡萄 2 000 亩，鲜食葡萄 3 000 亩，栽培模式包括日光温室、连栋大棚和露地葡萄采摘园等 3 种。④ 发展农户庭院经济。在丰各庄、水峪等 12 个村共发展庭院经济 3 200 户，栽植葡萄种苗近万棵。⑤ 建设观光葡萄长廊。2012 年在新密兴路沿线的 7 个葡萄基地建设 5 300 米葡萄长廊，全镇葡萄长廊累计达到 8 000 余米。⑥ 利用农业综合开发等项目，逐步做好水、电、路配套基础设施建设。

（六）依托酒乡之路开展丰富多彩的活动

2012 年 7 月 20 日，巨各庄镇首届酒乡之路葡萄文化艺术节正式启动，40 余家单位和 20 多家新闻媒体参加了启动仪式，摄影家采风、葡萄采摘、精致乡村生活体验游等一系列主题活动同时拉开了帷幕。这些活动在扩大地区影响力的基础上，吸引了一大批游客前来观光旅游，2012 年累计接待游客 7.5 万人次，实现旅游收入 1.1 亿元。

四、发展设想

（一）广宣传，树品牌

加大酒乡之路品牌宣传力度，在新老密兴路沿线、重点地区打造独具特色的节点景观、标志、标语，提升酒乡之路品牌的影响力。

（二）稳基础，抓提升

以稳定规模，提升园区品质为主，实现稳中求进。同时，根据酒乡之路总体规划及绿化、景观等相关子规划的设计要求进行施工，重点打造景观，加快酒乡之路各个结点的施工进度，提升整体环境。

（三）抓管理，促发展

成立酒乡之路管委会，建立健全机制制度，加强签约酒庄服务，争取2013年两家规模较大、档次较高的酒庄实现开工建设。

（四）强产业，挖特色

依托酒乡之路推出葡萄采摘、手工农产品制作体验、婚纱照拍摄等项目，发展庭院红酒作坊，打造红酒作坊集中区，提供集餐饮、住宿、娱乐于一体的特色服务。

（密云县巨各庄镇政府　供稿）

中国西瓜之乡的农旅融合发展之路

大兴区庞各庄镇地处北京南郊，位于京开高速沿线和永定河绿色生态发展带，距市区南三环 20 千米，距北京新机场直线距离 10 千米，地理位置优越，是北京城市功能向南拓展的重要节点之一。全镇总面积 109.3 平方千米，镇区规划面积 5.46 平方千米，下辖 53 个行政村，常住人口约 4.7 万人，是著名的“中国西瓜之乡”、“全国环境优美镇”、“首都文明镇”和“首都绿化美化园林小城镇”，先后被住房与建设部、国家发改委和北京市确定为小城镇建设试点镇、小城镇建设示范镇、全国特色景观旅游名镇和全国发展改革试点城镇。

一、庞各庄镇农业发展基本情况

1. 西瓜产业

庞各庄镇由于土壤及气候条件极适合西瓜栽培，种植西瓜已有 400 年历史。全镇共有西甜瓜种植面积 2.9 万亩（其中保护地种植 2 万亩），年产量 82 800 吨以上。小型西瓜种植品种包括：L600、新秀、京秀等，大、中型西瓜有京欣一号、京欣二号、丽嘉和北农天骄等 10 多个主导品种和 100 多个试验示范西瓜品种。已经形成庞安路都市型现代农业走廊、李赵路东部西瓜产业带和二支路西瓜产业带。

2. 果品生产

梨生产面积 3 万亩（其中高接换优 7 000 亩），年产量 3 000 多万千克，种植品种包括丰水、新世纪、圆黄、华山、黄金、甘泉、20 世纪、金秋梨等 10 多个高接新品种和金把黄、京白梨、广梨、红霄梨、巴梨等几十个传统品种。主要分布在庞各庄镇域西部，集中在梨花村、前曹、北曹等村，已形成李赵路西部万亩梨园产业带。

3. 甘薯产业

甘薯种植面积 2 万亩，年产量 4 500 万千克，种植品种包括遗薯 138、京薯 6、紫罗兰等，同时还有 50 余个资源品种。

4. 示范园区建设

建设了乐平御瓜园、四季春高效农艺园、老宋瓜园、富兴农农业科技园区等西瓜科技园区，怡心园、北曹丰水梨基地、梨花庄园、风舞梨园等果品园区，永定河甘薯产业基地。有16个园区获得无公害食品认证，1个园区通过ISO9001国际质量体系认证。

5. 农业服务组织

全镇瓜、果、畜牧、薯、花卉等方面农民专业合作社80余个，资产总额1亿元以上，出现了北京庞各庄西瓜专业合作社、北京爱农星专业合作社、北京乐平西甜瓜专业合作社等农民专业合作社的优秀代表。这些农民专业合作社在北京大型机关、超市、大专院校内建立了上百个销售点，2012年实现销售收入2亿元以上，带动农户7 000余户。

二、强化基础设施建设，推动都市型现代农业发展

在开发农业生产、生活功能的同时，重点开发农业的生态功能，为区域发展提供良好的环境。重点发展绿色农业、循环农业、安全农业，提升农业生产环境质量。

1. 发展绿色农业

推进平原造林工程，新增造林面积6 082亩。在甘薯脱毒种苗示范与推广项目园区，增添铁艺围栏7 000米，对道路两侧进行7千米绿化美化。对庞安路、东赵路增添竹木围栏6 590米，建立竹木牌楼5个。发展循环农业，实施田园清洁与循环利用工程等，着力改善农村生态环境和农田环境。发展安全农业，推动农业标准化基地和“三品”基地建设，2012年新建王场西瓜、北京南小营猪场标准化基地，提升北京老宋瓜果专业合作社和北京汉良瓜果种植专业合作社为区级示范社，确保了主导产业在品种培育等方面领先水平。加强动植物疫病的日常检测、监督和执法力度，确保了无区域性重大动植物疫情发生，确保动物源性食品质量安全。

2. 发展高效农业

发展会展农业，做好“三节两赛”节庆会展，协助区农委开展了“北京瓜季活动”。发展科技农业，采用“合作社 + 基地 + 农户”的农业产业化经营模式，新建2 000亩西甜瓜种植基地。引进无损西瓜测试仪，西瓜破损率从15%降低至5%，使商品西瓜产量增加40万千克。与中国农科院和北京农科院合作开展了花卉、果树、畜牧、瓜菜等项目，推广科技含量高的实用技术，引进了新品种53个，推广种植面积8 000多亩。引进

示范应用技术 9 项，推广面积 2 000 多亩。发展设施农业，实施庞安路、东赵路、小加路等设施农业产业带建设，2012 年新增设施面积 920 余亩。加大完善农业基础设施力度，完成 4 000 亩国家立项农业综合开发土地的治理，延长了农业产业链，提高了农产品的附加值，增加了农民的信心。

3. 发展特色农业

依托庞各庄西瓜、金把黄鸭梨品种，围绕提升特色农产品品质，推进特色农产品发展。建设高标准蝴蝶兰产业示范园，新增以火鹤、凤梨为主的 100 万株高端特色花卉生产基地。建设了草莓（喀斧农场）、热带水果（富兴农）特色农产品采摘园，着力提升庞各庄镇特色农产品品质。

三、大力发展休闲农业

近年来，庞各庄镇依托几大瓜果种植品种，大力开发旅游资源，已形成北京西瓜博物馆一个，农具展馆一个，规模种植、采摘园区 15 个，市级民俗村 1 个（同时也是北京最美的乡村），民俗旅游接待户 106 户，有 3 600 多人从事乡村旅游接待经营工作。2009 年被评为“全国旅游景观示范镇”。2012 年，庞各庄镇旅游接待人数 54.5 万人次，实现旅游收入 6 500 万元。

1. 通过提升与完善，两大优势旅游区域突显

西瓜产业和梨产业是庞各庄镇的两大农业主导产业。近年来，通过对西瓜、梨两大资源的整合与提升，形成了东部以西瓜文化旅游为主，西部以梨文化旅游为主的格局。① 东部旅游区主要是由西瓜博物馆，御瓜园、老宋瓜园、小李瓜王、士同瓜园等 8 个园区，庞安路西瓜观光采摘大道组成的东部 U 型西瓜产业带。该区域休闲、观光、采摘、娱乐及用餐设施齐全，西瓜文化与特色产业有效融合，是一个以西瓜为特色的观光休闲区。② 西部依托梨的产业优势，打造以梨文化为主的旅游区。万亩古梨文化园已经远近闻名，万亩梨文化博览园规划已经基本完成，下一步将分期建设。通过将梨花村的民俗旅游与西部赤道风采摘园、甘薯采摘基地、航天科普基地等 5 大园区有机结合，可实现资源互补，有望改变民俗旅游季节性的难题。

2. 开展基础设施建设，提升接待服务能力

外部交通便利，内部标识齐备，停车场、水、电、公厕、餐饮等设施可满足游客的需要，并逐步向规范化、合理化、人性化发展。绿化美化的园区达到 90%，旅游环境较好。

3. 政府政策支持，有效提高农民接待能力

开展培训，提高从业者的技能与素质。通过请进来、走出去等形式，年培训达到 5 次以上，培训人员达到 3 000 人次以上。通过制订优惠政策，引导旅游公司与景点对接，促进大量游客前来观光消费。

（大兴区庞各庄镇政府　供稿）

王佐镇建设花园式旅游小镇

2012 年，王佐镇按照建设花园式旅游小镇目标和产业发展要求，加快全镇休闲农业和乡村旅游建设进程。

一、加大环境建设步伐

2012 年，王佐镇进一步加大环境建设步伐，全年完成平原造林建设面积 1 425 亩。对六环路千灵山景区出口沿线（沙锅村段）100 余亩进行了绿化养护。完成大灰厂路、千灵山路、长青路等景区道路树木补植及花卉种植。京石高速南宫景区出口南北两侧地块，进行了树木补植。

二、推进休闲农业项目建设

为促进全镇休闲农业项目建设，积极申报将洛平精品农业园、南宫世界地热博览园参加市级休闲农业星级园区评定，同时加快各农业主题公园基础设施建设，丰富全镇休闲农业的内容。

洛平精品农业园。2012 年，完成园区的改造升级工作，更新了 300 余棵樱桃树木，维持园区内的树木品质，有效保证了果品质量；园内建设 120 000 平方米的防护鸟网，有效防治了鸟害；逐步完善了有机葡萄采摘区的基础设施建设，清理路面，铺设方砖 2 000 平方米，方便游客观光采摘，美化环境，提升精品园整体形象；建成生态停车场，完成园区节水管线的铺设，切合绿色生态的主题，突出了农业生态园的建设理念，为精品园的发展填补了一大空白；完成村内通往园区道路 5 000 平方米路面硬化，并大力整治环境卫生，为洛平精品园进一步升级改造打下了坚实的基础。

南宫世界地热博览园。为进一步提升园区的旅游接待能力，博览园在年内进行改造升级，建设旅游接待中心，完善各项旅游接待设施，同时对原有的温泉养生中心进行了全面改造，将建成三星级温泉养生中心。

三、打造乡村旅游新品牌

以南宫旅游景区市级标准化试点单位验收为突破口，以旅游项目建设、旅游商品开发、旅游文化挖掘、旅游管理提升为重点，打造乡村旅游新品牌，形成王佐大旅游格局。

（一）加强企业管理，提升行业水平

以南宫旅游景区市级标准化试点单位验收为契机，深化创建成果，提升内涵管理，提高服务水平。在经营管理上，规范工作流程、工作职责、制度建设，引领企业逐步做到管理规范化、服务标准化、营销特色化和目标具体化，带动效益新突破。加强培训提高实力。强化从业人员文明程度，提升旅游行业服务技能和服务水平，提高从业人员的整体素质。开展全镇旅游企业创优评选活动，形成行业“比学赶帮超”的浓郁氛围。做好统计勤摸底。实行每周一报、每月一报，实时掌握企业经营情况，进行数据分析，及时调整工作思路，做到旅游管理工作的时效性、科学性。

（二）挖掘文化内涵，加大宣传营销力度

借势国际铁人三项赛、北京最美乡村路评选活动及2014年世界种子大会等重点工程项目，以“六个一”立体宣传推介、旅游文化的深度开发为抓手，开展旅游宣传营销。

1. 以旅游文化为切入点，开展文化营销

整合文化资源，打造具有王佐特色的旅游文化。①结合镇域本土文化、历史文化、民俗文化，做好旅游商品的深度开发工作，延伸旅游产业链。②按照“一餐厅一特色”，深入挖掘饮食文化，把饮食文化与旅游活动相结合，促进旅游业和餐饮业良性发展。③以“2012年北京国际铁人三项赛”为契机，打造“亚洲千年盛事、踏寻铁人足迹”骑游北京最美乡村路活动，为2013年园博会“园博在永定，旅游在南宫”做好基础。④冬季以“南宫温泉——打造都市里的温泉小镇”为重点，引进冰雪节概念，创意化地整合“温泉+冰雪”，打造“南宫温

泉冰雪嘉年华”，策划“多彩南宫，温暖如泉”为主题的系列活动，打造南宫温泉冬季旅游新亮点。同时，结合提升改造的南宫民族温泉养生园和新建的南宫温泉养生酒店开业，利用电视、报纸、网络等媒体资源，找准媒体关注点，做好宣传工作。

2. 以“六个一”为切入点，铺展立体宣传

结合王佐风情文化和传说故事，发行一册景区导览故事书；编制一本旅游攻略；开发“一声铃”的旅游彩铃；打造一批旅游精品线路；办好一个微博；开发一种以上特色旅游商品。结合北京广播电台的全年投放计划，搞好“六个一”全面立体宣传，达到强化视听，吸引游客的目的。

3. 综合利用多种载体，拓展宣传平台

借助 2014 年世界种子大会、中央民族大学、人大附中等 6 大项目落户王佐的契机，在镇域内营造小城镇发展氛围。通过户外广告牌直观宣传方式，展示品牌项目的聚合发展形势，展现王佐“国际化花园式旅游小镇”的品质，提升区域品牌影响力。与北京交通台合作，在黄金栏目中参加访谈，参与车友俱乐部、听友俱乐部活动，全年根据资源和游客需求有效整合资源，在黄金时段设置广告。利用网络资源，及时更新完善南宫旅游景区网站，在新浪、搜狐等大型网站设置旅游专栏专页，进一步强化南宫生态景区官方微博的宣传推广作用。

（三）推进项目建设，加速产业升级

以项目建设为支撑，加速旅游项目、产品建设升级，推动旅游产业发展。

1. 将文化植入旅游项目规划设计

结合王佐镇悠久的道教文化和游客游览需求，融合构建和谐社会精神，以忠孝义为文化主题，加快推进菜籽沟道教文化体验区规划设计；规划设计王佐镇民俗馆，展示王佐镇的生产生活文化和独有的皇室文化（包括石灰文化、砂锅文化、陵寝文化等），打造王佐文化旅游；融合民族文化和区域发展，规划设计千灵山民族园项目。

2. 做好项目升级申报

将旅游大厦、京港澳高速和六环服务站、旅游商品开发建设等纳入“王佐生态休闲旅游度假区旅游公共服务设施和环境提升”项目，进行统筹建设，创建便捷、实惠、规范、服务优质的生态休闲旅游度假区；完成“南宫世界地热博览园提升”项目，完善和提升景区配套设施和基础设施，加强管理，努力打造“中国地热第一村”；做好“7.21”灾后重建项目。同时，加强和市、区旅游局的沟通协调，搞好项目申报评审，努力争取政策支持，扩大品牌影响力，加强政府引导，促进我镇旅游产品转型升级。

（丰台区王佐镇政府　供稿）

良乡镇如何发展休闲旅游产业

随着城市发展和人民生活水平的提高，在物质生活满足的基础上，人们更加注重精神需求，更加关注身心的全方位放松与休闲。旅游，这个以休闲、娱乐为主要目的活动以欣欣向荣之姿走进人们的视野。整天生活在都市丛林中的人们尤其需要以旅游来放松身心，可是囿于时间等因素，长途、长时间远游对于大多数人来说只是镜花水月，“五一”、国庆等几大黄金周各大景点又往往是人满为患，黄金周出游很多时候不仅没有达到旅游放松的目的，反而更加疲惫。因此，人们总想在有限的时间内，特别是周末约上三五好友、或一家三口到城市郊区走走停停看看。于是城市郊区旅游应运而生，蓬勃发展，出现了郊区游、农家乐、自驾游等新兴旅游方式。

一、良乡镇发展休闲旅游的条件分析

良乡因“人物俱良”而得名，是首都西南郊明珠。良乡镇位于北京西南方向，距市区 25 千米，辖区面积 33.9 平方千米，东与长阳镇交界，西与阎村镇接壤，南与窦店镇接壤，北与拱辰街道办事处相毗邻。发展休闲旅游的主要优势有：

（一）区位自然优势

良乡镇是房山新城良乡组团的发展新区，直接受首都经济圈幅射，这里交通便利、历史悠久、文化底蕴深厚。镇域东部有一条常年流水的刺猬河。镇域植被丰富，2009 年被市园林局评定为“花卉乡镇”。

（二）交通优势

六环路穿境而过，京广铁路、良常路、长周路纵贯全镇南北，33 路、43 路、49 路公交车穿境而过，形成了便捷的交通网络。

（三）文物资源

昊天塔、乐义墓、关帝阁等众多历史文物古迹演绎着良乡镇悠久的历史文明。良乡镇拥有较多文物古迹，市级文物 1 处，区级文物 2 处，一般文物 3 处，未定级文物 3 处。

（四）优秀的文化遗产

张谢村的高跷、江村梆子、小营村的小车会等独特的民俗表演、传统的民间艺术，积淀了古老文化与现代文明的交融。

（五）新建的旅游接待设施

自 2009 年良乡镇开始谋划建设“田园风光特色名镇”以来，为数不少的投资者看好这片难得的城郊热土，流露出很多借景观资源、地理资源、物候资源打造休闲旅游基地的意向，也陆续有花卉庄园、玫瑰庄园、葡萄庄园、樱桃园、蔬菜园、锦鲤基地等向种植、养殖、采摘、观光、休闲、餐饮综合发展的方向转变，旅游接待服务设施不断完善。

二、良乡镇休闲旅游发展构想

通过上述分析，不难发现，良乡镇要发展旅游业，唯有结合其镇域特色，走休闲旅游道路，可从以下几方面入手：

（一）“田园自然风”

良乡镇是传统农业重镇，现在仍有部分村庄种植玉米、小麦等传统粮食作物。良乡休闲旅游的市场主体是北京城市工薪阶层，他们不少人是从外省市到北京打拼，不少人对童年的田园风光十分怀念，所以可以抓住这一心理，走“田园自然风”，以怀旧和体验

为主。

（二）“庄园观光风”

随着土地政策的变化，农村土地流转，良乡镇发展了以玫瑰、葡萄、月季、草莓、樱桃等为主题的农业庄园，规模不大的农庄不能像国内外其他大型农庄那样去发展经营吸引游客。我们要立足自身实际，利用规模小、管理灵活等特点瞄准游客心理，有的放矢地去吸引游客。

（三）“乡野清新风”

良乡地区的设施农业、养殖业、水产业有一定规模，可以利用近郊交通便利之优势，吸引游客前来采摘、体验、尝鲜等。

（四）“主题休闲农庄风”

良乡有16个村，可以一个村一个主题，也可以几个村组团打一个主题。例如三石羊可以主打新鲜蔬菜、设施农业，南刘庄可以是河滨休闲游，富庄可以是月季主题村等。南庄子花卉庄园，2011年作为招商引资新项目落地，该庄园设计总体目标为：每日1.5万人的接待能力，其中住宿1 000人，可以接待大中小型会议。分为花卉交易区、花卉加工休闲体验区、花卉餐饮区、高档商务区、办公区和休闲娱乐区。花卉庄园的建立，为良乡镇发展休闲旅游产业提供了新的接待场所。

三、良乡镇发展休闲旅游的对策建议

地处纯平原区的良乡镇发展休闲旅游有劣势，主要是：境内大部分为农田，地势平坦，缺少独特的自然景观；休闲旅游产品的市场认知度比较低；缺乏文化积淀；农村和农民对发展休闲旅游认识不足，知识储备也不多；土地利用的约束。为此，提出如下对策建议：

（一）丰富旅游产品和服务项目，体现区域特色

优化休闲旅游产品结构，多元化开发特色旅游产品。乡村自然原始的生态环境和传统文化本是有别于城市景观的最突出特征，也是乡村休闲旅游得以兴旺发达的根基。在开发乡村旅游产品过程中，必须认真分析旅游乡村的历史发展过程，挖掘其特色魅力及其表现形式，在保护的前提下，开发出具有浓郁乡土气息的乡村旅游产品。同时，要多元化地开发休闲旅游产品项目，以供不同层次旅游者的选择。无论是钟爱田园风光的休闲游，追求文化品位的休闲游，体验民俗风情的休闲游，还是纯粹寻求娱乐、消遣、健身的休闲游等，都应成为丰富休闲旅游产品项目的应有之义。

（二）完善基础和旅游配套，推广规范服务

改善基础设施建设，提高旅游从业人员素质，促进服务标准化。要加大对交通、水、电、餐饮、住宿、通讯设施方面的投入，加强乡村休闲旅游区公共设施与食宿设施的建设。应与交通部门合作，开辟旅游专线，为城市市民游客出游提供方便。在食宿设施建设上，要注意旅游环境和接待设施的卫生标准。要通过职业培训，使从业人员熟悉并掌握从迎客到送客的礼节和用语，了解一定的旅游常识和风土人情知识，促进乡村旅游服务的程序化、规范化和人文化。通过提高经营管理者和从业人员的素质，改善乡村旅游的管理和服务，为旅游者提供一个更安全、更卫生的旅游环境。

（三）加大资金投入，激活休闲旅游业内生力

资金是乡村旅游开发的重要条件之一，资金缺乏制约了基础设施的建设和完善，从而影响乡村旅游产品的开发。乡村旅游开发可通过 4 个渠道筹集资金：由政府部门统筹，把对旅游业的扶持列入财政预算之中，确保旅游业的扶持资金能够持续；通过不同形式的招商引资，给乡村旅游开发注入新鲜血液；鼓励村民出资合股联营，这有助于增强村民的责任感；建立民间贷款信用制度，简化办证手续，在整体规划的指导下，充分利用有限资金完善旅游设施。

（执笔：房山区良乡镇政府　郑迪飞）

第五部分 媒体报道

华北东北休闲农业创意精品推介活动亮点多

8 月 17 日，华北东北地区休闲农业创意精品推介活动在北京蟹岛度假村国际会展中心开幕。本次推介活动由农业部主办，农业部乡镇企业局、中共北京市委农村工作委员会、北京市农村工作委员会、北京市朝阳区人民政府、北京观光休闲农业行业协会承办，天津市、河北、山西、内蒙古自治区、吉林、黑龙江等省（区、市）休闲农业主管部门协办。

推介活动分公众投票和集中比赛两个阶段进行，其中，公众投票阶段已于 7 月 1 日至 31 日完成，来自华北东北各省（区、市）的参赛作品，在腾讯网和魅力城乡网上接受了公众投票，从中选出的部分优秀作品在比赛现场进行展示推介。集中比赛阶段包括作品展示、现场销售、项目签约、评比表彰等内容。

据了解，该项推介活动首次在华北东北地区举办，是跨地区、跨部门、跨行业的大型综合性休闲农业、创意农业成果汇展。活动的主题是“创意提升农业，休闲改变生活”，具有以下几个特点：一是规模大。展馆面积 5 500 平方米，是对华北东北地区近年来休闲农业、创意农业成果的一次大汇聚、大展示、大检阅。二是展品内容丰富。近 2 000 件（个、套）展品都是各省（区、市）从众多作品中，通过公开征集、评比，优中选优，筛选出来的精品。从内容上看，这些作品包括产品创意、包装创意、文化创意、园区创意、设计创意五种类型；从形式上看，采用文字、图片、视频、实物等多种形式，全方位诠释作品的创意理念，展示休闲农业创意精品开发所取得的显著成效；从北京市展区看，除了产品创意等五大板块外，还根据国际化大都市特点和市民需求，增加了“会行走的农业”板块，对阳台菜园、阳台果园、阳台花卉、阳台农业设备、阳台农业最新技术等都市农业新的实现形式进行了展示，以促进市民与农民的互动。三是参展对象广泛。参展对象既有休闲农业的经营主体、设计创意人员，也有来自一线的老艺人、能工巧匠和民间艺术家。四是展售结合。有些艺人在现场制作、表演，展示他们的绝活，其中部分项目观众还可以现场参与。在展览的同时，绝大多数参展作品在现场销售，观众可以在现场买到具有地方特色、带有浓重泥土气息的农业创意精品。五是促进了成果转化。据初步统计，在开幕第一天，项目签约金额约为 1.5 亿元人民币，促进了创意精品产销对接和创意成果的转化。六是活动形式多样。在展示期间，正值蟹岛度假村举办北京国际啤酒节，游人较多。与此同时，朝阳乡村文化节也在蟹岛度假村举行，包括地方文艺演出、休闲农业园区体验、乡村旅游线路推介、乡土风情摄影展等，内容较为丰富。

近年来，各地在发展休闲农业过程中注重产品创意，不断丰富休闲农业内涵，形成了一批充满艺术创造力、想象力和感染力，在群众中“叫得响、传得开、留得住”的创意精品（如麦秸画、草编、竹刻、葫芦雕刻、盆景、插花、特型瓜果、特型食品、手工艺品、蔬菜花篮、特色广告语等），成为休闲农业持续发展的活力源泉和满足城乡居民精神文化与艺术享受的重要载体。从北京市来看，休闲农业已经成为都市型现代农业的重要组成部分。同时，在需求拉动、供给推动、政策引导的合力作用下，京郊休闲农业得到了较快发展。目前，北京郊区开展观光休闲服务的农业园已经达到 1 300 个，其中市级观光园 95 个；市级民俗旅游村 207 个，市级民俗旅游户 9 970 户；年接待游客 3 511 万人次，实现收入 30.4 亿元。休闲农业的发展，对于带动农民就业增收，转变农业发展方式，促进农村产业结构调整，提高城市居民幸福指数等发挥了积极作用。

为进一步激发各地开展休闲农业创意的积极性，提升休闲农业的文化软实力和持续吸引力，推进休闲农业创意产业大发展，更好地满足城乡居民休闲消费和文化生活新期待，由农业部牵头，各有关省（区、市）休闲农业主管部门组织，广大休闲农业经营者积极参与，开展了全国休闲农业创意精品推介活动，此次华北东北地区推介活动就是其中一个重要组成部分。

在这次成果展中，北京市各区县共筛选出推介作品 464 件，其中产品创意 296 件、包装创意 78 件、文化创意 33 件、园区创意 32 件、设计创意 25 件。这些作品中，既有对近年来北京休闲农业优秀创意产品的实物展示，也有对“大兴农业”区域农业品牌创建、“平谷鲜桃”系列包装、延庆千家店“百里山水画廊”规划等典型案例创意理念的深度挖掘和展现，基本能够反映目前北京休闲农业、创意农业发展的最高水平。

（原载《农民日报》2012 年 8 月 25 日第 08 版，作者：李庆国）

当文化创意之水引入农田时

——2012 年北京农田观光季侧记

“良田盼有活水来”。有经验的老农都知道，庄稼地里的作物在活水浇灌下长势更好。如果将文化创意之“水”引入农业这块良田，将文化因子渗透进传统产业，会是怎样一幅美妙画卷？继去年成功策划并开展了北京农田观光季活动后，今年，北京市农业技术推广站再次利用文化创意将农业生产与观光旅游相结合，用最普通的农作物为原料，为北京描绘了一幅现实版的立体乡村画卷。

农田美景描绘现代“桃花源”

位于“画卷”的东北角——北京市密云县太师屯镇车道峪村有一座秘密花园，听说景色是“只应天上有”。是真是假？记者决定亲自去感受一下。驾车驶上京承高速，从太师屯出口出，沿车道峪的路标先左转后右转，便看见“人间花海”的指路标。可是路过的道路两旁都是整齐的农家院，哪有什么花园？不免失望。但是大约十分钟后，从两房之间、仅能过一辆车的小路进去，没几米，眼前豁然开朗：葱郁的雾灵山，清澈的安达木河流水穿村而过，顺河而下是如烟的花海，许多人全家出动，在花丛间流连、玩耍，真是“黄发垂髫，并怡然自乐”……这不就是陶渊明笔下的“桃花源”吗？

“人间花海”是以 400 多亩连片薰衣草为主要景观的农田观光园。据该园总经理王荣军介绍，该园以“展示花卉产业、传播香薰文化、体验农村风情、释怀乡土情结”为主题，还精心推出了具有观光性、参与性和奇特性的景观项目，满足游客自助采摘、临湖垂钓、野外拓展等多方面需求。

类似于“人间花海”这样的现代“桃花源”并非独此一份。漫步花丛，北京市农业技术推广站景观农业室主任、高级农艺师王忠义对记者说：“从 4 月下旬一直延续到 10 月的北京农田观光季活动，先后推出了油菜、向日葵、薰衣草、水稻、观赏菊等 6 个不同的农田观光主题，有房山长沟千亩油菜田、延庆千家店百里画廊葵海、密云新城子雾灵西峰彩葵园、延庆四海万寿菊地、通州台湖油菜花地、海淀区上庄镇水稻田等景点，共计 28 个，为市民休闲生活提供了多个去处。”

在这里，农田变成了儿童嬉戏的乐园、姑娘秀美的舞台、中年人释放情绪的平台和老年人回味过往生活的场所，享受着现代“桃花源”中的宁静、自然与淳朴。正如北京农田观光季的口号：“乐游农田美景、醉品乡土味道、梦回心灵故乡”。

创意“肥料”助农民“丰收”

在中国的传统农业体系中，一个农民依靠辛苦耕耘的粮食作物，要最终转化成价值，受到很多客观和主观因素的制约。如今，有一种叫创意的“肥料”，虽然未必能带来农产品数量的绝对增长，却能够让农民获得更丰厚的回报。

王忠义说，这些观光点原本并不是景点，而是以生产为主的普通农田。北京市农业技术推广站对种植品种进行了选择，推荐一些植株整齐、高矮适中、花期一致的品种，使其更适宜观光；与其他品种作物进行高矮、颜色、造型上的搭配，丰富了景观的类型；对播期进行了调节，延长了观赏的时间。此外，他们还积极引导示范点对地块环境进行了整治，并配置了一些辅助的设施，如铺设观光行道、搭建观景廊道、设立展示牌等。通过这一系列的措施，在不破坏农田乡野面貌，投入成本不多的情况下，大大改善了农田的景观效果，提升了其旅游价值。

王忠义给大家算了一笔账，在延庆千家店建设的百里画廊葵海，按照实际亩产来算，种玉米和向日葵来说，收入都是每亩地 1 000 多元，并无太大区别。但是农田景观带动的农家乐、民俗旅游等相关产业收入却非常可观，甚至超过了农作物本身的价值，导致去年尝到甜头的农民今年纷纷要求扩大向日葵的种植面积。据统计，仅 2011 年的北京农田观光季活动就吸引了约 205 万市民去各观光点休闲旅游，直接门票收入 873 万元，带动民俗等旅游销售收入 5 308.5 万元，合计收入共计 6 181.5 万元，多渠道增加了农民收入。

对于这些，曾经外出打工，如今在捧河岩村经营一家农家院的村民孙福英有直接的感受。她说，这几年来乡下旅游的人越来越多，周末大多会住满，她和老伴儿两个人根本忙不过来，还要请五六个人帮忙。最近他们在院子另一侧盖起了一座二层小楼，接待能力由原来的 20 多人住宿增加到了 40 多人。“相信将来的日子肯定会更好。”孙福英高兴地说。

文化创意成现代农业“黏合剂”

长期以来，英德等国家神奇的“麦田怪圈”频繁成为头版新闻。在此次农田观光季活动中，北京市农业技术推广站的农艺师杨林也在创造着属于自己的“麦田圈”。刚参加工作不久的杨林被派驻在密云县石城镇蹲点，除了为那里的农户提供技术指导，他最近还有一个重要任务——建设一个 500 多亩的玉米迷宫。“这个迷宫倚靠天然河道，顺势而建。整个图案其实是石城镇的缩微景观，每个节点都有自己的含义，15 种农作物代表了 15 个行政村，西南角的五角星寓意着镇政府驻地，蝴蝶、梅花则表示 6 个风景区……”讲说到自己的作品，平时少言寡语的杨林有讲不完的话。

和麦田怪圈一样，这个玉米迷宫是典型的创意农业，它们是对农业生产、生态和生活功能进行了更深层次地拓展，将农业生产性与审美结合、科技与生态平衡融合、观赏性与参与性结合。2011 年 12 月，由北京市农业技术推广站联合中国农业大学和北京农学院共同举办的“中国都市农业产业创新发展论坛”上，与会专家指出，景观农业是都市型现代农业重要领域，是以农业生态景观建设为基础，深入挖掘农业生产、生态、生活、美学和文化功能的多功能都市型现代农业表现形式。

在发展过程中，妙趣横生的文化创意就是一贴“黏合剂”，将农业的多种功能有机结合。作为文化创意载体的具体文化活动或者品牌，则具有强大的辐射力，能够带动相关产业，形成产业群，产生巨大的经济效益，并提升农村区域的整体价值。

今年，北京市农业技术推广站在密云县石城镇从新大关桥沿白河往上一直到黄土板地村，沿线 12 千米左右，共种植了 2 000 余亩油菜花。依托这个“千亩油菜花海”景观，石城镇举办了“首届石城云梦花香文化节”、“知名作家走进云梦花香”、“农田观光使者采风”等文化活动。此外，房山长沟花田节、北京寻香之旅、农田观光季摄影作品征集、小麦收获节等主题活动的开展也吸引了大量市民的关注和参与。活动期间设计的花田新娘、花田音乐会、花田风筝会、诗人下乡采风、麦秸艺术插花等环节，更是大大提高了市民休闲观光的参与性和趣味性。通过这些文化活动，极大地提高了所在村镇的知名度和旅游收入，并且逐渐形成了文化品牌，如看向日葵就去延庆千家店、房山长沟；油菜花认准密云北庄等。

“文化创意是水，可以滋润农业。”如果农田里已经有了种子、阳光、土壤和气候，那么当文化创意之“水”被引进之时，种子就开始破土发芽了。

（原载《农民日报》2012 年 8 月 11 日第 07 版，作者：李锐、蒋培玲）

从一条床单开始的乡村酒店建设

密云是“国际最佳休闲宜居名县”，因为，在密云，能让城市人休养身心的不只是这里的山山水水，还有山水之间一处处古朴而典雅的农家村落。如今，在“一个民俗村就是一个乡村酒店”理念的引导下，密云50余个民俗村和1 580余个民俗户正步入“星级服务”时代，向“标准化、规范化、组织化、网络化”新“四化”迈进。

住进乡村酒店

庄子在《知北游》里说：“天地有大美而不言。”驱车前行，林木葱茏、野花盛开，密云水涟涟、云朵朵、山叠叠，一幅大美之图展现在记者面前。乡村就有这么一个好处，它使被钢筋水泥包裹的人们远离喧嚣，去感受四季的变化和田野的律动。“春天看花，夏季看泉，秋季看云，冬季看雪。”山水云之间的密云一年四季让人向往，吸引着北京市民。

有北方“小黄山”之称的云蒙山座卧境内的石城镇，饶有一番田园景致。步入石城镇石塘路村“古城人家”，小桥流水，极富乡野风情。“金银花开早，旧檐雨滴迟。翠蝈鸣绿蔓，修竹几竿湿”，道出了其中之味。在石城镇有风景处有人家，有人家处有风景，更有一间间雅致的客房。只见家家雪白的床单、被褥，叠放整齐的毛巾，马桶里撒放的月季花瓣表明已清洁完毕，折起的被角上的巧克力告诉人们已为您开好夜床……“别看我们这儿是农家院，跟大宾馆里一个样！”村民对记者说。

如今，每家民俗户的床上用品都由县专业洗涤公司洗涤、消毒、熨烫。合作联社在每个民俗旅游村设立“中转站”，聘请1至2名村民专管员负责本村床上用品的统一保管、收发。记者在石塘路村旅游接待中心看到，洗涤配送中转站不到30平方米的房间里，靠着三面墙壁摆放着四层高的货架，上面整齐地码放着清洗好的白色床上用品，几个塑料箱里面放着几件刚换下来的是准备送去统一洗涤的。

专管员对记者说：“平常随时有需要，打一个电话我就过来。洗涤厂每周三取走脏床单，洗好后周五再送回来。民俗户都是周末客人多，这样也误不了用。”合作联社还制订了完善的规章制度，对押金、正常洗涤费用、顽固污渍等特殊洗涤费用、损坏赔偿等方面做了明确的规定。目前，这一套机制已经良好运转一年多，受到了村民拥护和游客欢迎。

原来可不是这样，有村民对记者说：“我们各家各户自备的床单花花绿绿、五花八门，有新有旧，不美观，高峰时期床单也来不及更换。现在一客一换，专业洗涤，干净

卫生，客人愿意留下住，房间价位水涨船高，经济收入也随之提高。”

从一条床单开始

密云县政府副县长蒋学甫介绍，密云民俗旅游提升服务水平就是从一条床单开始的。密云县委县政府按照“一个民俗村就是一个乡村酒店”的工作思路，以石城镇床上用品统一洗涤配送为切入点，实施了民俗旅游的标准化建设。2011 年年初县财政专项投入 450 万元，为全县 1 580 多户民俗户统一更换床上用品，在全县民俗旅游村普遍推广这种模式。当年 5 月底前，石城、溪翁庄、古北口 3 个热点旅游乡镇的民俗户床上用品已更换完毕，其他乡镇年底前完成。密云县有关部门预测，由于管理和服务的提档升级，全县旅游产业每年将增收 1 000 万元以上。

密云县抓的不仅仅是一张床单的小事。伴随着城市居民消费需求的日益提高，人们对农村基础设施、服务管理和卫生条件等方面也提出了更高的要求。因而，这是如何促进乡村旅游进一步提档升级，摘掉“小、散、低、乱”帽子的大问题。

为此，北京市农村经济研究中心把这一问题作为重点课题进行了为期一年的调查研究，结论是：“对于民俗村来讲，通过合作社，可以解决一家一户难以建设和维护公共服务设施、难以进行整体策划的问题，从而促进农户共同提升服务档次和水平，实现‘一个村就是一个乡村酒店，一个接待户就是一间客房’。”他们将这些想法与石塘路村、石城镇领导沟通，立即引起了共鸣，双方决定作为课题研究并实际试验。有了资金的支持，合作联社迅速整合了 8 个村旅游接待户，由合作联社统一定期为民俗户洗涤床上用品。

2011 年 4 月 30 日，1.6 万余套按宾馆标准制作的床单、被罩统一配发到石城镇民俗旅游合作联社 274 户社员家中，完全可以满足民俗户接待高峰期“一客一换”的使用需求。

石城镇地处一级水源保护区，统一洗涤配送既节水也为保护密云水库这片净水做着贡献。石塘路村中转站工作人员给记者算了一笔账：按照洗一遍清两遍的标准，家用洗衣机洗 1 套床上用品平均下来大约耗费 10 千克水；而洗涤厂使用大型设备，洗一套仅需约 2 千克水。按照洗涤一套节水 8 千克计算，石塘路村 2 823 套床上用品都洗一遍，节水可达 22.5 吨。更为重要的是，集中洗涤远离了水库，既便于污水集中处理，又彻底消灭了 274 个污染源。

石城镇镇长孙立军告诉记者：乡村旅游合作联社除统一定期为民俗户洗涤床上用品外，还统一包装杂粮、草莓、咸菜，开发草编、木节画，建设蔬菜肉类配送中心，开发农业多功能，进行产业融合，实现了保护生态与发家致富的良性循环。

“农家乐”的全面提升

北京自上世纪 90 年代便开始民俗旅游即“农家乐”，人们心中更通俗的印象就是

“吃农家饭、住农家院”，吃、住、卫生条件各家有各家的谱儿，质量总令游客担忧。

如今记者在密云看到，合作联社将民俗户组织了起来，吃、住、卫生样样有指标。通过规范标准，昔日单打独斗、散漫杂乱发展的民俗旅游，通过合作经济组织实现规模化经营和集约经营，真正成为休闲农业与乡村旅游产业的受益者。

记者所到之处看到到处都是统一的路牌、门头牌匾和内部装饰。棕底白字中英文双语的道路标牌指示着人们前行的方向；合作社为村庄各家各户进行“仿古式”包装：灰瓦白墙木门、雕着云纹的木牌匾，古韵悠然。走在其中，像穿行在一幅水墨山水画中；户内园艺情趣盎然，铁艺桌椅、木制秋千、朱红色遮阳伞一个不少。穆家裕镇木棉花乡村酒店，原色砖面自然平淡质朴，整个酒店从材质到色彩、造型都没有过多的修饰，体现人与自然的和谐共处。

石城镇耕地少，不少蔬菜、肉类以及辅料、调料需要外购。合作联社统计每天社员的需求，一大早就到正规的批发市场采购，既保证了食材的新鲜、安全，方便了民俗户，同时还降低了采购成本。民俗户告诉记者：“像这个棒子渣，0.5 千克只要一块一、一块二，散户去买就要一块八呢。光这类副食成本，每年就能节省四五千元。”由于在房屋装修、床上用品和食材采购等方面都做到了统一，实现统一的主要菜品和住宿价格也就水到渠成。合作联社社长孙兆峰告诉记者，这样做收效很好，解决了长期存在的两个问题：一是农户漫天要价、欺客宰客；二是消费者压价以致农户压质、恶性竞争，使农民丧失应得的利润。对于如何提供服务，合作联社也进行了要求，制定了统一的服务标准，从如何接打电话、招呼客人，到摆桌上菜、沏茶倒酒，从饭菜质量到住宿接待，都作了较为详细的规范。

只有合作才能分工，只有分工才能分业，只有分业才能专业，只有专业才能不断提升水平。孙兆峰对记者说：分工分业促进服务水平提高体现在很多方面，比如烤鱼这道菜，烤之前先要用调料煨上两个多小时，农户煨多了，客人没有来，就浪费了，没有煨出来，就要客人等很长时间。有了分工后，合作社内部有几家专门做烤鱼，哪家农户有客人点烤鱼，时间不长就可以烤熟送过来。

“一个民俗村就是一个乡村酒店”，让每一个来到密云的游客，既感受到田园牧歌般的绿色风情，又能享受到高水平、高规格的“星级服务”，乡村吹起了“国际风”。

密云，一个以绿色为特征，以国际为水准，以休闲为目的的“绿色国际休闲之都”，已悄然呈现在世人面前。

（原载《前线》杂志 2012 年合作社专刊，作者：杜梅萍）

合作社推动北京休闲农业与乡村旅游

日前，北京市农委、市农村经济研究中心在密云召开了“农民专业合作社推动休闲农业与乡村旅游发展现场会”。来自市农委、市农研中心、京郊各区（县）农委主管领导，以及各区县农村合作经济管理经营管理站站长、主管副站长，农村合作社代表等100余人参加了现场会。

会上，密云县副县长蒋学甫介绍说，通过大力发展乡村旅游合作社，目前密云县实现了民俗旅游“五统一”，即统一床上用品洗涤配送、统一采购主要外购食材、统一订立服务标准和规范、统一主要菜品和住宿价格、统一指路牌和门头牌匾。其核心经验就是通过合作联社将民俗户组织起来，抱起团来闯市场，通过统一标准规范，使吃、住、游样样有指标。昔日单打独斗、散漫杂乱发展的民俗旅游，正向标准化、规范化、组织化、网络化迈进，使“一个民俗村就是一个乡村酒店，每一个民俗接待户就是一个房间”的理念和目标成为可能。

北京市农研中心主任郭光磊在讲话中说，北京市农民合作社已经由数量扩张进入到资源整合、规范发展、做大做强的新阶段，合作社正在成为促进一二三产业相互融合的重要载体。关于提升休闲农业与乡村旅游发展和农民专业合作社建设水平，郭光磊主任提出“五个抓好”，一要抓好规范建设，严格按照《农民专业合作社法》的要求，建立完善合作社内部制度和外部服务机制；二要抓好品牌创建，认真做好休闲农业与民俗旅游示范县、示范点、中国最有魅力的休闲乡村，以及农民专业合作社示范社的培育创建工作；三要抓好指导服务，千方百计地帮助合作社及其休闲农业与乡村旅游产业发展争取项目资金，帮助他们解决发展中遇到的各种困难；四要抓好宣传培训，提升整个行业的市场营销能力；五要抓好政策研究，为休闲农业与乡村旅游的发展、合作社的建设提供强有力的政策支撑。

北京市农委副主任张贵忠在讲话中说，农民合作组织的发展、完善和壮大，是休闲农业与乡村旅游发展、完善和壮大的必要条件和必然结果。随着乡村旅游产业竞争的加剧和乡村旅游产业的升级转型，从事乡村旅游产业的农民只有组织起来，通过合作经济组织实现规模经营和集约经营，才能维护好、利用好和发展好自己手中的集体资产，真正成为休闲农业与乡村旅游产业的投资主体、经营主体和受益主体。

（原载《农民日报》2012年9月1日第08版，作者：建国）

第六部分 文件汇编

古北口——中国历史文化名镇
东周
属燕国幽州，地处重要路口，
设烟墩，驻烽子
秦朝
秦王嬴政统一全国，划为三十
六郡，隶属渔阳郡。
西汉
渔阳郡领安乐、要阳、白檀三
县，隶属要阳县。
三国
隶属渔阳郡，曹魏统一北方，
但常被乌桓侵扰没入版图。
西晋
后赵、前燕、前秦，三国相
继，其均属幽州渔阳郡。
北朝
属燕落县，已成为长城关口
之一，谓之铁门关。
隋朝
属燕落县，为防奚丹人扰边，
成为军镇之一。
唐朝
属密云县，设守捉之军职，
五代称名古北口。
五代

关于创建北京市休闲农业与乡村旅游示范乡镇的通知

京政农函〔2012〕23号

郊区各区县人民政府：

为促进休闲农业与乡村旅游的规模化、集聚化发展，推进休闲农业与乡村旅游集聚区建设，加快京郊旅游发展步伐，带动农民就业增收，市农村工作委员会、市旅游发展委员会、市水务局、市园林绿化局、市农业局决定开展北京市休闲农业与乡村旅游示范乡镇创建工作（以下简称“示范乡镇创建”）。

一、指导思想、创建原则和目标任务

（一）指导思想

坚持以科学发展观为指导，全面贯彻落实北京市农村工作会议和《关于加快推进京郊旅游发展的指导意见》（京旅发〔2011〕93号）精神，以促进休闲农业与乡村旅游上档次、上规模、上水平为目标，以实现集群化、规模化、产业化发展为方向，以提高经济、社会、生态效益为核心，对休闲农业与乡村旅游重点地区，加强规划引导，加大投入力度，完善基础设施，创新开发模式，破除发展瓶颈，推进规范性建设，达到“引进增量、盘活存量、提升质量、增加效益”，切实使休闲农业与乡村旅游成为镇域主导产业，带动农民就业增收，同时为其他地区休闲农业与乡村旅游发展树立样板，发挥示范引领作用。

（二）创建原则

1. 以农为本，突出特色

示范乡镇创建要坚持以农业为基础，按照生产、生活、生态相统一，农村第一、第二、第三产业相融合的要求，围绕农业生产过程、农民劳动生活和农村风情风貌，结合本乡镇实际，分类规划，合理布局，突出特色，有序发展。

2. 产业主导，注重实效

示范乡镇创建要围绕把休闲农业与乡村旅游培育成镇域主导产业这个中心来进行，使之成为乡镇可持续发展的内在动力和拉动区域发展的增长极。创建工作要务实创新、注重实效，着力推进休闲农业与乡村旅游发展方式的转变和农民致富增收。

3. 统筹推进，分步实施

要结合当地实际，科学制定休闲农业与乡村旅游发展规划，合理确定建设目标，分步实施推进。同时，要找准发展的薄弱环节，积极引导资金、技术、人才、管理等要素向重点地区、薄弱环节集聚，切实抓出成效。

4. 政府引导，多方参与

建立政府引导、农民主体、多元（企业、合作社、科研推广机构等）参与的推进格局。同时，通过机制创新，引导社会资本参与休闲农业与乡村旅游项目的开发建设。

（三）目标任务

从2012年开始，用3年时间，培育20个左右的休闲农业与乡村旅游示范乡镇，使之成为探索资源整合机制、创新开发模式、集中展示郊区休闲农业与乡村旅游发展水平、发挥辐射引领作用的样板和基地。

二、创建标准

（一）基本条件

1. 主导产业突出

休闲农业与乡村旅游成为乡镇的主导产业，休闲农业与乡村旅游收入在乡镇农村经济总收入中占有较大比重。休闲农业与乡村旅游规模较大，在全市范围内有一定知名度的休闲农业与乡村旅游点达到5个以上。产业开发呈规模化、集群化发展态势，或环绕著名景区、景点，或沿交通干道，或依托主要沟域，形成规模较大、成带连片的集聚区。农业生产、农产品加工等相关行业的发展，能够为休闲农业与乡村旅游服务，形成产业链。

2. 基础条件完备

乡镇域范围内，具有良好的基础设施条件和完善的接待服务能力。乡镇的对外交通条件较好，游客可进入性强。饮水安全，节水灌溉、小流域治理等达到本区县领先水平。电力、通讯等基础设施可满足游客的需要。标识与指示牌系统清晰，具有统一的风格和外部形象。乡村景观良好。住宿、餐饮、娱乐、卫生等设施要达到相应的建设规范和公共安全卫生标准，生产、生活垃圾和污水实行无害化处理。旅游要素齐备，功能完善，游客在乡镇域范围内可以方便地实现吃、住、行、游、娱、购等。旅游环境好，林木覆盖率高，森林资源保护良好。

3. 行业管理规范

乡镇党委政府有领导主抓休闲农业与乡村旅游，政府有专门科室和人员为休闲农业与乡村旅游发展服务，工作体系健全。结合当地实际，研究制订了促进休闲农业与乡村旅游发展的政策措施。加强服务平台建设，已成立休闲农业与乡村旅游行业协会等行业

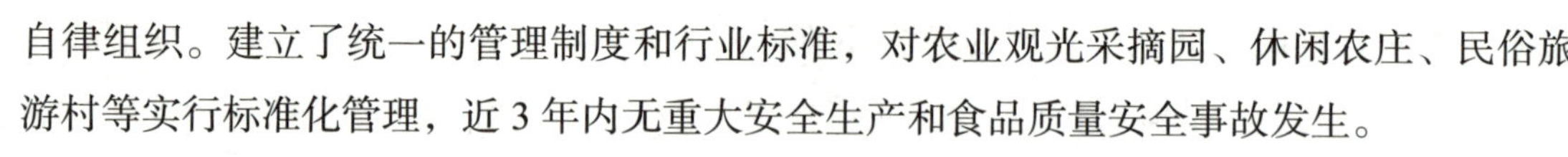

自律组织。建立了统一的管理制度和行业标准，对农业观光采摘园、休闲农庄、民俗旅游村等实行标准化管理，近3年内无重大安全生产和食品质量安全事故发生。

4. 市场认知度高

休闲农业与乡村旅游的特色明显，在本区县乃至北京地区，具有较高的知名度，游客较多，市场竞争力强。通过市场化运作，在乡镇域范围内建立起资源整合机制，使农业观光园、民俗旅游村、休闲农庄与景区、景点之间形成良性互动关系。龙头企业投资大，市场带动能力强。通过一定时间的培育，逐步形成品牌。

5. 发展成效明显

休闲农业与乡村旅游主要经济指标在全市处于领先水平，年接待游客50万人次以上，游客的满意度较高。

（二）建设指标

建设指标汇总见下表。

建设指标汇总表

项　目	序　号	名　称	单　位	指　标	说　明
发展环境	1	林木覆盖率			
		山区	%	≥70	参考性指标
		平原		≥20	
	2	乡村景观	—	达到良好及以上	约束性指标
创建工作	3	编制休闲农业与乡村旅游发展规划	—	是	约束性指标
	4	建立统一的标识和道路指示牌系统	—	是	约束性指标
	5	成立行业协会等自律组织	—	是	参考性指标
	6	有休闲农业与乡村旅游龙头企业	—	是	约束性指标
	7	当年新增投资	万元	≥3000	约束性指标
产业规模	8	核心集聚区规模			约束性指标 长度与面积指标有一项满足即可
		长度	千米	≥5	
		面积	平方千米	≥20	
	9	知名休闲农业与乡村旅游点	个	≥5	约束性指标
	10	休闲农业与乡村旅游点面积之和占镇域面积的百分比	%	≥20	约束性指标
	11	休闲农业与乡村旅游收入占农村经济总收入的百分比			
		山区	%	≥20	约束性指标
		平原		≥10	
	12	年接待游客	万人次	≥50	约束性指标

（续表）

项目	序号	名称	单位	指标	说明
发展成效	13	休闲农业与乡村旅游从业人员数量占农村劳动力的百分比	%		约束性指标
		山区		≥ 20	
		平原		≥ 10	
	14	休闲农业与乡村旅游从业人员年人均纯收入与当地农民人均纯收入之比	%	≥ 150	约束性指标
	15	游客的投诉率	%	≤ 1	参考性指标

三、申报、评定程序

（一）申报

1. 申报范围及数量

通过自我创建，达到创建标准的乡镇均可自愿申报。每个区县申报数量原则上不超过 2 个。

2. 申报程序

由乡镇人民政府对本乡镇休闲农业与乡村旅游发展情况进行综合评估。差距较小的，可通过加大工作力度，限期改进。符合条件后，填写《北京市休闲农业与乡村旅游示范乡镇申报表》，并附本乡镇休闲农业与乡村旅游发展情况、发展规划等综合材料，报本区县农委。

区县农委负责对乡镇申报的材料进行审核，并对数据的真实性负责。

由区县农委牵头，商本区县旅游、水务、园林绿化、农业部门，择优确定拟上报乡镇名单。

报请区县政府同意并盖章后，将申报材料报送市农委。

3. 申报材料及时间

申报材料：申报表、休闲农业与乡村旅游发展规划、已获得有关奖项证书复印件、知名休闲农业与乡村旅游点名单、乡镇与村级已注册休闲农业与乡村旅游协会（合作社）名单、休闲农业与乡村旅游发展情况单体材料。以上书面申报材料一式六份，并附相应的电子文本光盘，一并报市农委产业发展处。

申报时间：2012 年度申报截止日期为 9 月 30 日，逾期未报送的视为自动放弃申报。其他年度申报要求将另行发文通知。

（二）评审

1. 专家初评

由市农委组织有关专家，对区县申报的北京市休闲农业与乡村旅游示范乡镇材料进行评审，按总得分多少进行排序，提出建议名单。

2. 联合评审

由市农委会同市旅游委、市水务局、市园林绿化局、市农业局等相关部门，组成联合评审组，对专家组初评的建议名单进行现场考察和联合评审，提出北京市休闲农业与乡村旅游示范乡镇名单。

（三）公示

对联合评审确定的北京市休闲农业与乡村旅游示范乡镇名单，在北京乡村旅游网等有关媒体上进行 7 个工作日的公示。

（四）认定

对公示通过的单位，由市农委、市旅游委、市水务局、市园林绿化局、市农业局发文确认，并颁发“北京市休闲农业与乡村旅游示范乡镇”牌匾。

（五）鼓励政策措施

对于获得“北京市休闲农业与乡村旅游示范乡镇”称号的，在媒体上进行集中宣传推介；市农委、市旅游委、市水务局、市园林绿化局、市农业局在安排有关政策性项目时，对示范创建乡镇进行倾斜。

四、工作要求

（一）加强组织领导

区县政府及有关部门要把示范创建活动，作为引领休闲农业与乡村旅游规模化、集群化、集约化发展的重要抓手，摆上议事日程，研究政策措施，协调解决乡镇在示范创建过程中遇到的实际问题。各有关乡镇要把示范创建活动作为推进本地区休闲农业与乡村旅游发展的重要举措，制订工作方案，完善工作措施，落实工作责任，搞好资源整合，突破发展瓶颈。

（二）强化政策扶持

要加大对示范创建乡镇的政策扶持力度。转移支付到区县的休闲农业与乡村旅游政策性资金，应拿出较大比例用于示范乡镇创建工作。现有的农业、旅游、水务、园林绿化等投资渠道安排的项目，应向示范创建乡镇倾斜。要积极拓宽融资渠道，吸引社会资本参与示范乡镇创建，形成多元化的投资机制，不断提升休闲农业与乡村旅游发展水平。

（三）搞好总结宣传

要及时了解示范创建工作进展情况，不断总结推广好经验、好做法，加强典型宣传，为示范创建工作营造良好的社会舆论环境。

附件：北京市休闲农业与乡村旅游示范乡镇申报表

北京市农村工作委员会
北京市旅游发展委员会
北 京 市 水 务 局
北 京 市 园 林 绿 化 局
北 京 市 农 业 局
2012 年 5 月 28 日

附件：

北京市休闲农业与乡村旅游示范乡镇申报表

申报乡镇：______________________

（乡镇政府盖章）

所在区县：______________________

北京市农村工作委员会制

<table>
<tr><td>申报乡镇名称</td><td colspan="5"></td></tr>
<tr><td>乡镇政府负责人</td><td></td><td>电　话</td><td></td><td>手　机</td><td></td></tr>
<tr><td>联系人</td><td></td><td>电　话</td><td></td><td>手　机</td><td></td></tr>
<tr><td>通讯地址</td><td colspan="3"></td><td>邮　编</td><td></td></tr>
<tr><td>乡镇总人口
（万人）</td><td colspan="2"></td><td colspan="2">乡镇农村劳动力
（万人）</td><td></td></tr>
<tr><td>休闲农业与乡村旅游从业人数
（万人）</td><td colspan="2"></td><td colspan="2">其中：当地农民从业人数
（万人）</td><td></td></tr>
<tr><td>乡镇域面积
（平方千米）</td><td colspan="2"></td><td colspan="2">休闲农业与乡村旅游点所占地域
面积之和
（平方千米）</td><td></td></tr>
<tr><td>其中：核心区长度
（千米）</td><td colspan="2"></td><td colspan="2">核心区面积
（平方千米）</td><td></td></tr>
<tr><td>森林覆盖率（%）</td><td colspan="2"></td><td colspan="2">乡村景观等级</td><td></td></tr>
<tr><td>是否建立统一的标识和道路
指示牌系统</td><td colspan="2"></td><td colspan="2">休闲农业与乡村旅游龙头企业名称</td><td></td></tr>
<tr><td>当年新增投资额
（万元）</td><td colspan="2"></td><td colspan="2">休闲农业与乡村旅游总收入
（万元）</td><td></td></tr>
<tr><td>农村经济总收入
（万元）</td><td colspan="2"></td><td colspan="2">农民人均纯收入
（元/年）</td><td></td></tr>
<tr><td>年接待游客
（万人次）</td><td colspan="2"></td><td colspan="2">游客投诉率
（%）</td><td></td></tr>
<tr><td colspan="6">乡镇休闲农业与乡村旅游发展基本情况摘要（主要包括基本条件，创建指标的完成情况，发展成效、做法、经验，发展规划、政策规定、管理体制机制创新等）</td></tr>
<tr><td>区县农业部门
及政府意见</td><td colspan="3">农业部门（盖章）</td><td colspan="2">区县政府（盖章）</td></tr>
<tr><td>市有关部门联
合审核意见</td><td colspan="5"></td></tr>
</table>

注：1. 表中数据用上年实际数或当年预计数。

2. 林木覆盖率：请用园林绿化部门的官方数据。

3. 乡村景观：评定内容包括村容村貌、农田景观、沟路林、自然景观特色、建筑特色、人文历史特色等方面，并与所在区县其他乡镇对比；评定等级分为优秀、良好、中等、较差、差五档。

4. 知名休闲农业与乡村旅游点：指A级及以上旅游景区；北京市休闲农业示范园；北京市级民俗旅游村；其他规模较大、旅游较多、在全市范围内具有较高知名度的休闲农业与乡村旅游点（需提供有关证明资料）。

关于开展北京市休闲农业星级园区（企业）评定工作的通知

京观农协 [2012]1 号

各有关单位：

根据中共北京市委、北京市人民政府《关于加大强农惠农富农政策力度深入推进城乡一体化发展的意见》（京发 [2012]4 号）的具体要求，落实《2012 年北京市社会主义新农村建设折子工程》明确的任务，参照农业部的相关要求和兄弟省市的成功经验，经研究，2012 年起，在全市启动休闲农业星级园区（企业）的评定工作。

现将《北京市休闲农业星级园区（企业）评定工作方案（试行）》（简称“方案”）发给你们，请各有关单位根据方案要求，认真组织，积极申报，通过星级评定，推出一批市场认知度和美誉度高、竞争力强的休闲农业园区（企业）。

北京观光休闲农业行业协会

2012 年 5 月 30 日

北京市休闲农业星级园区（企业）评定工作方案

（试行）

为贯彻落实北京市农村工作会议和京郊旅游发展大会精神，促进休闲农业提档升级，经研究，从2012年起，在全郊区开展休闲农业星级园区（企业）的评定工作（以下简称“星级评定”），特制订本实施方案。

一、目的意义

休闲农业是充分利用农业生产过程、农民生活和农村生态，为消费者提供休闲、观光、体验等服务，实现农业多功能、高效益的新型产业。通过开展星评定工作，推出一批具有示范引领作用的休闲农业园区（企业），使农民“学有目标”，企业“赶有方向”，市民“游有参考”，对促进休闲农业的提档升级，转变发展方式，进而增加农民收入，提高市民幸福指数等具有重要意义。

二、星级划分与评定的基本原则

（一）星级划分

北京市休闲农业星级园区（企业）划分为五个等级，分别为一星、二星、三星、四星、五星。根据北京市休闲农业星级园区（企业）评分表（附件1），评定标准分别为：（1）一星级：200～399分，且每一大项得分不低于该项总分的30%；（2）二星级：400～599分，且每一大项得分不低于该项总分的50%；（3）三星级：600～799分，且每一大项得分不低于该项总分的60%；（4）四星级：800～899分，且每一大项得分不低于该项总分的70%；（5）五星级：900分及以上，且每一大项得分不低于该项总分的80%。

（二）星级评定的基本原则

在星级评定工作中，要坚持以下原则：

1. 农旅结合，以农为本

既要充分体现农业与观光、休闲、体验活动的紧密结合，也要考虑以当地优势农业主导产业发展为基础，不断开发都市型现代农业的多种功能，带动农民增收致富。

2. 坚持标准，严格控制

在评定过程中，要严格按照标准科学评审，坚持优中选优。要按照申报等级，严格审查，不搞降级评选。

3. 效益优先，兼顾规模

结合北京市都市型现代农业高端、高效、高辐射的特点，在评定工作中，突出考察园区的效益，包括土地产出率、资源利用率、劳动生产率、人均消费额、投资回报率、利润率等相对指标，避免片面强调园区规模、面积等绝对指标。

4. 公正公开，有序透明

要坚持评定过程的公开透明，既要吸收有关专家参与评定，又要强化社会监督和日常监管。对评出的休闲农业星级园区（企业），建立动态淘汰机制，确保星级评定工作真正取得实效。

5. 上下结合，调动基层积极性

三、星级评定的申报范围、基本条件和等级要求

（一）申报范围

在北京市地域范围内，具备独立法人资格，经当地工商行政管理部门批准设立，为市民提供休闲、观光、度假服务的休闲农业园区（企业），不分所有制，不分行政隶属关系，不分投资主体，只要符合条件，都可以自愿参评。

（二）基本条件

申报休闲农业星级园区（企业），必须具备以下基本条件：

1. 合法经营

参评单位必须是独立法人，持有工商营业执照、税务登记证；餐饮、住宿、卫生、消防、环保等方面必须得到相关职能部门的认定，取得相应的经营许可证；用地符合国家相关土地政策；两年内无社会治安、安全事故。

2. 依托“三农”

以当地农业生产和经营（包括种植业、养殖业、农产品加工等）为基础，农业种植、养殖等涉农项目是园区（企业）的主体；注重现代农业科技的应用，生产的农产品要达到无公害农产品以上的水平；对当地农业生产和农民增收带动性强，当地农民占员工总数 50% 以上；与周边农村社区合作和互动良好，社会效益良好；注重对传统农耕文化、

民俗文化的挖掘、保护、弘扬和传承。

3. 环境优美

规划科学，布局合理，整体给人赏心悦目、幽静舒适、心旷神怡的美感；有垃圾、污水等集中处理设备或措施，对周边环境无污染；保护耕地、水体等自然资源，措施得力。

4. 特色鲜明

注重文化内涵，保留乡村文化符号，依托当地民俗文化，在农业生产、景观设计、参与性体验活动等方面有独到之处和突出特色。

（三）等级要求

除符合上述基本条件外，申报各星级的园区（企业），还须满足下述相应要求：

一星级：年经营收入不少于 20 万元；有游客接待场所；能提供基本的农业休闲体验。

二星级：年经营收入不少于 50 万元；有游客接待场所；有餐厅或周边方圆 2 千米范围内有餐厅；农业休闲体验项目不少于 3 项。

三星级：年经营收入不少于 100 万元；有专门的游客接待场所，并由专人负责接待；有餐厅、客房，或在周边方圆 2 千米范围内，游客可就餐、住宿；有划定范围的停车场所；有公共厕所；农业休闲体验项目不少于 5 项；具有一定的市场知名度。

四星级：年经营收入不少于 200 万元；有专门的游客接待中心，服务人员统一着装；园区规划设计科学规范，乡村元素体现较好，具有一定的文化品位；有条件完备的餐饮、住宿场所，或者在周边方圆 2 千米范围内，有条件完备的餐饮、住宿场所；有配套的停车场所、设施较好的公共厕所等服务设施；农业休闲体验项目不少于 8 项；有特色农产品销售中心，能提供绿色有机的农产品；市场知名度较高。

五星级：年经营收入不少于 500 万元；有专门的游客接待中心，服务人员统一着装，服务规范；园区规划设计科学合理，乡村元素完美体现，具有较高的文化品位；原则上具有条件完备、档次较高的餐饮、住宿设施，具有较大的接待能力；拥有配套、充足的停车场所、设施完备的公共厕所等服务设施，且布局合理；农业休闲体验项目丰富多样，能提供多种休闲服务；有特色农产品与乡村旅游商品销售中心，能提供绿色有机的农产品；具有很高的市场知名度和一定的国际化程度。

四、星级评定的组织

全市休闲农业星级园区（企业）评定工作，由北京观光休闲农业行业协会负责组织。在郊区各区（县），星级评定工作原则上由区（县）农委牵头，负责组织实施。

从不同星级看，一星与二星级休闲农业园区（企业）由区县农委（或者区县休闲农

业行业协会）直接评定，报市里备案；三星级园区（企业）由区县农委（或者区县休闲农业行业协会）负责评定，由市里抽查；四星、五星级园区（企业）由市里统一组织，开展评定。

星级评定工作每两年开展一次。

五、星级评定的程序

星级评定工作的程序包括自我测评、申报、专家评审、公示、讨论决定等环节。

（一）自我测评

1. 建立内审员制度

参加星级评定的休闲农业园区（企业），须指定2名以上管理人员作为内审员。北京观光休闲农业行业协会负责对内审员进行统一培训。经培训合格后，由内审员负责本园区（企业）的自我测评。

2. 自我测评

拟参加星级评定的休闲农业园区（企业），对照申报的基本条件和等级要求，确定本单位适合申报的等级，再根据评分表进行自我测评和整改完善。

（二）申报

申报单位按照星级园区（企业）的等级要求，在内审员自我测评的基础上，填写并按程序上报申报材料。

申报一二星级园区（企业）的材料，直接报所在区县农委，并由区县农委负责审核评定。对于通过评定者，由区县农委将名单报北京观光休闲农业行业协会备案。

申报三星级园区（企业）的材料，直接报所在区县农委，并由区县农委组织审核评定。对于通过评定者，由区县农委将名单和评定材料，在15日内，报北京观光休闲农业行业协会，并由市里组织抽查。

申报四五星级园区（企业）的材料，经所在区（县）农委审核后，汇总报送北京观光休闲农业行业协会。

（三）专家评审

由北京观光休闲农业行业协会组织有关专家，对基层申报的四、五星级休闲农业园区（企业）进行实地考察和打分评审，提出建议名单；对于申报三星级的休闲农业园区（企业）进行抽查。

（四）公示

对区县农委评定的一、二星级休闲农业园区（企业）和专家组评审通过的三、四、五星级休闲农业园区（企业）建议名单，在北京乡村旅游网上进行7个工作日的公示。

（五）讨论决定

对公示无异议的星级园区（企业），由北京观光休闲农业行业协会颁发“北京市休闲农业星级园区（企业）”牌匾和证书，并报市农委备案。

六、工作要求

1. 加强领导

希望各牵头单位高度重视此项工作，将星级评定作为提升本区（县）休闲农业产业发展水平的重要举措，责任到人，加强管理，确保此项工作有条不紊地开展。

2. 自愿申报，且不收取任何费用

星级休闲农业园区（企业）评定坚持自愿原则，由各有关园区（企业）自主确定参评与否，不搞行政命令。除内审员培训费用外，星级休闲农业园区（企业）评定在申报、评审、认定过程中，原则上不收取任何费用。

3. 上报材料及时间

2012年7月31日前，将书面申报材料一式三份，并将相应的电子版刻成光盘，一并报北京观光休闲农业行业协会。次年“五一”前公布结果，组织宣传。2014年材料报送时间及要求另行通知。

4. 严格操作程序，不降级评定

星级评定原则上不降级评定，例如：申报四星级未通过评定的园区（企业），原则上当年不能降为三星、二星或者一星。

5. 加大对星级园区（企业）的支持力度

切实搞好休闲农业星级园区（企业）的宣传推介，加大政策支持力度，促进休闲农业品牌的培育。

附件：1. 北京市休闲农业星级园区（企业）评分表（2012年试行版）

2. 北京市休闲农业星级园区（企业）申报书

3. 北京市休闲农业星级园区（企业）内审员登记表

附件 1：

北京市休闲农业星级园区（企业）评分表（2012 年试行版）

园区（企业）名称：______________________ 所在区县：______________________

检查项目	最高得分	自评得分	验收得分
一、带动“三农”发展及生产经营状况	400		
（一）有鲜明的农业特色	100		
1. 主要依托当地农、林、牧、副、渔等农业资源发展休闲农业或乡村旅游项目。 农业资源与农业景观利用效果一般。（10 分以下） 农业资源与农业景观利用效果较好。（11-20 分） 农业资源与农业景观利用效果突出。（21-30 分）	30		
2. 推动当地农业产业化发展，促进农业产业结构调整。 农业主导产业带动力一般，形成相关产业。（10 分以下） 农业主导产业带动力较强，形成产业链条。（11-20 分） 农业主导产业带动力突出，产业形成规模。（21-30 分）	30		
3. 园区形成自己独特的农产品，品种较多，且在周围农村推广种植；农产品自给率高；重视运用新品种和推广新技术；有通过三品一标（无公害农产品、绿色食品、有机食品、农产品地理标志）的农产品。 有国家级名牌农产品。（20 分） 有省部级名牌农产品。（10 分）	40		
（二）促进当地新农村建设	100		
1. 推动当地新农村（村容与环境）建设。 当地村庄与园区周围环境改善一般。（20 分以下） 当地村庄与园区周围环境改善明显。（21-40 分） 当地村庄与园区周围环境建设效果突出。（41-60 分）	60		
2. 带动农村餐饮、住宿等第三产业发展情况。 发展效果一般。（15 分以下） 发展效果明显。（16-30 分） 发展效果突出。（31-40 分）	40		
（三）带动当地农民就业增收	100		
1. 提供就业岗位较多，有效吸纳农民就业，无拖欠职工工资现象。 直接吸纳劳动就业人数 1-19 人，农民占从业人员的 50% 以上。（0-20 分） 直接吸纳劳动就业人数 20-39 人，农民占从业人员的 50% 以上。（21-30 分） 直接吸纳劳动就业人数 40-59 人，农民占从业人员的 50% 以上。（31-40 分） 直接吸纳劳动就业人数 60 人以上，农民占从业人员的 50% 以上。（41-50 分）	50		
2. 依托园区休闲农业发展，促进当地农民增收。 促进农民增收效果比较明显。（10 分以下） 促进农民增收效果明显。（11-20 分） 促进农民增收效果突出。（21-30 分）	30		
3. 与当地农民及农村社区有良好互动，随机调查， 当地农民满意度达到 80%。（10 分以下） 当地农民满意度达到 85%。（11-15 分） 当地农民满意度达到 95%。（16-20 分）	20		

续表

（四）产出率	50		
亩收益（经营收入 ÷ 园区面积） 5 000 元以下。（5 分） 5 001-10 000 元。（10 分） 10 001-20 000 元。（25 分） 20 000 元以上。（50 分）	50		
（五）所获荣誉	30		
过去三年内园区荣获的荣誉： 荣获市级荣誉和称号。（每项 5 分） 获得国家级荣誉和称号。（每项 10 分）	30		
（六）发展后劲评估	20		
1. 园区后续可开发利用的“三农”资源和农业体验项目多，可持续发展态势良好，已经编制具有指导性、前瞻性和可操作性的中长期发展规划。	10		
2. 园区有可依托的其他涉农经济实体，且经营状况良好。	10		
二、硬件设施	200		
（一）游览设施条件	60		
1. 游客服务中心。 有游客服务中心。（5 分） 有功能完善的游客服务中心（位置合理，规模适度，设施齐全，功能完整，有专业咨询服务人员）。（10 分）	10		
2. 标识牌和景物介绍牌。 有标识牌。（包括警示牌、指示牌）和景物介绍牌（5 分） 标识牌做到中文对照。（8 分） 标识牌做到特色突出艺术感和文化气息浓厚，与景观环境协调，能烘托总体环境。（10 分）	10		
3. 有农业科技教育展示场所，配有必要的设备。	10		
4. 有游客公共休息设施且布局合理，数量充足，富有特色。	5		
5. 园区内农田、农舍或农作场景内辟有专门参观通道。	5		
6. 有专用停车场、停车场容量能充分满足游客接待量要求，布局合理，设计科学。	20		
（二）餐饮设施条件	50		
1. 厨房	20		
① 厨房布局合理，使用面积与接待能力相适应，紧邻餐厅，厨房墙面满铺瓷砖，地面铺有防滑地砖，有地槽，有吊顶。	4		
② 厨房粗加工间、烹调间、面点间、冷菜间、洗碗间独立分隔，各操作间温度适宜，厨房有必要的冷藏、冷冻设施，冷菜间温度符合食品卫生标准，有食品库房和非食品库房。	4		
③ 厨房内有良好的通风排风排烟设施，有餐（饮）具洗涤池、清洗池、消毒池或消毒设施，蔬菜清洗池、肉类清洗池独立分设，有专门放置临时垃圾的设施，专门的餐厨垃圾处理设施。	4		
④ 厨房与餐厅之间，有起隔音、隔热和隔气味作用设施，有必要的消防设施，有消杀飞虫、爬虫的防范措施，有餐具。	4		
⑤ 有外购大宗辅料、粮油、副食品等佐证资料（进货单、产品质量检验报告等）。	4		

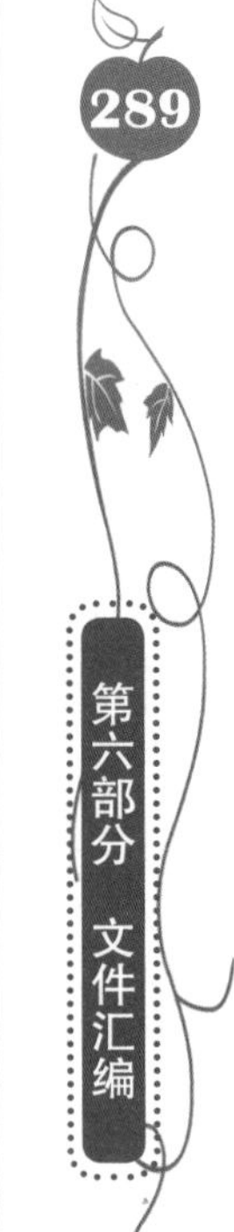

续表

2. 餐厅	30		
① 餐厅位置合理，地面已作硬化处理，防滑、易于清洗装潢美观大方，采光通风良好，整洁。	10		
② 餐厅桌椅、用具、餐具、酒具、茶具等配套。有菜单及饮品单。菜单及饮品单印制装祯精美或富有特色。	10		
③ 菜肴具有浓郁的农家风味和本地特色。	10		
（三）住宿设施	20		
1. 能提供 10 间以上客房，或周边具备足够的住宿条件。	5		
2. 客房装修良好、具有浓郁的地方特色，门锁为暗锁、有防盗装置，有软垫床、桌、椅、床头柜等配套家具，有电视机和温控设备，卫生间全天供应冷热水，房间内有服务指南、价目表、宾客须知等。	5		
3. 至少两种规格的电源插座，提供国际互联网接入服务。	5		
4. 客房、卫生间每天全面整理一次，每客或应客人要求更换床单、被单及枕套。	5		
（四）购物设施	20		
1. 购物场所与景观环境相协调，环境整洁，秩序良好，购物场所无围追兜售、强买强卖现象。	5		
2. 供游客采摘、加工和所出售的农副产品达到“三品一标”之一（无公害农产品、绿色食品、有机食品、农产品地理标志）。	5		
3. 对园区内商品从业人员有统一管理措施，园区内商品执行有关退换货规定。	5		
4. 园区内旅游商品地方特色突出。	5		
（五）休闲设施	20		
包括卡拉 OK 厅、棋牌室、健身房、桌球室、乒乓球室、游戏室、茶室、篮球场、羽毛球场、网球场、保龄球馆、门球场、游泳池等。	20		
（六）公共厕所	10		
1. 布局合理，数量能满足需要。男女卫生间分开设置，标识醒目美观，建筑造型景观化，与周边环境和建筑相协调。	2		
2. 设施齐全，配有手纸、手纸框、挂衣钩、洗手池（配备洗涤品）、烘手器、镜台。	2		
3. 厕所设专人打扫与服务，室内整洁，无异味；洁具洁净、无污垢、无堵塞。	2		
4. 有单独设置化粪池，防渗、防腐、密封，能有效处理粪便。	2		
5. 有符合循环经济的粪便处理设施。	2		
（七）环保设施	20		
1. 践行循环经济理念，有垃圾、污水的生态循环处理设施，对周边环境友好。	15		
2. 园区内垃圾箱布局合理，标识明显，与环境相协调，有专人清理。	5		
三、管理和服务	300		
（一）管理条件	100		
1. 内部管理规章制度健全，岗位责任明确。	20		
2. 有服务质量投诉机制，投诉处理及时、妥善，档案记录完整。	20		

续表

3. 有 60% 以上的从业人员经专业培训合格；关键岗位从业人员持证上岗；从业人员持证上岗率达到 20% 以上。	20		
4. 管理层中有取得相应的资格证书的管理人员和专业技术人员。	20		
5. 备有突发事件处理预案，建立紧急救援机制，设立医务室，并配备专（兼）职医务人员。	10		
6. 现场检查无安全隐患。	10		
（二）服务条件	200		
1. 服务人员对客人礼貌、热情、友好，对客人一视同仁尽量满足客人的需求，服务过程中表情自然、亲切、热情适度，提倡微笑服务，对客人提出的问题暂时无法解决时，耐心解释并于事后设法解决，不推诿和应付。	50		
2. 服务人员遵纪守法，诚信经营，保护客人的合法权益。	50		
3. 服务人员有统一着装，着装整齐，仪容仪表端庄、大方，站、坐、行姿符合各岗位的规范与要求，让客人感到舒适。	20		
4. 导游服务 没有专职的工作人员进行导游讲解服务，但有其他员工兼职导游讲解服务。（1-15 分） 有专职的工作人员进行导游讲解服务，但导游员没有专业资质。（15-30 分） 有专业资质的导游人员，人数及语种能满足游客需要，讲解词科学、准确、生动并具有针对性。（31-50 分）	50		
5. 为特定人群（老年人、儿童、残疾人等）配备特别的休闲设施、用品及儿童娱乐场地及婴儿看护等特殊服务。	30		
四、体验活动	100		
（一）农事体验活动（如垂钓、捕捞、采摘、种植、喂养等）。（每一项 10 分，5 项以上满分，下同）	50		
（二）农产品加工体验（如制作豆腐、香油、酿酒、奶制品等）和农村手工艺体验（如扎风筝、剪纸、制陶、纺织、印染、玩具制作等）。	20		
（三）农事节庆活动（如西瓜节、草莓节、农耕文化节、柿子节、桃花节以及民俗文化、歌舞表演等）。	20		
（四）农村体育运动（如骑马、登山、划船、漂流、秋千、高跷、攀岩、蹦极、动物比赛、野外露营、烧烤、篝火等）。	10		
合计	1 000		
说明： 一星级：200-399 分，且每一大项得分不低于该项总分的 30%； 二星级：400-599 分，且每一大项得分不低于该项总分的 50%； 三星级：600-799 分，且每一大项得分不低于该项总分的 60%； 四星级：800-899 分，且每一大项得分不低于该项总分的 70%； 五星级：900 分以上，且每一大项得分不低于该项总分的 80%。			

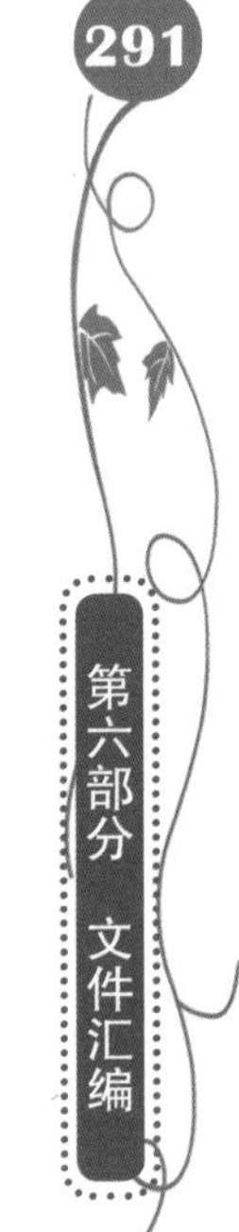

附件 2：

北京市休闲农业星级园区（企业）申报书

单位名称					
单位地址				邮政编码	
单位性质		网　址			
负责人姓名		电　话		传　真	
		手　机		电子信箱	
联系人姓名		手　机		电子信箱	
占地面积（亩）		员工总数		开业时间	
		农民工数			
上年总收入（万元）		其中旅游收入		农民人均收入	
年接待游客人数（人）		客房数量（间）		旅游咨询投诉电话	
主要农产品名称及通过无公害农产品、绿色食品、有机食品、原产地认证情况					
消防、环保、安全、卫生认证情况					
员工持证上岗情况	高级职称人数：　中级职称人数：　初级职称人数： 获得高级及以上职业资格证书人数：　中级职业资格人数： 初级职业资格人数：				
设施农业情况	鱼塘　　亩　大棚　　亩　其他特种种植养殖情况（请说明）：				

续表

主要娱乐体验项目	
吸引游客的最大特色	
所获荣誉	
单位自查结果及意见	经自查，我单位符合北京市休闲农业星级基本条件，达到（ ）星级休闲农业园区（企业）标准，现申报北京市（ ）星级休闲农业园区（企业）。 内审员签字： 单位公章 年 月 日
区（县）农委意见	经审核，同意该园区（企业）申报北京市（ ）星级休闲农业园区（企业）。 单位公章 年 月 日
验收小组意见	专家签字： 年 月 日
北京观光休闲农业行业协会意见	（盖章） 年 月 日
市农委意见	（盖章） 年 月 日

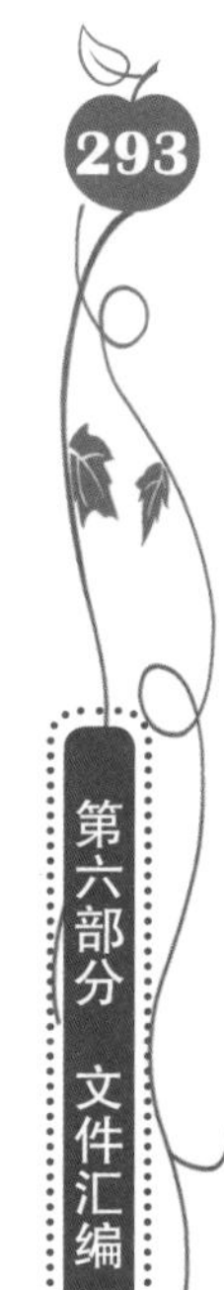

附件 3：

北京市休闲农业星级园区（企业）内审员登记表

单位名称：（盖章）

<table>
<tr><td>姓　名</td><td></td><td>性　别</td><td colspan="2"></td><td rowspan="5">两寸免冠彩照</td></tr>
<tr><td>出生日期</td><td></td><td>民　族</td><td colspan="2"></td></tr>
<tr><td>文化程度</td><td></td><td>职务 / 职称</td><td colspan="2"></td></tr>
<tr><td>政治面貌</td><td></td><td>所学专业</td><td colspan="2"></td></tr>
<tr><td>身份证号码</td><td colspan="4"></td></tr>
<tr><td>在园区（企业）的职务</td><td colspan="5"></td></tr>
<tr><td>单位地址</td><td colspan="2"></td><td>邮　编</td><td colspan="2"></td></tr>
<tr><td>工作内容描述</td><td colspan="5"></td></tr>
<tr><td>爱好和特长</td><td colspan="5"></td></tr>
<tr><td>本人电话</td><td></td><td>E-mail 地址</td><td colspan="3"></td></tr>
<tr><td>家庭电话</td><td></td><td>家庭住址</td><td colspan="3"></td></tr>
<tr><td rowspan="6">工作经历</td><td>起止时间</td><td colspan="3">单位</td><td>专业 / 学历 / 职务</td></tr>
<tr><td></td><td colspan="3"></td><td></td></tr>
<tr><td></td><td colspan="3"></td><td></td></tr>
<tr><td></td><td colspan="3"></td><td></td></tr>
<tr><td></td><td colspan="3"></td><td></td></tr>
<tr><td></td><td colspan="3"></td><td></td></tr>
<tr><td>受过的奖励
或处分</td><td colspan="5"></td></tr>
<tr><td>本人确认</td><td colspan="5">以上填写内容属实，如有不实，本人愿负全责。
本人签名：　　　年　　月　　日</td></tr>
<tr><td>法人代表
签字</td><td colspan="5">同意　　　同志为我园区（企业）内审员。
法人代表签字：　　　年　　月　　日</td></tr>
</table>